古典文獻研究輯刊

二六編

潘美月・杜潔祥 主編

第 20 冊

印本流布與宋詩嬗變（上）

蘇勇強 著

國家圖書館出版品預行編目資料

印本流布與宋詩嬗變（上）／蘇勇強 著 — 初版 — 新北市：
花木蘭文化事業有限公司，2018〔民107〕
目 4+240 面；19×26 公分
（古典文獻研究輯刊 二六編；第 20 冊）
ISBN 978-986-485-364-9（精裝）
1. 版本學 2. 宋詩 3. 詩評
011.08   107001781

ISBN-978-986-485-364-9

9 789864 853649

古典文獻研究輯刊
二六編　第二十冊　　　　　　ISBN：978-986-485-364-9

印本流布與宋詩嬗變（上）

作　　者　蘇勇強
主　　編　潘美月　杜潔祥
總 編 輯　杜潔祥
副總編輯　楊嘉樂
編　　輯　許郁翎、王筑　美術編輯　陳逸婷
企劃出版　北京大學文化資源研究中心
出　　版　花木蘭文化事業有限公司
發 行 人　高小娟
聯絡地址　235 新北市中和區中安街七二號十三樓
　　　　　電話：02-2923-1455／傳眞：02-2923-1452
網　　址　http://www.huamulan.tw 信箱 hml 810518@gmail.com
印　　刷　普羅文化出版廣告事業
初　　版　2018 年 3 月
全書字數　552926 字
定　　價　二六編 25 冊（精裝）新台幣 48,000 元

印本流布與宋詩嬗變（上）

蘇勇強　著

作者簡介

著者：蘇勇強
插圖：蘇筱婷、蘇猶珂
書名題寫：丘慶桂

　　蘇勇強（1969～），男，湖南人文科技學院特聘教授；溫州大學人文學院副教授，文藝學碩士生導師。

　　揚州大學中國文化研究所古典文學博士，師從王小盾教授、李昌集教授；南京大學中文系文藝學博士，師從周群教授。主要從事唐宋文學專題及明清詩學研究。

提　　要

　　這是一本借用理論透視宋詩變化的書籍，欲以理服人，惟恐力不瞻耳。

　　對於宋詩，南宋嚴羽曾有「以學問、才學、議論作詩」的結論，聯結宋人「學問」、「才學」、「議論」的惟有書籍。於是，印本流布便與宋詩變化有了聯繫。

　　宋承晚唐餘蘊，詩歌隨之進入了一個印本流行的時代。至於印本流布與宋詩嬗變之間的關係，贅言無益，直以線索勾勒如下：

　　宋詩「平淡」理念的提出（宋初白體、晚唐體衰落與西崑體開啟 →→ 宋詩「陌生化」審美救贖）──「詩學平淡」潛藏著對詩人能力（學問、聯想力、判斷力）的要求──宋詩「平淡」的創作局限（教化與審美的糾結 →→ 詩歌理想停留在審美評價層面，無法落實成具體的創作方法）──江西派詩學及其傳承（江西派詩歌「傍書」創作）

　　客觀地說，在「科舉至上」的社會，江西詩法能夠流行兩宋。一是因為它能夠快捷地寫出「像樣」的詩歌，迎合了仕途經濟，以及審美救贖的宋詩風氣；二是宋代社會的印本普及，客觀上為「學問──作詩」提供了條件，方便宋代詩人借鑒、模仿，甚至是抄襲。詩歌若要實現「點鐵」、「奪胎」，需有可資借鑒的材料，記憶積累的知識、感覺、經驗，經由聯想與反思融彙，「英靈助於文字」構成一個「客觀對應物」，方能成就詩歌的「超越」。一旦，這樣的詩法借助師友、書籍普及流行，對於那些既缺閱歷，又無學問才力的菜鳥詩人，「循法創作」只會讓他們走向「照貓畫虎」的模仿或抄襲。這也點醒了呂本中、楊萬里、嚴羽等南宋詩人，開始關注「生活實感 →→ 沉思悟入」與「詩歌創作」之間的關係。

　　總而言之，唐宋皆有詩文革新運動。然從歷史看，宋代詩文革新顯然比唐代稍有成效一些。

印本流布與宋詩壇嬗變

2018 年度湖南省社會科學成果評審委員會課題
（項目編號：XSP18YBC218）

引論：印本流布影響文學

談到印刷對文學的影響和意義，須置於人類整個歷史發展的視域下去考察。在人類文明進程中，有兩件大事尤其值得紀念。第一件大事，應是語言、文字的發明和書寫。第二件大事，就是負載語言、文字的傳播媒體的出現。〔註1〕儘管人類肉身能力有限，然而文明的進步卻使得人類延展出自己本質力量對象化的精神載體，並以某種物質性的延伸表現出自己智慧的超越。如同人們用刀斧取代了胳膊強健一般，取代口傳身授的紙張書寫，又被雕版印刷折服。每一次文明的進步，都伴隨著人類智慧引導下物質創造和工具的「延伸」。人類這樣的「載體延伸」從原始社會一致延續到現代，尤以近現代的變化最為劇烈。其劇烈表現為工具延伸了人的能力，科技積累與進步大大提升、擴展了工具的使用效率和適用範圍。

英國人類學者泰勒說：「從臨近有史時期的時候起，人在語言的新的創造方面做得極少，原因很簡單，因為從自己父輩那裡學來的那些詞匯，已經足夠滿足他的需要了」，但是「長期的發展和衰落，極大地消磨了可以使每一種特別的聲音表現其特殊意義的那個過程的形跡。」〔註2〕因為早期的語言一定非常簡陋，充滿感性，缺乏抽象的表達。「公元前 9000 年左右，耶夫阿拉馬及鄰近幾個如今已淹進阿薩德湖的遺址都已出現早期書寫，許多小石片上刻

〔註1〕 胡適認為，火的發明是人類文化史中第一個新紀元，農業的發明是第二個，文字是第三個，印刷是第四個。詳見嚴雲受編《胡適學術代表作》下卷，安徽教育出版社 2007 年版，第 156 頁。

〔註2〕 〔英〕愛德華・泰勒：《人類學——人及其文化研究》，連樹聲譯，廣西師範大學出版社 2004 年版，第 28 頁。

有抽象符號及蛇鳥牲畜形象」〔註3〕。中國賈湖遺址出土約公元前 6250 年的
龜甲刻符，都顯示出人類早期文字的雛形。所謂「符號抽象」的說法，只是
早期人類無法用圖畫表達某些動作表情的無奈，並非所表「對象」眞的是什
麼抽象的概念。人們在繪畫成功後，有黑格爾所說的本質力量對象化回饋給
自己的精神快感。我認爲，史前人類繪製岩壁畫除了可能是爲了記述自己的
活動，更直接的原因是打獵收穫的喜悅所致。畢竟，個人生命有限，在缺乏
有效記憶（介質）的時代，語言形成和發展的每一步變化，如今都已無法準確
復原了。於是，我們天眞地推想在遠古的史前時代，那些少而重要的詞匯概
念具體成形的過程，或許腦海裏會出現這樣的情景：一個已近似擁有人類智
慧的類人猿對自己的同類呲牙咧嘴地咿呀比劃著。原因是，類人猿「囤」昨
天在部落聚集地（或村落）的東邊掉進一個大坑裏，差點不能爬出來。然而，
記憶中的「疼痛」和「惶恐無助」，包括「坑」的印象，連同與「坑」類似事
物的區別特徵，都成爲知覺全部被保存了下來，儲存在自己的感覺緩衝器——
——大腦中的某個區域。〔註4〕這會兒，聽說自己的朋友「長弓」要到東邊叢林
去打獵。這位善良的類人猿扔下手中的長矛，嘴裏發出「kēng」（坑）的語音，
並適時用自己的手指比劃成圓形，希望憑此讓自己的朋友知道東邊的那條路
上新近出現了一個大坑。然而，他的朋友長弓似乎不太明白他在說什麼、比
劃什麼，只是耳中不斷聽到了對方嘴裏發出「kēng」（坑）這樣的聲音。儘管傳
說中有神，長弓平生從沒有見過。面對世上諸多難解的疑惑，慰籍自己那顆
孤陌恐懼的內心，那個曾有超常感知、捕捉獵物能力的囤，在長弓眼中便有
了「神」的魅力。於是，手持弓箭的長弓模仿囤，嘟囔含糊地嘗試發出「kēng」
（坑）的聲音，然而他仍然不太明白對方手中比劃的「圓形」是太陽，還是月
亮，或啄木鳥昨天敲出的樹洞？囤不太確定的表情或許在說，自己前天借給
他的那只畫有「網紋人面」的陶盆已經摔碎了。幾番努力失敗後，這位善良
的類人猿只好把長弓親自帶到那個大坑跟前，再次用「坑」音對應眼前這個

〔註3〕〔英〕伊安·摩里士：《西方憑什麼》，臺北雅言文化有限公司 2015 年版，第
　　　85 頁。
〔註4〕法國哲學家柏格森認爲，知覺是歷史的積澱，「沒有任何知覺不是充滿了記
　　　憶」。知覺是生命長期進化的結果，它必然以記憶的形式出現。記憶使生命的
　　　經驗得以儲存下來，成爲生命不斷增加的內容。因此，記憶並不是一種心理
　　　過程，而首先是生命自我保存的一種能力。轉引自張汝倫：《現代西方哲學十
　　　五講》，北京大學出版社 2003 年版，第 72 頁。

塌陷的碩大地面。「能指（kēng）」與「所指（坑）」終於聯繫到了一起，而長弓也終於知道了「坑」這個聲音指代的就是眼前這個地面的凹陷形狀。因為這個「坑」關係到部落群體的打獵與出行，於是這兩個類人猿需要將情況及時告訴部落首領和其他同類。我們可以想見，他們若想如其所願地告訴全部族人——「坑」這一發音意指的對象，並且讓全體類人猿都明確接受

坑

引圖 1

這一語音表達，成為他們少得可憐的語言詞匯中的一個，其實並不容易。由此可知，讓某種事物的特徵成為彼此共同的心靈記號，這兩個可憐的類人猿需要付出多大的努力和辛勞。由於此種「詞匯指代」不成比例的付出，以及類人猿只願將學習的成果留在本地部族的習慣。若要讓另一群落的類人猿，乃至讓其他地區的類人猿都明白並通行採用，他們必須要創造出文字，而且還要寫在某個固定的木板或泥塊上，方能有效提示所有途經這裡的同類——此處有「坑」，小心通過！

正如英國學者洛克所說，早期人類「通過一再重複的感覺把各種觀念確立在記憶中，他們便開始逐漸學會使用各種符號；如果他們有運用語言器官發出清晰聲音的技術，他們便開始運用語詞把自己的觀念表達給別人」〔註5〕。對於這樣類似的過程，德國語言學者赫爾德推測，「語言並非脫胎自神的語法書上的字母，而是源於人類自由的器官所發出的野性的聲音」，它們「僅僅是一次不太成功的試驗的結果，目的在於設立一些便利記憶的標記」〔註6〕。動物越是將靈敏的感覺局限在狹小的領域，它就越是沒有心力致用於語言方面的創造。因為狹小的生活，它們只需觸角上的細毛觸碰，嗅覺、視覺就可以完成了彼此的交流，根本無須用語言表達。人類顯然不屬於這樣的種群，「集中精力」是其一生需要刻意完成的功課。

〔註5〕〔英〕以賽亞・伯林：《啟蒙的時代：十八世紀哲學家》，譯林出版社2012年版，第40頁。

〔註6〕〔德〕J・G・赫爾德：《論語言的起源》，姚小平譯，商務印書館2009年版，第12頁。

按洪堡特〔註7〕、赫爾德〔註8〕提出的感知起源論，作爲缺乏藝術本能卻生存範圍巨大的生命體，理性使得人類由動物的嘶吼、鳴叫轉化成了有具體指向的語言。自從有了語言，才有了固化語言的念頭，文字讓類人猿超越一般動物成爲眞正的人類。因爲他們在「生活活動」中終於形成我們稱之爲「概念」的東西，而這些概念的普遍傳播與接受，導致以往每天都「糊塗過去」的歷史可以用語言文字的方式保存下來。一隻攫兔的鷹當然不會冷靜思考自己當下行爲的意義，捕獵的豹也不會在飽食後反思〔註9〕自己「逐肉」的殘忍。或者稍稍克制自己本能的欲望，僅需短短幾秒鐘的停頓，人類便學會了將靈魂從肉身中抽出，觀察並思考名利、欲望對於自己當下與將來的意義。然而還原於歷史，這樣的轉變卻是以漫長時間換取生存空間的進化過程。

德國學者叔本華認爲，理性的功能是抽象，它爲人類所獨有，是大自然發明來滿足人類需要的重要工具。理性的惟一功能就是構成概念的功能。概念也是表象，但它是抽象的表象。概念的「抽象」可以讓我們比較容易處理、概括和整理知識的原始材料，便於人類交流知識和保存知識。與動物只能活在當下相比，擁有概念的人類，不僅可以活在當下，同時還可以憑藉思維生活在過去與未來。〔註10〕因爲現在的一切必將隨時間過去，具體表象或意識形象若不能抽象成思維概念，與「坑」相關的指涉就無法準確迅速地傳播，歷史經驗也無法以口頭或文字的方式在人類社會中留存。只是這類概念文字的形成，「並不是因爲它被用爲抽象的普遍觀念的標記，乃是因爲它被用爲許多同類特殊觀念的標記，因爲這些特殊觀念中任何一個都可以向心靈同樣地提示這個標記的。」譬如，「坑」、「陷阱」這樣的概念，我們「用它來表示同類的一切其他個別的觀念」，爲的只是更便利地傳達或擴散知識。〔註11〕

〔註7〕 〔德〕威廉.馮.洪堡特：《論人類語言結構的差異及其對人類精神發展的影響》，姚小平譯，商務印書館1997年版。

〔註8〕 赫爾德認爲，語言建立在人類悟性之上，悟性建立在感覺的基礎之上。詳見〔德〕J・G・赫爾德：《論語言的起源》，姚小平譯，商務印書館2009年版，第20～24頁。

〔註9〕 洪堡特認爲，反思需要區分思維者和思維內容，並且反思者必須在連續不斷的精神活動中做一短暫的停頓，「將此時此刻展現在眼前的東西把握爲一個單位，並通過這種方式爲自己確立起對象。」詳見《洪堡特語言哲學文集》，商務印書館2011年版，第1頁。

〔註10〕 張汝倫：《現代西方哲學十五講》，北京大學出版社2003年版，第26頁。

〔註11〕 〔英〕喬治・貝克萊：《人類知識原理》，商務印書館2011版，第10頁。

　　由於概念原本即是由具體物象而來，考慮到原始人類還沒有抽象思維能力，維柯認為他們最初是用具體形象來代替某些邏輯概念。〔註 12〕按照赫爾德的假說，人類從羊「咩咩」的叫聲中發現了這種動物區別其他動物的特徵，於是「咩」就有可能成為「羊」這動物的名字。〔註 13〕探究這一概念的形成過程，我們可以發現以下情形：

　　（1）語言文字無法概括事物（對象）的全部特徵，只能捉其最重要特徵。譬如，漢語以象形居多，其中「太陽」和「月亮」的概念形成，沒有顧及其大小、熱度、顏色，文字只能就其形狀特徵描繪成「⊙」、「𝔇」的模樣。

　　（2）因為語言（文字）僅能表現事物某一特徵，使得這一特徵成為同類事物共同的概念，而忽略這類事物中諸如顏色、大小、形狀等特徵差別。對於這類事物的泛指、包容，也使得具有某一特徵的語言（文字）成了表示這類事物的概念。

　　在曾經的紀錄影像裏，南美亞馬遜的印第安人時常會用繩子拴住一塊肉食餌料，用長杆弔著去誘捕那些食人的鱷魚。當那塊肉餌晃動時，鱷魚便會隨著「獵物」眼前的移動，昂頭躍起撲食。儘管我們都知道，這塊左右晃動的肉，其實只是人對於鱷魚的誘騙伎倆，但是鱷魚仍是不厭其煩地躍起。原因很簡單，因為這頭飢餓的鱷魚被自己的食欲所束縛、牽引，其或許也有記憶，但是卻沒有將記憶、經驗形成理性認知的能力，在它的大腦中沒有人類那種「概念」的留存，形成語言更是奢望。一方面，剛剛過去的那次「欺騙」並沒有轉化成類似「坑」、「陷阱」這樣的概念留存在鱷魚的腦子裏。由此，那種類似人類的理性判斷、分析也無從實現。另一方面，飢餓的欲望又迫使鱷魚不斷被眼前的肉食誘惑，於是我們開始相信人比動物更能思考，更具悟性，其腦中「概念」的生成使得人類足以擺脫當下本能的束縛。對於過去的歷史經驗有所記憶和總結，使得人類可以憑藉「概念」、「意識」辨別對象，指導自己未來的行動。正是因為有了負載思想的語言和文字，人類才擺脫了動物本能的局限，擁有了馬克思所謂的超

〔註 12〕 維柯認為，原始人類沒有勇猛、精明這類抽象概念，卻通過想像創造出阿喀琉斯和尤里塞斯這樣的英雄來體現勇猛和精明，所以神話英雄都是「想像性的類概念」。詳見張隆溪《二十世紀西方文論述評》，生活・讀書・新知 三聯書店 1986 年版，第 53 頁。

〔註 13〕 〔德〕J・G・赫爾德：《論語言的起源》，姚小平譯，商務印書館 2009 年版，第 32 頁。

邁動物群生的「第二重特性」〔註14〕，不斷推進自己的文明與進步。按照佛教的立場，「動物也是眾生，六道眾生之中有一道是畜生，畜生就是動物，照佛教的說法，它可以成佛的。可是這可以成佛只是理論上的話，事實上是不行的。它要轉生才行。動物可以成佛，它必須要經過幾世劫，要首先轉生為人。」所以，人身難得。因為人的身上既有動物性，也通神性。〔註15〕如此掂量，更有「人身不易」的感慨。只是人類擁有靈魂的肉身，由於距離「太一」太過遙遠，也更容易墮落。〔註16〕

在沒有語言之前，人類的思維或許確如索緒爾所言，「就如同一片混沌不清的星雲」。「不存在前語言狀態的思想，在語言出現之前，一切都是不清楚的」，就如同硬盤被格式化，有語言才可以儲存數據材料。〔註17〕事實上，我不贊同索緒爾的這種說法，我認為在語言出現之前，早期人類應該是通過一系列的形象記憶或儲存材料，其思想意識有可能並不混沌，而是清晰、快速的圖像連綴。按邏輯關係連綴起不同的圖像，並做出相應的判斷，就是動物的智慧。我想對於猩猩來說，不應該是語言，而是一種我稱之為「思想流」〔註18〕——具有認識功能和聯想功能的腦圖像信息傳遞，但是缺乏人類思維的複雜程度。日本京都大學靈長類研究所的研究成果，也證實黑猩猩比現代人類擁有更特殊的瞬間形象記憶能力。我個人認為，大猩猩的夢與他們的日常記憶一致，應該是片斷的或者連續的形象構成，原因是它們尚未構成足夠使用的語言。由於動物無法將形象抽象成概念，所以其夢境或者腦子裏應該是形象的連續鏈接，無法形成人類抽象的意識。這也導致了動物無法記憶更多，往

〔註14〕馬克思認為，人的存在有二重性，即人一方面是與自然物同一的，直接地就是自然物；另一方面，人又不同於動物，它不僅受「外在尺度」的制約，更是為理想而存在。

〔註15〕牟宗三：《中國哲學十九講》，學生書局民國七十二年版，第5、6頁。

〔註16〕〔美〕查爾斯・E・布萊斯勒：《文學批評：理論與實踐導論》，中國人民大學出版社2015年版，第34頁。

〔註17〕〔英〕拉曼・塞爾登：《文學批評理論：從柏拉圖到現在》，北京大學出版社2000年版，第107頁。按：索緒爾所謂「不存在前語言狀態的思想」值得商榷。因為在思想轉換成語言之前，人腦中未必沒有思想，只是這時的思想，還沒有用語言文字的方式「明確」把握而已。

〔註18〕據研究，人類的眼睛會被圖案所欺騙，圖形的、色彩的，因為人腦會給自己所看到的諸多事物聯繫起來，為他們的聯繫尋找意義。人腦從我們看到的各種元素中尋找意義，意義緣於經驗。這種經驗將諸多圖像聯繫起來的能力過程，應該是「思想流」。我認為，動物初步具備了將圖像聯繫起來的能力，但是無法給這樣的能力賦以人類的那種意義。

往只能留在當下。此外，「意不稱物，文不逮意」的現象也間接證明，語言、文字的確不能夠完全概括思想和意識。然而，語言、文字的出現，的確也使得人類更容易儲存過去的記憶和情感，學會反思自己過去的行為處事，總結過往的經驗並給人生不斷賦予新的意義。這樣，我們所獲得的成功和愉悅，才能超越由身體欲望滿足所引起的本能快感。由此而言，所謂「以史為鑒」、「資治通鑒」，所謂「歷史映照未來」其實是人類基於過去經驗總結後的超越，這才是孔子「溫故知新」思想的精髓。

法國人類學家列維・斯特勞斯之所以將原本名為「野蠻人的宗教」的講座更名為「尚無書寫系統的人類的宗教」〔註19〕，原因是簡單的「野蠻」二字並不足以說明他在南美接觸的南比誇拉印第安人。而南美和非洲相比於歐洲，文明陷入相對停滯徘徊的緣由，的確與沒有成熟的文字書寫系統有關。因為惟有了文字，有了隨時可資「反思」的頭腦，才有了將感覺，尤其是美感加以準確描述與保存的可能。歷史映照未來，絕不是簡單的復古。即如王國維和胡適所說「文學者，隨時代而變遷者也。一時代有一時代之文學」(《文學改良芻議》)〔註 20〕。時過境遷，存在決定意識，每個時代同樣也需要有屬於自己的新學。換句話說，「資治通鑒」期待的效果不是保守住失去「精氣神」的祖宗遺物，而是把握可資「超越」的思想和精神，開啓新時代又一次思想的創新。人的生命有限，每個人總是從假定的寅年寅月寅日出生至卯年卯月卯日死去，至於寅年寅月寅日之前所發生的事，我們既不能經歷，卯年卯月卯日以後的事，自己又無福感知，每個人只能活在自己生命的歷史時空裏。若要推進社會文明進步，實現自我人生價值，我們就必須要學習出生之前的學問和經驗，促成此生的解惑發明。於是，語言、文字記載的留存，就成了人類記憶和思想的延伸。此種情形即如北宋黃庭堅所言，「學有要道，讀書須一言一句，自求己事，方見古人用心處，如此則不虛用功」(《與徐師川書四》)，「熟讀班固《漢書》，自首至尾，不遺去一句，然後可見古人出處」(《論

〔註19〕 〔法〕弗郎索瓦・多斯：《結構主義》，季廣茂譯，金城出版社 2012 年版，第 16 頁。

〔註20〕 《宋元戲曲史序》曰：「凡一代有一代之文學。楚之騷，漢之賦，六代之駢語，唐之詩，宋之詞，元之曲，皆所謂一代之文學，而後世莫能繼焉者也。」按：《宋元戲曲史》撰成於 1913 年。同年以《宋元戲曲史》之名在《東方雜誌》連載。詳見《王國維全集》第 3 卷，浙江教育出版社 2010 年版，第 3 頁。《文學改良芻議》撰寫於民國六年一月（1917 年 1 月），胡適所言晚於王國維。參見《胡適學術代表作》上卷，安徽教育出版社 2007 年版，第 2 頁。

作詩文》）。故「宜勉強於學問，歲月如流，須及年少精力讀書，不貴雜博，而貴精深」（《論作詩文》）。

因爲留下這些記憶和思想的人大多已經死去了，無法親口印證答詢，但是這些東西對於當下活著的人又十分重要。「知人論世」固然重要，然而「知世爲學」才是學問的精髓。所以，黃庭堅讀書講究「貫穿」。他認爲「讀書勿求多。唯要貫穿，使義理融暢」（《答曹荀龍》），「若讀經史貫穿，使詞氣益遒，便爲不愧古人矣。」（《與王立之四帖》）所謂「貫穿」者，融會貫通，學以致用是也。於是，自誕生以來，我們便要被動或主動地抉擇，學習那些對於我們今生或許有用，或許沒用的知識學問。因爲無法確定自己未來的命運安排，有了對已往經驗、思想的傳承學習，除了無用的忘卻以外，我們今生還可以朝兩個方向去努力行事：一是自以爲有識，將前人的知識學問現學現售，一生只做「老態」、「圓穩」地傳道、授業；二是溫故知新，知世爲學，學以致用。或是「不篤於舊，多所更張」（魯迅《人之歷史》），進而踐行出自己的閱歷和思想，著書立說，啓迪他人，流布後世。人類文明的傳承往往如此。

通常情況下，後世學者多能從先輩戳聲的推進節奏中，看出傳承效果是「因循守舊」，還是「轉益多師」、「博古通今」。「百衲」原本是文明塑造的一種優勢，然而作爲文明悠久的古國，沉重的歷史時常會成爲時代發展的負擔。思想定於一尊的人們熱衷於討論歷史保護和文化傳承問題，行動上卻落後於「新大陸」的開發，更有「抱殘守闕之輩，耳新聲而疾走」（魯迅《人之歷史》）。在西洋人完成對於事物微觀的、本質的、規律性的認識，國人尚疑懼於世間萬象的奇妙，瑟縮逡巡。有些人迴避求眞，甚至以「維美」、「固善」爲藉口極力掩蓋眞實，不許他人探問。錢鍾書說：「傳統有惰性，不肯變，而事物的演化又迫使它以變應變」，「因此規律、習慣不斷地相機破例，實際上作出種種妥協，來遷就演變的事物。」〔註21〕歷史上，中國人在數次媒介變革、新技術運用期間，也曾有革新思想的可能。然而，當美國人重申「恢復科學的傳統，利用高新技術的超常潛力提高醫療保健質量並降低成本」（奧巴馬《第一任總統就職演講文稿》）的時候，我們仍在傳統中醫和西醫之間糾結徘徊。祖宗歷代傳下的《黃帝內經》、《神農本草》、《神醫普效方》、《太平聖惠方》、《巢氏諸病源候論》、《博濟方》、《傷寒論》、《金匱要略》的寶貴醫書，

〔註21〕 錢鍾書：《七綴集》，生活・讀書・新知三聯書店 2007 年版，第 2 頁。

一件也不能少。而書中所蘊含著的陰陽調和，除玄言意會之外，也絕難變革深究。由此，所謂祖宗醫書「肌肉都發源於手指和足趾」的說法雖然亂成一片〔註22〕，也未必全無是處。儘管今天「我們已然陳舊的程序不足以滿足時代的需要」，但是那幾近凝固的慣性思想依然沮遏「我們應用新理念和新技術重塑我們的政府，改進我們的稅法，改革我們的學校，讓我們的公民擁有他們所需要的技能，更加努力地工作，學更多的知識，向更高處發展」（奧巴馬《第二任總統就職演講文稿》）。

西安，作為中國的古都，當代作家賈平凹曾以「廢都」惜之。原因是它太過古舊，王莽、黃巢，赤眉、綠林，北朝、十六國的亂舞春秋，都曾破敗過這裡昔日故國的夢華。人們往往糾纏於那些價值連城的文物保護，全然忘了若不能恢復漢唐時期的文人薈萃、商賈雲集，天下消息若不經由長安流出，「保護」、「恢復」對於今天的西安來說，只能是撩人眼球、隔靴騷癢的自慰。懶、貪、懼才是社會發展的驅動力。漢朝以來，桑弘羊「言利事，析秋毫」（《史記·平準書》），深得武帝賞識，致使天下商賈趨利而動。除了絲綢鹽鐵，商人們自然也可以為簡帛印本、文物販賣而來。天下消息經由長安流出，作為政治中心的長安只能保證官府號令皆出本埠，至於其他消息則要靠耳聞口傳的民眾以及刀筆純熟的秀士文魔。人心跟著輿論走，輿論則是儒生言談營造出來的社會動向。

秦漢亂離，儒生隱忍失意。缺少政權主流的支持，儒家學問代傳，師徒口傳，偶本於孔宅、伏生壁藏之書。俟漢武帝開弟子員，立五經博士，「迄於元始，百有餘年，傳業者寖盛，支葉蕃滋，一經說至百餘萬言，大師眾至千餘人」〔註23〕，終有儒學滋盛。在文字成熟之後，文明傳承的重任就落在簡帛、紙張、碑銘、雕版等輕重不一的媒介身上。每一次的媒介轉換都伴隨著文明傳播效率的極大提高，也帶來了文明開化的契機。史載，東漢熹平年間蔡邕在洛陽太學立碑的初衷，是因為儒家經典有不同版本，異本錯訛影響了當時儒學的傳播。蔡邕便向漢靈帝建議，將儒家標準讀本刻於石碑，立於太學門前，以便天下學子閱讀抄錄。這才促成中國歷史上儒家經典第一次大規模的抄本傳播。

〔註22〕 魯迅：《華蓋集·忽然想到》，《魯迅全集》第 3 冊，人民文學出版社 2005 年版，第 14 頁。文末按語：《黃帝內經》分《素問》和《靈樞》兩部份，共 18 卷。「肌肉都發源於手指和足趾」的說法，見《靈樞經筋第十三》。

〔註23〕 （漢）班固：《漢書》卷 88《儒林傳》，中華書局 2007 年版，第 884 頁。

　　事實上，先秦《樂經》等書籍的亡佚，除了亂世的緣由，更有竹簡沉重、抄寫緩慢、流布遲滯的原因。〔註24〕關於那個竹簡木牘的時代，我們聯想更多的是竹木砍削的困難，以及書寫成品的「沉重」，我們甚至會聯想到東漢當年刻立石碑的情景。對於當時的儒生，抄寫石碑應該不是件輕鬆的事。家庭條件好的人或許用絹帛抄寫，或許可以雇人抄寫。經濟條件平常的儒生，若沒有紙張的發明，則需削出千萬根的簡牘續寫多日，方能抄綴完成。〔註25〕抄寫完畢，還需頗能負重的牛馬車輛馱回家中閱讀。或許惟有「雨中黃葉樹，燈下白頭人」（司空曙《喜外弟盧綸見宿》）的影像，方能映照出當年儒生們皓首窮經的未來。

　　漢末大亂，「董卓焚洛陽宮廟及人家」（《後漢書・孝獻帝紀》）。曹操擊破袁紹於官渡，「盡收其輜重圖書珍寶」（《三國志・武帝紀》），其間散失的儒經簡牘該有多少數量的「片片沉沉」。此外，由於年代久遠，漢簡衰朽難存，到明代張溥纂輯《漢魏六朝百三家集》時，其中《蔡中郎集》的主要內容惟有蔡邕留下的41篇碑文。由此推想，蔡倫改進造紙術確實是對人類文明進步的巨大貢獻。蔡倫之後，便於書寫的紙張出現，人們閱讀文本的重量、抄寫的難度大大減輕了。隨之而來，人類歷史進程中，最值得紀念的第二件大事便是快速刷印於紙張的雕版印刷技術的發明。

　　從人類文明發展的歷史窺看，印刷術對文明傳承的貢獻原是建立在紙張發明的基礎之上的。若沒有紙張的出現，印刷術的發明便無從談起，中國誕生的至多只能是「夾纈」這樣的印染工藝。因此，紙張與印刷兩相配合爲人類文明進步所做出的貢獻，主要表現在：一是大大縮短了時間，以刷印改變並提高了逐一書寫的效率；二是紙張製成數量眾多的印本（或單頁），可以更廣泛地傳播到受眾的手中，實現單位時間內更大範圍的閱讀；三是校勘正確的印本不僅保證了信息的正確傳播，也樹立了印本在大眾心目中高效、優質的

〔註24〕趙鳳華：《「清華簡」研究發現類似樂經的詩歌》，2009年4月28日《科技日報》。該報記載：「歷史學家李學勤教授透露，清華大學收藏的戰國竹簡（簡稱「清華簡」）最新釋讀發現周武王時的樂詩，『樂詩類似樂經的詩歌』，『更是過去從來沒有見過的』」。

〔註25〕按：竹簡係切削光滑的竹片製成。根據書寫內容不同，簡的長度亦有差別。「普通簡的長度則多爲23釐米左右，合一漢尺」，「書寫儒家經典要用漢尺二尺四寸的簡。……甘肅武威磨嘴子6號東漢墓中出土的《儀禮》簡冊，長55.5～56.5釐米，正合漢尺二尺四寸。」詳見孫機：《中國古代物質文化》，中華書局2014年，第312、313頁。

版本口碑。所以，說到印刷對於文學的影響，準確的說，應是印本流布、接受對於文學的影響，對於人（受眾）的影響。印刷影響文學活動的全過程，不單影響了文學活動中的讀者，也影響了作者及其生存的環境。此外，更準確的理解是印本流布不僅影響了文學，還影響了醫學、宗教、農業、教育等多方面，這些影響聚合起來則是影響了某段歷史人群的整體生活活動，甚至影響到「東邊路上有坑」這一消息的傳播時效和範圍。我們此處談論印本流布對於文學的影響，僅是能力局限之下，希望以這單一的影響管窺、說明新媒體出現，如何促成人類在特定歷史時期的文明改變。

通常，一旦談到印刷術對於文學的影響，人們都不會否認此類影響的存在。即如微信、微博玩轉的今天，誰也不會否認電腦、互聯網對於當下文學的影響。然而，若要深究人們當年從印本中接受了怎樣的影響，通過印本售賣，人們從歐陽修、蘇軾、黃庭堅等宋代文人日漸隆盛的傳播名聲中，得到了怎樣的鼓勵與刺激，以及此種影響日後如何轉化成新生代文人對詩歌與文章風格、樣式等方面的塑造，這一系列問題卻又不可以泛泛而談。

關於印本流布與宋代詩歌的關係，長期以來的研究並不充分。在宋詩研究方面，有莫礪鋒《江西詩派研究》、趙敏《宋代晚唐體詩歌研究》、李貴《中唐至北宋的典範選擇與詩歌因革》、張振謙《道教文化與宋代詩歌》等著作。至於印本流布與詩歌的關係研究，還僅限於傳統文史研究，主要有王兆鵬《宋代文學傳播探原》、張勁松《宋代詠史懷古詩詞傳釋研究》、朱迎平《宋代刻書產業與文學》等著作。其他還有陳靜《淺論宋代出版對宋詩的影響》、錢錫生《傳播方式的改變與唐宋詞的演進》，張高評《宋代印刷傳媒與詩分唐宋》等文章散論，未能深入到印本社會與詩歌變化內部進行研究。對於這類課題的研究，無論從研究角度或方法都有拓展和挖掘的空間。某些著述雖然談及印刷對於宋代文學的貢獻，然多是「宋代雕版印刷促進文學興盛」之類的片語浮言。其中，擅寫思想史的葛兆光在談論雕版印刷的歷史作用時，曾評價說：「印刷術的發達，也使知識傳播更加方便，知識風氣在社會上愈加昌盛」，而「印刷術的普遍使用，文化傳播日益迅速……使知識傳播漸漸及於民眾，在各種文獻記載中可以看到，社會上很多人都可以很方便地得到過去很難得的書籍，就連婦女、牧童、樵夫都可以閱讀經典，引用古人言語」〔註26〕。至於宋代雕版印刷究竟如何影響了文學，或許需要更深入的研究和闡述。

〔註26〕 葛兆光：《中國思想史》第 2 卷，復旦大學出版社 2001 年版，第 175、190 頁。

通常，雕版印刷作為一種技術影響文學，必然需要其印本媒介承載此種重任。因為憑著我們的想像，印本影響文學，並不是印了某幅佛像或某本曆書就影響了文學的，而是文字印本影響了作者和讀者生存的精神世界，才導致了文學整體氛圍的改變。只有社會整體環境改變，風氣變化才有催生文學「新變」的可能。當然，某人有可能出於對佛祖的崇敬或信仰，寫出某篇「心靜神凝」的頌文偈語。然而，更直接的應是印了某些與文學相關的印本書籍（或單篇文章）而產生的影響。因為北宋國子監《禮記》、《禮記注疏》印本在社會上的普及發行，蘇軾在科舉考試中才能「遷想」皋陶三次請求刑殺，堯帝三次寬宥的故事，「妙得」撰寫《刑賞忠厚之至論》。〔註 27〕此外，因為早年閱讀了歐陽修的《朋黨論》及《新五代史・唐六臣傳》，蘇軾仕宦後才有《續歐陽子朋黨論》。〔註 28〕其中，作為印本影響詩詞而言，又與其取境高下、意象搭配、語詞模擬選擇密切相關，它是一個由「抽象閎衍」到「具體纖微」的接受與反應過程。〔註 29〕而作為散體文章，則有可能更多體現在文理架構與思想主張的傳承。那麼，這類印本書籍包括哪些，它們又是如何具體地對文學施加了影響呢？這些都值得思考。

以美國學者艾布拉姆斯的「文學四要素」界定，某類書籍印本若歸入「文學」一類，那麼它們便是「物化了的作品」，只不過與此前的作品相比，它們有了新穎的物質形式——印本。若以作品對於文學的影響而言，其勢必又要涉及讀者、作者，還有世界之間的關係。假若我們能把「世界」一詞理解得

〔註 27〕 關於北宋國子監的《禮記》印本，詳見本書《北宋經部刊本表》相關內容。按：蘇軾錯誤地認為「皋陶曰『殺之三』，堯曰『宥之三』」無所徵引，其實該典故源自《禮記》。

〔註 28〕 （宋）呂祖謙：《宋文鑒》卷 98《續歐陽子朋黨論》。按：至和二年，歐陽修《論雕印文字劄子》提到京城坊間有二十卷名為《宋賢文集》的印本，多是當今論議時政之言，其首篇是富弼往年讓官表。以當年歐陽修《朋黨論》的影響程度，京城坊刻的《宋賢文集》極有可能收錄其中。又，蘇軾《續歐陽子朋黨論》起首有「歐陽子曰：『小人欲空人之國者，必進朋黨之說。』」。此言出自歐陽修《新五代史・唐六臣傳》。具體考證，詳見成長健、師君侯《從三篇〈朋黨論〉看北宋的黨爭》，《中國文學研究》1993 年第 2 期，第 25 頁。

〔註 29〕 按：筆者認為，人們對於詩詞文本的接受，無論是印本或抄本，都應該是一個由整體直覺感受到細微解構分析的過程。即如馬赫所說，「人能夠隨意做極概括的抽象，又能夠沉緬於極瑣碎的細節。」（《感覺的分析・導言》）詩歌作品，首先給人的應是整體的感受，是境界的引人入勝；隨後，人們才會關注、分析詩詞的結構：意象構成與語詞選擇等。

更爲透徹的話，那麼它就包括作者和讀者共同生活的自然環境、社會環境，以及由作品、讀者和作者三方共同營構的文學場域與文化環境。

　　相較於三、四千年前，缺少文字遺存的新疆羅布泊的「小河文明」〔註30〕，中原「女媧補天」、「大禹治水」的遠古傳說隨著《尙書》、《史記》、《淮南子》等文本載體的流布，連同《太平御覽》、《獨異志》各種衍生的後續文學故事，共同構成了華夏民族的文學土壤和精神氛圍。這也成就了魯迅的《故事新編》，文明就是這樣一代一代地傳承並延續了下來。科學探求「自然之眞」，學問追尋「社會人文之眞」。學問本是一柄雙刃劍，儘管魯迅自命「中了些莊周韓非之毒，通曉僵化理解經史的危害」〔註31〕，並堅持認爲「要少看——或者竟不——看中國書」（魯迅《青年必讀書》），但是其文章中終究還是露出了古本閱讀傳承的痕跡。魯迅曾以爲「看宋事，《三朝北盟彙編》已經變成古董，太貴了，新排印的《宋人說部叢書》卻還便宜」（《讀經與讀史》）〔註32〕。又說：「《嘉泰會稽志》已在石印了，但還未出版，我將來很想查一查，究竟紹興遇著過多少回大飢饉，竟這樣地嚇怕了居民，彷彿明天便要到世界末日似的，專喜歡儲藏幹物品」（魯迅《馬上支日記》）。因爲「曾經看過許多舊書」，耳濡目染的結果，影響到魯迅所做的白話上，「常不免流露出它的字句，體格來」（魯迅《寫在〈墳〉後面》）。典型例子是 1912年8月20日，魯迅隨同民國教育部同仁前往當時的京師圖書館，曾「閱敦煌石室所得唐人寫經，又見宋元刻本不少」。嗣後，魯迅便利用京師圖書館的藏書寫作了《中國小說史略》等書。〔註33〕因此，舊書文字影響著述的情形，即如朱光潛所說：「想做好白話文，讀若十上品的文言文或且十分必

〔註30〕 新疆羅布泊區域的小河墓地，曾入選 2004 年度中國考古十大發現。該墓地的發掘始於 1930 年代，2002 年經重新發現後開始了新的發掘。到 2005 年，考古工作者共發掘墓葬 160 多座，出土珍貴文物數以千計。小河墓地的考古發掘表明，距今 4000 年前至 3500 年前，新疆塔里木河—孔雀河三角洲曾有良好的生態環境，是羅布泊地區早期人類活動的重要區域，這裡曾經出現過較爲先進發達的人類文明。按：類似這樣缺乏物質固化，尤其是文字傳承的文明，其發現只是期待考古的發掘，而絕對談不上對後來文明的傳承及影響。

〔註31〕 魯迅：《魯迅全集》第 1 冊《寫在〈墳〉後面》，人民文學出版社 2005 年版，第 301 頁。

〔註32〕 魯迅：《魯迅全集》第 3 冊《這個與那個》，人民文學出版社 2005 年版，第 149 頁。

〔註33〕 魯迅：《魯迅全集》第 15 冊《壬子日記》，人民文學出版社 2005 年版，第 17、18 頁。

要。」〔註 34〕如此看來，作品只有在媒介傳播的輔助下，對其他三要素構成影響，才有可能催生新的作品，萌生新的現象，進而推動文學的發展。

相比唐朝，宋代是一個儒學復興的社會。其復興的緣由既可歸結爲宋朝皇帝鑒於前朝亂世而對於儒家等級秩序回歸的強烈需求，也可歸結爲雕版印刷普及所帶來的知識爆發。因爲儒家印本流布更可加速「一道德，同風俗」（曾鞏《新序目錄序》）的教化目的，因此宋代科舉以經子典籍出題，官方對於詩文集本雕印並不熱衷。這其中，儒學與文學的相互關係，儒學印本流布與文學（詩歌古文）的關係，都值得學者研究思考。故進一步的研究思考，就是要在宋代儒學復興、印本流布與文學嬗變之間尋找內在的理路。

一、印本時代的文學傳承

談到「印本流布影響文學」，在資料搜集整理的基礎上，除了相關文學理論的運用，我以爲要完成這項研究任務，還需在以下兩個方向做出努力：一是從「文學社會身份與文化功能」〔註 35〕的角度，具體梳理或描述文學由創作生成至印本傳播接受過程中歷史具體的、「活」的生態。二是要對「印本影響文學」問題做出「交叉與轉化式」的分析研究，探究文學作品影響讀者，讀者轉化爲作者，催生新一輪創作的具體樣貌。

以第一種方向而言，文學一旦以印本的方式進入社會，事實上便有了某種「社會身份」。因爲「某種文學如果僅屬於個體而與社會無緣，也就必然與『歷史』無緣」〔註 36〕。文學這種社會身份的獲取，既取決於創作者已有的社會影響和作品本身的優劣高低，也取決於主持作品刊刻者（官府、民間組織或個人）出於至善、親情、審美以及讀者與市場需要，或者其他出版目的所做出的歷史選擇。文學身份不同，其在社會中的傳播方式和社會影響也會不同。獲取文學身份，佔有傳播優勢的某些文學，其普及傳播流芳的結果甚至會成爲社會集體意識的一部份。如漢樂府詩「少壯不努力，老大徒傷悲」（《長歌行》）的傳播，就成了國民「珍惜時間，勵志奮發」的集體意識。

〔註34〕 按：朱光潛《雨天的書》說：「想做好白話文，讀若干上品的文言文或且十分必要。現在白話文作者當推胡適之、吳稚暉、周作人、魯迅諸先生，而這幾位先生的白話文都有得力於古文的處所（他們自己也許不承認）。」此文見載於上海開明書店《一般》月刊，1926 年 11 月第 1 卷第 3 號。
〔註35〕 李昌集：《文學的社會身份與文化功能》，《文學遺產》2006 年第 1 期，第 11 頁。
〔註36〕 同上。

　　王重民在《敦煌古籍敘錄》中，對於敦煌《白居易詩集》殘卷（伯 5542）給予的評價是：「白氏詩歌，脫稿後即傳誦天下，故別本甚多，即白氏所謂通行本也。然其價值，當仍在今行諸本之上。餘生千載之後，睹此殘編，爲勝於高駢遣使，放翁入蜀矣」。憑藉當時社會中的運行方式，類似李白、王維、白居易這樣一流文人的詩歌作品與敦煌遺存眾多無名氏的詩歌作品相比較，其處於京城及貴族上層的文學創作與傳播，與處於偏僻敦煌的文學創作與傳播，所取得的社會影響肯定有所不同。韓愈《國子助教河東薛君墓誌銘》載有國子助教薛公達，「始舉進士，不與先輩揖，作《胡馬》及《圓丘》詩，京師人未見其書，皆口相傳以熟」〔註37〕。又據《近事會元》（卷 4）記載，白居易曾以《楊柳詞》寄託對歌妓樊素、小蠻的情意。詩云：「一樹春風萬萬枝，嫩於金色軟於絲。永豐東角荒園果，盡日無人屬阿誰。」唐宣宗即位，因樂工奏唱該詞，問永豐是何處？左右具言以對，皇帝遂命取永豐柳兩枝植於禁中。白居易感於此事，續詩曰：「一樹衰殘委泥土，雙枝移植天庭。定知此後天文裏，柳宿光中添兩星。」《全唐詩話》（卷 2）記載此詩當時流傳的情形是「洛下文士無不繼作。韓常侍琮時爲留守，亦有詩和云：……」〔註38〕。由此可知，白詩能迅速傳播，原因之一是單篇詩歌篇幅短小，便於口誦傳抄；第二，故事牽涉皇家本就吸人耳目，宮內傳聞更容易成爲消息傳播的熱點。若信息並無禁忌，可以預料在眾人口傳之後，必有文字（史家或好事者）延後注錄。否則，這則故事也不可能傳世至今；第三個原因則是白居易身處政治、經濟、文化中心的東都洛陽，眾多人口聚集了諸多愛詩之人，加之消息傳播靈通迅速，故才有洛陽文士紛紛繼作。如此可見，不同文本在不同地域的傳播情形並不相同。這裡，我們且以杜甫詩歌爲例。杜詩在宋代曾有所謂「千家注杜詩」的盛況，當時各家所注杜詩也紛紛結集刊刻出版。〔註39〕分析其中，主要有以下兩種原因：

〔註37〕　（唐）韓愈：《韓愈文集校注》，馬其昶校注，馬茂元整理，上海古籍出版社1986 年版，第 362 頁。

〔註38〕　（清）何文煥：《歷代詩話》上冊，中華書局 1982 年版，第 122 頁。

〔註39〕　按：嘉祐四年有蘇州公使庫王琪刻本。王琪《後記》云：「原叔（王洙之字）雖自編次，余病其卷帙之多，而未甚布，暇日與蘇州進士何君琢、丁君修得原叔家藏及古今諸集，聚於郡齋而參考之，三月而後已。義有並通者，亦存而不敢削，閱之者固有深淺也。而吳江邑宰河東裴君煜取以復視，乃益清密，遂鏤於版，庶幾其傳」。王琪刻本是杜集第一刻本。

　　（1）杜甫作為唐代詩人的代表，經過中唐至北宋的歷史沉澱與文化梳理，隨著國家統一體的重新成形以及中央集權的加強，其忠君愛民形象以及作品的歷史美譽度共同造就的社會影響，促成其文學印本的大規模印行；

　　（2）民間大眾，尤其是文人群體確認了杜詩的文學價值及其審美教化功能〔註40〕，導致杜詩在官方和民間都有較大的需求空間，從而促成杜詩印本得以優先且大量地刊刻。

　　胡適當年談到教育制度史的修撰時，就特別談到要描寫某種制度下人的生活狀態，要有活的制度史（《中國教育史料——與陳世棻書》）。基於以上認識，這項研究就要在確定文學社會身份及文化功能的同時，重點關注印本文學在特定社會歷史環境中的運行方式和運作機制，以文學印本在某種社會中的「活生態」揭示印本流布對於文學的影響。文學是社會中人的創作，其必然要流布到社會人群中，應和並影響了人的文化生活狀態，方能展現其價值和影響，所謂「新樂府」、「古文運動」等文學現象才會由此呈現。同樣，要研究印本對文學的影響，我們也必須將印本放置具體的社會環境中，揭示其傳播和接受的「活生態」。

　　至於此項研究的第二個方向，所謂「交叉與轉化」研究，其實就是運用文學理論的研究方法，具體探究印本作品中文學意象〔註41〕的生成，以及諸多文學意象如何借助作品流行所形成的「傳播厚勢」，實現讀者的文學接受與審美反應，進而催生出新一輪文學創作。自有謝靈運、陶淵明、王維等山水田園詩的抄本、印本流布，得益於此類詩歌意象及其所構境界的廣泛欣賞和接受，田園、山水、邊塞等類型詩在宋代有大量的模擬創作。蘇軾、黃庭堅是模仿陶淵明詩歌創作的典型，只是他們從不將之稱為「擬」，而稱為「和」。因為「擬詩」，只是模仿。「和詩」，乃是與古人交朋友，像朋友一般唱和。黃

〔註40〕　按：黃庭堅貶官黔州，欲將杜甫入蜀詩歌刻石留存。《刻杜子美巴蜀詩序》曰：「自予謫居黔州，欲屬一奇士而有力者，盡刻杜子美東西川及夔州詩，使大雅之音，久湮沒而復盈三巴之耳。」《與洪甥駒父書二首》云：「大體作省題詩，尤當用老杜句法，若有鼻孔者，便知是好詩也。」；《與徐師川書》又云：「所寄詩，超然出塵垢之外，甚善甚善。……居必擇鄉，遊必就士，今兩得之矣。士大夫多報吾甥擇交不妄出，極副所望，詩政欲如此作。其未至者，探經術未深，讀老杜、李白、韓退之詩不熟耳。」

〔註41〕　按：文學意象既可指在文學創作中，藝術構思所形成的心中之象或「胸中之竹」，又可指文學作品中表現作家文學高級形態的審美意象。兩者有前後之別，「物化」是它們過渡的關鍵。

庭堅曾說：「東坡云：『古之詩人有擬之作矣，未有追和古人者也。』追和古人，則始於東坡。吾於詩人無所甚好，獨好淵明。其詩質而實綺，癯而實腴，自曹劉鮑謝李杜諸人皆莫及也。吾前後和其詩凡一百有九篇，至其得意，自謂不甚愧淵明。然吾之於淵明，豈獨好其詩也哉！」〔註42〕

　　文學意象是一個界於具體物象與概念之間的意識存在，因為它是作者某些思想意識與現實所見具體物象的融合，所以它既具有物象（或表象）呈現於思維中某些形象性，又兼有概念的一定抽象性特徵。因為「任何一個抽象的概念都是經由感官形成的，在一開始無非就是感性的表達」〔註43〕，其界於兩者之間的位置，決定了意象可以容納過去、現在與未來，成為創作主體意念吸納與生成的容器。一方面，它由創作者使用，灌注了作者對於所見形象的豐富性，譬如「長河」、「落日」之類。然而，由於其部份存在的概念性，如「長長的河」「落下的太陽」，決定了其感覺的豐富性並不能單純通過某個意象語彙完全展現出來，需要借助「征蓬」、「歸雁」、「大漠」、「孤煙」等意象之間的協調配合形成境界，並且依賴讀者基於自身生活閱歷的想像。借用海德格爾的說法，「長河」、「落日」只是將其他與之相關的東西召喚至近旁，「從而把它置於最切近的在場者領域中，並且把它安置其中」〔註44〕。

　　南宋孝宗乾道六年，陸游乘船入蜀任官，路過丹陽附近的新豐鎮。想起李白詩曰：「南國新豐酒，東山小妓歌」；又因唐人（陳存）詩曰：「再入新豐市，猶聞舊酒香」〔註45〕。陸游由此特別說明此地「非長安之新豐也。然長安之新豐，亦有名酒，見王摩詰詩。」（陸游《入蜀記》卷1）所謂「王摩詰詩」，乃是王維《少年行》詩句「新豐美酒斗十千，咸陽遊俠多少年。」如你我周知，南宋偏安淮河、大散關以南，陸游本人並沒有長安新豐的生活閱歷。相

〔註42〕　（宋）黃庭堅《跋子瞻和陶詩》原注。《黃庭堅全集編年輯校》中冊，鄭永曉整理，江西人民出版社2008年版，第1059頁。
〔註43〕　〔德〕J·G·赫爾德：《論語言的起源》，姚小平譯，商務印書館2009年版，第72頁。
〔註44〕　〔德〕海德格爾：《在通向語言的途中》，孫周興譯，商務印書館2011年版，第12頁。
〔註45〕　（宋）陸游：《渭南文集》卷43，《文淵閣四庫全書》，上海古籍出版社2003年影印本，集部，第1163冊，第646頁。按：此詩乃唐朝大曆貞元間詩人陳存《丹陽作》。詩云：「暫入新豐市，猶聞舊酒香。抱琴沽一醉，盡日臥垂楊。」「再入」或為「暫入」之誤，「再」與「暫」讀音相仿，或由此誤。詳見《全唐詩》卷311，第3514頁。

反，由於生活在江南，陸游對於南方的美酒（糯米酒）卻很有感覺。加之，李白詩中還提到了「東山」。「東山」位於陸游家鄉紹興府上虞縣（西南 45 里）上浦鎮境內，東晉名臣謝安曾隱居此地。陸游當年「飯後登東山」（《劍南詩稿》卷 69），或「小徑登東山繞行自西北至溪上」（《劍南詩稿》卷 55），盤桓其間，留下「高臥頗自喜」、「東山豈不佳」〔註 46〕（《歲莫感懷以余年諒無

引圖 2

幾休日愴已迫爲韻》）等與謝安「東山再起」相關的詩句。李白所謂「東山小妓歌」，源自謝安東山畜妓故事。《世說新語》記載：「謝公在東山畜妓，簡文曰：『安石必出。既與人同樂，亦不得不與人同憂。』」南梁劉孝標注引宋明帝《文章志》曰：「安縱心事外，疏略常節，每畜女妓，攜持遊肆也。」〔註 47〕顯然，陸游憶起李白詩句「南國新豐酒」、「東山小妓歌」，是因爲相關「東山」的生活閱歷更易於形成詩歌的想像。相反，陳存詩歌「再入新豐市，猶聞舊酒香」就缺乏這樣「物象」與「概念」的融合條件，還誤將原詩的「暫入」記憶成了「再入」。

另一方面，「意象」雖說具有約定俗見，普遍認同的特點，但它又有別於概念的抽象，它畢竟還具備一定程度的具體形象。因爲「蕉鹿聽訟」〔註 48〕、

〔註 46〕 （宋）陸游：《劍南詩稿》卷 31，《文淵閣四庫全書》，上海古籍出版社 2003 年影印本，集部，第 1162 冊，第 500 頁。

〔註 47〕 （南朝）劉義慶著，（南朝梁）劉孝標注，余嘉錫箋疏《世說新語箋疏》中冊，中華書局 2007 年版，第 478 頁。

〔註 48〕 《列子‧周穆王》（卷 3）載：「鄭人有薪於野者，遇駭鹿，御而擊之，斃之。恐人見之也，遽而藏諸隍中，覆之以蕉，不勝其喜。俄而遺其所藏之處，遂以爲夢焉。順塗而詠其事。傍人有聞者，用其言而取之。既歸，告其室人曰：『向薪者夢得鹿，而不知其處；吾今得之，彼直眞夢矣。』室人曰：『若將是夢見薪者之得鹿邪？詎有薪者邪？今眞得鹿，是若之夢眞邪？』夫曰：『吾據得鹿，何用知彼夢我夢邪？』薪者之歸，不厭失鹿。其夜眞夢藏之之處，又夢得之之主。爽旦，案所夢而尋得之。遂訟而爭之，歸之士師。士師曰：『若初眞得鹿，妄謂之夢；眞夢得鹿，妄謂之實。彼眞取若鹿，而與若爭鹿，室人又謂夢仞人鹿。無人得鹿。今據有此鹿，請二分之。』以聞鄭君。鄭君曰：『嘻！士師將復夢分人鹿乎？』訪之國相。國相曰：『夢與不夢，臣所不能辨也。欲辨覺夢，唯黃帝、孔丘。今亡黃帝、孔丘，孰辨之哉？且恂士師之言可也。』」

「佝僂承蜩」〔註 49〕這類與「鹿」、「蜩」相關的意象被多次以典故的形式運用於文學作品，人們對於這樣的意象逐漸生成抽象的訓戒理念，不再如故事最初發生時那般具體、鮮活，而被人「斷章取義」地賦予了「凝神用志」、「自欺欺人」的寓意。但是，這類「蕉鹿」、「承蜩」畢竟還是留住了部份具象，可以適度喚醒某些有準備的心靈呼應。正如奧地利學者馬赫所言，人們通常會「用單一的名字指稱恒久的東西，用單一的思想把握它，而不必每次都去分析它的組成部份，這是一個有用的習慣」〔註 50〕。於是，這類文學意象的「復活」則需要作者和讀者基於自身閱歷蘊含的雙向營構。陸游入蜀途經當塗縣，縣城「淩歊臺」背後有古塔。「是夜，月白如晝，影入溪中，搖盪如玉塔」。此時的具體情境、物象與前人詩歌意象相符合，陸游自言「始知東坡『玉塔臥微瀾』之句為妙也」（《入蜀記》卷 2）〔註 51〕。若無具體景象相對照，憑心而論，陸游原本較難體會蘇軾「玉塔臥微瀾」詩句的妙處。一則古塔若要呈現「玉塔」模樣，只有在月光映照下才會出現這樣的映像「錯覺」；二則「古塔」矗立岸邊，平常人不可能接受「塔臥微瀾」的描述。陸游本人也是在月夜親眼目睹了溪水中的「微瀾塔影」，這才悟出惟有古塔「倒影」方能「臥微瀾」——恍動疑散，靜謐復來。由此可見，具體的生活情境與閱歷，作者與讀者的雙向營構，才能復活東坡詩中的文學意象，帶給陸游月夜裏感覺之弦的「神妙」。即如蘇東坡贊李白廬山 「疑是銀河落九天」，「海風吹不斷，江

〔註 49〕 《莊子・達生》載：仲尼適楚，出於林中，見佝僂者承蜩，猶掇之也。仲尼曰：「子巧乎！有道邪？」曰：「我有道也。五六月累丸二而不墜，則失者錙銖；累三而不墜，則失者十一；累五而不墜，猶掇之也。吾處身也，若厥株拘；吾執臂也，若槁木之枝；雖天地之大，萬物之多，而唯蜩翼之知。吾不反不側，不以萬物易蜩之翼，何為而不得！」孔子顧謂弟子曰：「用志不分，乃凝於神，其佝僂丈人之謂乎！」

〔註 50〕 按：關於這一過程，馬赫舉例說，「我們看見一個具有尖端 S 的物體。假如我們觸到 S，使它與我們的身體發生關係，我們就感到刺痛。我們可以看見 S，而沒有感到刺痛。但是，我們一感到刺痛，就看到 S 在皮膚上。因此，看得見的尖端是一個常久的核心；依照各種情況，刺痛是作為某種偶然的事物聯結在這個核心上的。由於常有同類的事情，我們最後就習慣於認為物體的一切特性都是由常久核心出發，通過身體的中介而傳到自我的『作用』；我們把這些作用叫做感覺。可是，這樣一來，這些核心便失去了它們的全部感覺內容，變成赤裸裸的思想符號了。」詳見〔奧〕馬赫：《感覺的分析》，洪謙、唐鉞、梁志學譯，商務印書館 1986 年 7 月第 2 版，第 5 頁、第 9 頁。

〔註 51〕 （宋）陸游：《渭南文集》卷 44，《文淵閣四庫全書》，上海古籍出版社 2003 年影印本，集部，第 1163 冊，第 656 頁。

月照還空」詩句,「眞古今絕唱也」。然而這樣的詩句,讀者「非歷覽此景,不足以見此詩之妙」(《梅磵詩話》卷上)。

以現象學的觀點,印本作爲文學的載體,同樣依賴人們豐富的聯想能力「再現與表現」作品物象。那麼,文學印本也就必然成爲影響作者審美創作「意象」的源頭之一。按照波蘭哲學家英伽登的作品層次學說,印刷符號並不是作品新的層次,它們只是在其典型形式中被把握的並且自動地伴隨著一個它們所標示的語詞聲音的聽覺意象或意向關聯物。閱讀時,人們通常感知不到個別的字母,而是「完整的詞」,因爲視覺閱讀的主要目的是理解典型的語詞形式,所以我們很容易忽略印刷上的錯誤。〔註52〕這裡所謂「典型的語詞形式」,是指那種足以指向某種意義,由語音與文字符號結合構成語詞的典型形式。譬如,中國古詩詞中諸如「缺月」、「疏桐」(蘇軾《卜算子·缺月掛疏桐》)、「孤鴻」、「翔鳥」和「北林」(阮籍《詠懷詩》)之類的語詞意象,在「鴥彼晨風,鬱彼北林。未見君子,憂心欽欽」(《詩經·秦風·晨風》)的前期閱讀基礎上,「鷐鷹在蔥鬱的北邊樹林裏疾飛,未見君子,心神不安」使得這些語詞的相互搭配組合,隱約指向某種特定含義,藉以表達作者在特定情境中「孤獨寂寞、渴求同道」的情緒和心境。因此,作品閱讀的第一個基本過程,首先是將書寫(印刷)符號作爲「表現」,即意義的載體;其次,語詞的聲音與書寫符號交織在一起,兩者在語詞的典型形式(詩詞等)中被理解,即兩者作爲「語詞軀體」的兩個方面,其理解是同時發生的。在理解語詞聲音,人們就理解了語詞意義同時積極地意指這個意義。這樣一來,語音與符號兩者結合就構成了文學作品的第一層次——語音層次。〔註53〕最初的詩歌,其實應該很簡單,其中多有雷同的詞匯,它們之間多靠語氣,聲音大小甚至表達情緒加以區別。因爲人類與社會都處在發展雛形期,詩歌稀少的詞匯只有短音,若不拉長聲音嘶吼(或歌詠),沒有類似「呦嚯」這樣的「長嘯」,極易雷同的語詞便不能

〔註52〕 英伽登認爲,「當我們『無聲地』閱讀文本時(沒有出聲地念詞,即使是很輕地念),我們的理解一般不限於僅僅看見書面符號的書法形式,就像我們不懂中文的人看見中文符號一樣,或者像我們看到一幅畫(例如阿拉伯圖案)而絲毫沒有想到它也可能是一種書面信息那樣。一般充分瞭解某種語言的語音形式的讀者會把無聲地閱讀同在想像中傾聽相應的語詞聲音和說話韻律結合起來,但對這種傾聽並未特別介意。」詳見〔波〕羅曼·英伽登:《對文學的藝術作品的認識》,中國文聯出版公司1988年版,第18頁。

〔註53〕 〔波〕羅曼·英伽登:《對文學的藝術作品的認識》,中國文聯出版公司1988年版,17～20頁。

區分出彼此，也不能體現出嘶吼者的情感變化。只有拉長聲音，才有賦予更多的語音變化。一旦明白這個道理，我們便有理由懷疑「斷竹、續竹、飛土、逐肉」（《吳越春秋・彈歌》）這樣的短詩，當初或許伴有「蕭蕭」、「嗚嚧」等感歎詞和摹聲詞，或許還是拉長語音吼唱的，並且還帶有歌者渴望出獵的情緒。只是這首短詩以文字方式傳承時，那些不重要的感歎詞、摹聲詞被省略了。

當然，在引入英伽登闡釋的同時，我們還要注意漢字與西方字母的區別。通常，相比於字母文字，漢字符號更容易引發人們具象性的聯想。只是這一階段的聯想還僅限於單個的文字或詞匯，尚不足以形成相互關聯的意象群。這亦如德國學者弗雷格所說，詞的意謂與其在句子中意義並不一定相同。〔註54〕因此，我們加入的解釋是，中國字符與語音結合的同時，其作為字、詞的意義與形象也會同時呈現在人們的意識當中。當眾多零散意象能夠聯繫起來時，特定語境中的意象完整呈現才最終完成，進而形成特定詩文的境界。

儘管語音層次對於作品的審美價值非常重要，「青青子衿，悠悠我心」（曹操《短歌行》）的語音也十分悅耳動聽，然而它通常只是「以很快的方式被聽到並被記住，並且幾乎立即就過渡到同它相聯繫的意義意向上」〔註55〕。於是，人們閱讀作品時必然要由這一層次推進至作品的意群層次、圖式化外觀層次，最終達到再現對象客體的第四層，即所謂「在句子投射的意向事態中描繪的客體層次」（英伽登《對文學的藝術作品的認識》）。此層次的閱讀理解可以將眾多句子投射的互不相干的事態，綜合成一個完整有序的客體世界並洞察其中的「觀念」或「形而上質」。英伽登認為，任何一部作品只能用有限的字句表達呈現時空中的事物的某些方面，它只是圖式化的勾勒與呈現，並不能完全再現實在的客體，所謂的「再現客體」只是虛構的、具有不完備性的意向性關聯物〔註56〕，它有許多「未定點」和空白需要讀者的想像來填充或「具體

〔註54〕 弗雷格認為，「雖然句子的意謂由它的各組成部份的意義而定，但語詞（它們可以是句子的組成部份）的意義，卻要由語句的語境來定。」引自張汝倫：《現代西方哲學十五講》，北京大學出版社2003年版，第131頁。

〔註55〕 〔美〕肯尼斯・R・奧爾森：《對文學的藝術作品的認識・英譯者序》，中國文聯出版公司1988年版，第9頁。

〔註56〕 按英伽登的說法，完整的稱呼是「心理行為的客觀的意向性關聯物」，是現實存其關聯物的意識重建之物。此外，它又是超越了個別意識的關聯物，只是圖式化的輪廓，充滿無數的「不定點」和空白。詳見朱立元：《當代西方文學理論》，華東師大出版社2005年版，第137頁。

化」〔註 57〕。作品的圖式化結構既為閱讀者提供了想像的自由，又為閱讀者提供了基本限制。讀者的有效閱讀，就是在作品的圖式化結構範圍內，積極調動想像填補作品中的未定點和空白，才能使作品不完備的意向性關聯物變成活生生的審美對象。〔註58〕

　　或許是受到弗洛伊德無意識、前意識及意識的啓發，英伽登將人們對於作品的主要閱讀（認識）方式概之爲三種：前審美閱讀、審美閱讀、後審美閱讀。〔註59〕三種閱讀方式中，英伽登尤其重視——受眾將作品轉化爲「意識具象化」的審美對象，沉浸在對審美對象的情感體驗之中。總結而言，讀者由作品「文字」，想像構建起「文學形象」，再由文學形象進而深層領會到作者通過作品所要表達的「意旨」和「主題」。這一過程可表示爲：言（作品）→→形象（讀者「閱讀」〔註60〕）→→意（以意逆志→作者意旨）。此種認識在維特根斯坦那裡，則表述爲語言與世界的對應關係。因爲語言在人的意識中是實在的一個圖像，所以它能夠描述世界。只是維特根斯坦所說的並非一般意義上的圖像，而是邏輯圖像。因爲「任何一種圖像，不管具有何種形式，爲了能一般地以某種方式正確或錯誤地圖示實在而必須與實在共有的東西，就是邏輯形式，即實在的形式。」（《邏輯哲學論》）只有這樣，圖像與它所描畫的事實之間才能具有一種投影關係。因此，「事實的邏輯圖像就是思想」，而所謂的思想活動就是內在心靈對事實進行描畫，然後由有形的語言表達出來。〔註61〕

　　我們共同生活在同一個星球上，與生俱來，目之所見，既有共性的物象，又有特殊的物象。共性物象包括日月星辰，山嶽河川，特殊物象除了各地風物，不同地域的山嶽河川也有其獨特樣貌，更有同一物象在不同主體間的個性呈現與反饋。儘管眼前所見都可稱作「長河」、「落日」，然而不同人看到的情景，並不一樣。於是，中外文化中，我們往往可以看到許多類同現象的差異性解釋。譬如，西亞民族多以「星月形象」繪於旗上，中國古代亦以「日月」繪於旌旗之上，謂之「太常」。蔡沈《書集傳》記載，「《周禮·司常》

〔註57〕朱立元：《當代西方文學理論》，華東師大出版社2005年版，第136頁。

〔註58〕朱立元：《當代西方文學理論》，華東師大出版社2005年版，第138頁。

〔註59〕同上。

〔註60〕西方文論將「閱讀」（read）當作一種「闡釋、溝通、改寫、構造以及顯現價值」的文學活動。其所生成的「作品形象」是作者與讀者共同作用的結果。參見王先霈：《文學理論批評術語匯釋》，198～200頁。

〔註61〕張汝倫：《現代西方哲學十五講》，北京大學出版社2003年版，第158頁。

云：『日月爲常。』畫日月於旌旗也。」可見，中國人將日月之「永恆」賦
予王之旌旗。據說，星月繪旗源於阿拉伯語「宗教、教門」一詞，而這個詞
的縮寫就是一個開口向上的彎鉤，鉤子中上方有一點是音標，看起來就像彎
月上有一小星星。然而，因爲人類目見永恆的物象相對固定，故阿拉伯民族
取象呈義也與中國古人相類似，同樣希望自己的民族信仰如星月般永恆。人
類就是這樣將自己的心中所想投射到物象之上，並與之合而爲一。只是，天
上共有之日月星辰，也因爲所處緯度、經度不同，觀察角度差異，以及各人
的心境不同，從而也會導致我們彼此獲得的感受也不盡相似。於是，華夏民
族的「日月」與其他民族的「日月」，在神話傳說與文學作品中的呈現又有
差異。

其實，印本閱讀催生創作意象的過程也不需要如此複雜地解釋。只需簡
單理解，由作品閱讀所產生的「意識形象」以及由「意識形象」抽象而成的
「觀念」和「形而上質」，與外在世界直接呈現給創作主體的「物象」一樣，
都是構成新一輪文學創作的「意象」來源即可。只不過，相比於抄本，印本
更具普及、穩定的傳播效果，它這使得受眾間不至於因爲抄寫錯漏、聽聞歧
義，造成文學意象的巨大差異。

同樣是來自南方的貢物荔枝，晉朝左思《蜀都賦》云：「邛竹緣嶺，菌桂
臨崖。旁植龍目，側生荔支。」傳至唐朝，張九齡賦《荔支》云：「雖觀上國
之光，而被側生之誚。」杜甫《解悶十二首》則謂：「側生野岸及江蒲，不熟
丹宮滿玉壺。雲壑布衣鮐背死，勞人害馬翠眉鬚」。黃庭堅由此評說：「龍眼
惟閩中及南越有之，太沖自言，十年作賦，三都所有，皆責土物之貢。至於
言『龍目』，亦不知自知其失也。『雲壑布衣』，蓋言臨武長康羌也」（黃庭堅《雜
論》）〔註62〕。

關於詩歌的意象繼承，晚唐周樸詩云：「曉來山鳥鬧，雨過杏花稀」。承
上啓下，五代和凝撰有「暖覺杏梢紅」（《花間詞》）詞句之後，北宋宋祁又有「紅
杏枝頭春意鬧」的詞句。（清）王士禎因此便道宋祁此句本於「花間」（《花草蒙
拾》）。〔註63〕相較和凝，宋祁繼承周樸詩句顯然更多，其詞句應是對唐以來詩
詞作品已有「意象」組合的重新加工與巧妙借用。另有一例子，晚唐杜荀鶴

〔註62〕（宋）黃庭堅：《黃庭堅全集編年輯校》，江西人民出版社2008年版，第1635
　　　　頁。
〔註63〕唐圭璋：《詞話叢編》第1冊，中華書局1986年版，第675頁。

詩曰:「風暖鳥聲碎,日高花影重」〔註64〕。歐陽修讀後,便有了「隔花暗鳥喚行人」這樣的詩句。〔註65〕由此可見,古人許多詩詞創作的意象來源多與前人作品有直接繼承關係。無怪乎,王士禛評說:「歐文忠『拍堤春水四垂天』,柳員外『目斷四垂天』,皆本韓句,而意致少減。」(《花草蒙拾》)而(宋)沈義父則說:「要求字面,當看溫飛卿、李長吉、李商隱及唐人諸家詩句中字面好而不俗者,採摘用之。即如花間小詞,亦多好句」(《樂府指迷》)〔註66〕。如此一來,詩詞意象的有效繼承就與負載、傳播文字作品的媒介有極大關係。設想,若傳播的作品種類多,讀者閱讀的作品多,新一輪創作的作者可以借鑒學習的餘地也就擴大了許多。所謂「讀書破萬卷,下筆如有神」,說的就是這個道理。反之,若作品只是抄本流傳,除「訛傳」之慮,又有傳播範圍限制,且不說周樸、杜荀鶴這樣名氣不大的晚唐詩人,即便是元稹、白居易、韓愈、柳宗元等名家作品,受眾若不能獲取閱讀、理解,又何以談及文學意象的繼承與後續創作的繁榮。

除此以外,詩歌意象的產生當然還與詩人當時的情緒感受及具體的景物相關,它需要容納了詩人具體的、鮮活的情感和理智思考。即如王國維《人間詞話》所言,「以我觀物,故物皆著我之色彩。」《韻語陽秋》(卷1)載:「老杜寄身於兵戈騷屑之中,感時對物,則悲繫之。如『感時花濺淚』是也。」(宋)葛立方此語,意謂只有真切感受戰亂的詩人,才能有如此鮮活具體的情感寄於外物(帶露的花朵)。(宋)張先《天仙子》(下闋):「沙上並禽池上暝,雲破月來花弄影。重重簾幕密遮燈,風不定,人初靜,明日落紅應滿徑。」其中「沙上並禽池上暝」雖有謝靈運「池塘生春草,園柳變鳴禽」的痕跡,但是「雲破月來花弄影」卻是詞人當下目睹的月夜景象。「雲破月來」的形象描繪說明了當天晚上有「風」,否則「雲不太可能破」,而「月」也有可能看不見。這就為後面的「花弄影」鋪墊了伏筆。因為有「風吹」,所以「雲破」,所以「月來」,所以才有了「搖曳」的花枝。又因為風吹才會有花枝的恍動,月映之下

〔註64〕吳聿《觀林詩話》疑此詩「不類荀鶴語。他日觀唐人小說,見此詩乃周樸所作,而歐陽文忠公亦云耳。」

〔註65〕歐陽修《六一詩話》載:「唐之晚年,……如周樸者,構思尤艱,每有所得,必極雕琢,……余少時猶見其集,其句有云『風暖鳥聲碎,日高花影重。』又云:『曉來山鳥鬧,雨過杏花稀。』誠佳句也。」詳見(清)何文煥:《歷代詩話》上冊,中華書局1981年版,第267頁。

〔註66〕唐圭璋:《詞話叢編》第1冊,中華書局1986年版,第279頁。

才有所謂的「花弄影」。由此，詩人將「意象傳承」與「情景交融」結合，終於創作出感人的詞句。

　　陸游入蜀，泛彭蠡口，風雲騰湧，「四望無際，乃知太白『開帆入天鏡』之句爲妙」〔註67〕（《入蜀記》卷3）。故黃庭堅與友人談論杜詩，曾說：「公所論杜子美詩，亦未極其趣，試更深思之。若入蜀下峽年月，則詩自可見。其曰『九鑽巴巽火，三蟄楚祠雷』，則往來兩川九年，在夔府三年可知也。」（《與王觀復書三首》）〔註68〕又言，「老杜詩曰：『黃獨無苗山雪盛。』黃獨者，芋魁小者耳。江南名曰『土印』。南州多食之，而俗人易曰『黃精』。子美流離，亦未至作道人劍客食黃精也」（《墨客揮犀》卷1）。沈括《夢溪筆談》（卷16）記載，「士人劉克博觀異書。杜甫詩有『家家養烏鬼，頓頓食黃魚』，世之說者，皆謂夔、峽間至今有鬼戶，乃夷人也。其主謂之鬼主，然不聞有烏鬼之說。又鬼戶者，夷人所稱，又非人家所養。克乃按《夔州圖經》，稱峽中謂鸕鶿爲烏鬼。蜀人臨水居者，皆養鸕鶿，繩繫其頸，使之捕魚，得魚則倒提出之，至今如此。予在蜀中，見人家養鸕鶿使捕魚，信然，但不知謂之烏鬼耳。」可見，意象學習、繼承是一回事，將詩中感受與實景對應卻是另一回事。故黃庭堅只有入蜀後，見到杜詩描述中的實景，才拍案覺出杜詩的實情和妙趣。元代吳師道曾夜宿杭州祐聖觀，見「房牆外有古柏一株，月光隔樹，玲瓏晃耀」，「後閱默成潘公集，有一詩云：『圓月隔高樹，舉問何以名。鏡懸寶絲網，燈晃雲母屏。』」，方知自己當晚所見，與潘公所見相同，而「古人模寫之真，往往後人耳目所未歷，故未知其妙」（《吳禮部詩話》）。

　　昔日，北宋孫莘老曾問歐陽修，如何才能寫好詩文。歐公答道：「無它術，唯勤讀書而多爲之，自工。」所謂「世人患作文字少，又懶讀書，每一篇出，即求過人，如此少有至者。疵病不必待人指謫，多作自能見之」（蘇軾《記六一語》）〔註69〕。歐陽修此說的確沒錯，多讀書確實可以提高寫作水平，原因是書本提供了許多現成的典故、故事以及美好的文采辭句，可以用於創作聯想。然而，歐陽修此言也只說對了一半。原因是若讀書不多，個人生活豐富充實，且能將生活形象表現出來，詩文自然也會不錯。因爲詩文好壞，可以出現在

〔註67〕　（宋）陸游：《渭南文集》卷45，《文淵閣四庫全書》，上海古籍出版社2003年影印本，集部，第1163冊，第665頁。
〔註68〕　（宋）黃庭堅：《黃庭堅全集編年輯校》中冊，江西人民出版社2008年版，第939頁。
〔註69〕　（宋）蘇軾：《東坡志林》卷2，王松齡點校，中華書局1981年版，第20頁。

個人生命中的任何時期。對比駱賓王七歲讀書不多便可寫詩「詠鵝」，江淹晚年才盡，倒不是「五色筆」被郭璞拿了去，而是對生活的「鮮活感覺」真的沒了。所以，讀書只是構成詩文創作素材積累的一個方面，而「活生生」的生命體驗、生活閱歷卻又為詩文靈感提供了更為直接的源泉。

關於文學「意象」問題，《文心雕龍》曾有「易象」、「物象」和「意象」的區分。在將「象」這一概念運用到文學創作時，劉勰所講的是「物象」，即物之「形象」，它是「意象」產生的基礎。劉勰認為，惟有「物象」與創作主體神思遇合之，即「神用象通，情變所孕。物以貌求，心以理應」（《文心雕龍·神思》），「意象」生成才成為可能。〔註70〕這裡的「物象」，可以分成兩種情形：一是作者親身體驗、感覺的物象；另一種是通過閱讀或語言傳承，並添加了作者自己部份感官體驗的物象（印象）。英國學者休謨曾將知覺〔註71〕形成的「印象」和「觀念」做過區分，認為「我們的一切觀念或較微弱的知覺都是印象或是較活躍的知覺的摹本」，印象只是我們有所聽，有所見，有所觸，有所愛，有所憎，有所欲，有所意時的知覺。它與觀念是以知覺的強力和活力來分辨的，較不強烈、較不活躍的知覺叫做思想或觀念。〔註72〕

若以書籍作品而論，這裡所說的「物象（印象）」本身就是「能指」與「所指」相結合，由語言文字聯想生成——將休謨所謂「較不強烈、較不活躍的知覺」，回憶或想像出印象。此種文字「物象（印象）」並非直接取之於現實世界的「對象」，而是由眼前作品文字喚起主體前期的類似映象記憶，以及曾有的「情感」與「理性」〔註73〕儲備，經由大腦意識的「想像性生成」，才能成為進一步創作時可供調用的材料，成為文學創作「意象」的源頭。為此，柏

〔註70〕按：「神用象通之象，是情貌結合、情景交融的象，所以稱為意象。」轉引自周振甫：《文心雕龍今譯》，中華書局 1986 年版，第 539 頁。

〔註71〕按照學術界的解釋，知覺是外界刺激作用於感官時，人腦對外界的整體的看法和理解，它為我們對外界的感覺信息進行組織和解釋。在認知科學中，它也可看作一組程序，包括獲取感官信息、理解信息、篩選信息、組織信息。

〔註72〕〔英〕休謨：《人類理解研究》，關文運譯，商務印書館 2011 年版，第 22、23 頁。

〔註73〕對於情感與理性，龐德稱之為「情感和理智」。關於情感的產生，按朱熹所說，「性是未動，情是已動，心包得未動已動。蓋心之未動則為性，已動則為情，所謂心統性情也，欲是情發出來底。心如水，性猶水之靜，情則水之流，欲則水之波瀾，但波瀾有好底，有不好底。」詳見（宋）黎靖德編：《朱子語類》卷 5，中華書局 1986 年版。按：由朱熹所言可知，情感產生與個人的具體經歷相關，是個體與外物接觸後的結果。而「智」則代表人類獨有的「理性」。理性又構成概念，概念可以使我們比較容易地處理、概括和整理知識的原始材料，也使得個人過去的經驗得以抽象成為知識保存。

格森將之特別細分成「情感性感覺」和「表象性感覺」兩類。在關注「情感性感覺」的同時，柏格森也發現「表象性感覺之中有許多同時是情緒性的」，同樣會引起我們的反應。〔註 74〕譬如，我們看到同一顏色或不同的顏色，個體內心的情緒差異是客觀存在的。由此可見，雖然理論上說，人類視覺表象發生在意象之前，但是情感與影像發生先後的時間間隔微乎其微，兩者實不能截然分開。人類意象的構成實質包括「表象感覺」與「情緒感覺」兩個方面。通常情況下，視覺、聽覺、觸覺，綜合成了知覺。借助過去的經驗，知覺對感覺材料進行加工和解釋，這一過程中還有思維，記憶等的參與，因而知覺對事物的反映比感覺要深入、完整。由此，知覺帶有理性「感悟」的意謂。所謂「感悟」，就需要更深入地體會物象（印象），就不能停留在物象（印象）表面。然而只要「感悟」了對象，「悟」得越是深入，距離（時間和空間）原來獲取的視覺、聽覺、觸覺等各種具體感覺就越是模糊、疏遠。正如休謨所言：「記憶和想像這兩種官能可以摹仿或摹擬感官的知覺，但是它們從來不能完全達到原來感覺的那種強力同活力」，「最活躍的思想比最鈍暗的感覺也是較為遜弱的」〔註 75〕；又如赫爾德所說：「感性一強，理性就弱；理性的成分一多，生動的色彩便會減少」〔註 76〕。所以，我們還需能「回味」。一旦回味，就需要回到過去曾有的諸多感覺，如何回去呢？只有喚回記憶。不過，這種回憶不僅僅是有限度地回覆曾經的視覺、觸覺等各種感覺，還兼有悟道、抽象直至走向形而上的可能。南朝鍾嶸在批評永嘉玄言詩「淡寡味」的同時，曾贊詩歌五言要比四言有「滋味」（《詩品》卷 1）。從讀者欣賞的角度來看，鍾嶸所謂的「味」，其實就是從閱讀詩歌中，「回到具體映象和感覺」，享用基於詩歌原有情境的那種複合多樣的「滋味」。

文學的「意象」作為一種特殊形態的形象，它是指文學作品，特別是詩歌中那些蘊含著特定意念而讓讀者「得之言外」的藝術形象。因為「象」是複雜多滋地源出人類對於外物的知覺，如此就構成了意象組成的一種尷尬，一方面意象構取於現實的物象，然而由於文字的傳承作用，古詩詞的許多「意象」逐漸成為「文字對文字」的傳承與借用，而與原初的「物象」有了距離。

〔註 74〕 〔法〕柏格森：《時間與自由意志》，吳士棟譯，商務印書館 2007 年版，第 23、29 頁。

〔註 75〕 〔英〕休謨：《人類理解研究》，關文運譯，商務印書館 2011 年版，第 21 頁。

〔註 76〕 〔德〕J.G.赫爾德：《論語言的起源》，姚小平譯，商務印書館 2009 年版，第 29 頁。

原來詩人構造某個意象所蘊含的具體與鮮活，也因為這樣的意識和文字的傳承而成了死物，不再有活力。於是，有些詩人甚至根本就沒去過邊塞，對沙漠戈壁也沒有任何感覺，但他們卻能借助前人的描述與文本傳承，想像寫出絕世的邊塞詩作。這類佳作的形成，當然不能指望某個意象的傳神，而更賴於意象之間的相互支撐與和諧構成，有賴作者和讀者情感與想像的重新匯入。意象與具體物象的距離愈發遠了，而與概念的距離愈發近了，但是其本初所具有的那部份形象性，致使意象畢竟成不了完全普遍的概念，它們只能以「典故」或「成語」的形式化入作品，有賴接受作者和讀者基於自身情感、閱歷和想像的雙重解讀。「在一起初，文字原可先引起一些相當的觀念，然後才可以產生出那些情緒來；不過那些情感原來雖然經過觀念的媒介才能產生，可是在語言慣熟之後，則我們一聽字音，一見字形，就可以立刻生起那些情感來，無須乎觀念的媒介。」〔註77〕

至於「意象」何以生成，簡概而言，其實為人類主體意識積極參與後的結果。按照海德格爾「人是社會的歷史存在」的觀點，主體意識對於事物表象的加工，顯然要基於主體獨特的發展歷史，它包括年齡、性別，家庭出身，以及所受教育程度、宗教信仰、獨特經歷等等。從出生到長大成人，我們不斷地從世界中獲取和分享語言，以及由語言所形成的諸多概念、認識等等這些預先的「存在」。因為在我們出生以前，這個世界就已經歷史地存在。同樣，語言和概念也早已存在，我們只是參與進來，分享並掌握這個世界業已具有的「成見」（pre-understanding），作為自己觀察未來、體驗世界的基礎。作為語言，「雖然它只存在於操這種語言的個人意識中，然而它仍是以集體表象的總和為基礎的無可懷疑的社會現實，因為它是把自己強加給這些個體中的每一個；它先於個體，並久於個體而存在」〔註78〕。所以，「人的知識總是開始於並且活動在海德格爾所謂的『成見』（pre-understanding）之內。我們在開始有系統地思想以前已經分享了一大堆互相心照不宣的假定，這些假定是我們從自己與世界的實際密切聯繫中零星採集來的，而科學或理論則不過是這些具體關切的部份抽象，正如地圖是真實地形的抽象一樣。」〔註79〕

〔註77〕〔英〕喬治·貝克萊：《人類知識原理》，關文運譯，商務印書館 2011 年版，第 17 頁。
〔註78〕〔法〕列維·布留爾《原始思維》，丁由譯，商務印書館 1985 年版，第 5 頁。
〔註79〕〔英〕特雷·伊格爾頓：《二十世紀西方文學理論》，伍曉明譯，北京大學出版社 1986 年版，第 61 頁。

按照上述認識，從「物象」到「意象」，可以有兩類生成路徑：一類是鏡子反映，其所形成的只是「鏡像」，理論上強調其中沒有任何人類的意識參與。這種可能性在人類和生物界是不存在的，因為即便是動物或人類中的智障者，他們對於事物的反映多少都會有其意識參與。因為動物也有悟性，有現象世界，它們同樣擁有感覺的先天形式：時間和空間。〔註80〕正如洛克所言，「人類在發現各種東西，便以接受印象為第一步，他後來自然所有的一切觀念，亦是建立在這個基礎上的。……因為不論我們甘心與否，而感官底各種對象一定會把它們底特殊觀念強印在人心上；既然如此，則我們自己底心理作用一定會使我們對它們至少發生一種含糊的意念。」〔註81〕故這類意象準確名稱應該是「心理意象」。這種心理學上的意象，指的是人們由知覺而形成於腦際的感性形象，譬如看到客觀存在的高山、大河而形成的感性形象。或者因為慵懶、疲倦，或者因為物象沒能刺激、感染人類，這種意象較少人類思維（創造性、表現性思維）的「積極」參與，是外物形象相對被動地形成於人類腦中的感情形象（客觀映現）。例如，眼中僅見魚兒在蓮葉間遊動，腦子卻沒有積極聯想「魚戲蓮」有什麼特殊含義。朱光潛認為，「這種脫淨了意志和抽象思考的心理活動叫做『直覺』，直覺所見到的孤立絕緣的意象叫做『形象』」〔註82〕。只是「由於知覺不完全是客觀的，各人所見到的物的形象都帶有幾分主觀的色彩」，因此「極平常的知覺都帶有幾分創造性；極客觀的東西之中都有幾分主觀的成分。」〔註83〕

第二類「物象」生成，尤其強調人類意識的主動參與。根據個人意識參與程度和方式不同，「物象」刺激我們的感官，生成的印象（或表象），進而融匯主體意識形成「意象」。譬如，蟈蟈腿抱麥穗，蜻蜓翼立荷尖。當外物遠離自己的感官時，憑藉曾有的「知覺」記憶，我們依然能夠回憶或想像出原物的「形象」。即如洛克所說：「我們周圍的物象既然以各種方式來刺激我們底感官，所以心便不能不接受那些印象，便不能不知覺那些印象所引起的觀念。」

〔註80〕〔德〕叔本華：《作為意志和表象的世界》，石沖白譯，商務印書館1982年版，49～74頁。

〔註81〕〔英〕約翰‧洛克：《人類理解論》上冊，關文運譯，商務印書館1959年版，第83頁。

〔註82〕朱光潛：《朱光潛講美學》，鳳凰出版社2011年版，第11頁。

〔註83〕朱光潛：《朱光潛講美學》，鳳凰出版社2011年版，第9頁。

〔註84〕其中，第二類「物象」和「意象」的生成，可分為「客觀生成」和「主觀生成」兩種。因此，細分下來，它們又主要表現為以下三種情形：（1）客觀存在——主體感覺（觸覺、聽覺、視覺）——知覺——物象（初淺表象意識反饋，或稱「印象」）、意象（主體思想意識與物象結合）生成。（2）文字表述——主體閱讀、想像——意象生成。（3）主體（憑空）想像——（內心憑藉閱歷、經驗）意象生成。

引圖 3

在第一種情形下，客觀生成的「物象」與「意象」，需主體以「親臨其境」或「目見耳聞」作為生成的依據，而主觀生成的「物象」和「意象」則不然。儘管有些時候主體並未直接「目見」客觀事物，也未有親身經歷，但卻能通過文字閱讀，或「憑空」想像出作品中的情境和人物，甚至想像出姜太公坐騎「四不像」或《傳奇》、《聊齋》中「狐仙鬼魅」的模樣，推想其如何行為處事。「我們的想像在構成妖怪觀念時，在把不相符合的各種形象和現象接合在一塊時，也正如同它在設想最自然最習見的物象時一樣，並不多費一點辛苦」〔註85〕。這類想像性生成的「物象」，「只不過是把感官和經驗供給於我們的材料混合、調換、增加或減少罷了，它並不是什麼奇怪的官能」〔註86〕。雖說其中難免有「神魔皆有人情，精魅亦通世故」（魯迅《中國小說史略》）的世俗痕跡，或者還有榮格所謂「集體無意識」所生成的原型——即「自從遠古時代就已存在的普遍意象」〔註87〕，但畢竟這些形象並不直接由具體的客觀存在物生成。由此，這類文學「意象」的具象化生成則有賴於讀者以自己的特殊經驗與想像去填補完善。這在中國古典詩歌創作中多有類似情況存在。譬如，李賀「老兔寒蟾泣天色」、「玉輪壓露濕團光」（《夢天》）；「鬼燈如漆點松花」（《南山田中行》）；韓愈「兔入臼藏蛙縮肚，桂樹枯株女閉戶」（《晝月》）等詩

〔註84〕 〔英〕約翰‧洛克：《人類理解論》上冊，關文運譯，商務印書館 1959 年版，第 83 頁。
〔註85〕 〔英〕休謨：《人類理解研究》，關文運譯，商務印書館 2011 年版，第 22 頁。
〔註86〕 〔英〕休謨：《人類理解研究》，關文運譯，商務印書館 2011 年版，第 23 頁。
〔註87〕 〔瑞士〕榮格：《卡爾‧榮格主要著作選》，紐約 1959 年版，第 287、288 頁。

句，多以想像描繪天上和鬼神的模樣。此外，唐代某些邊塞詩歌的創作，即便詩人從未到過塞外，更沒有經歷「金戈鐵馬」的邊塞生活，但是依靠閱讀岑參、高適等前輩詩人的邊塞詩，依賴軍營生活的經歷，並不妨礙他們寫出諸如「月黑雁飛高，單于夜遁逃。欲將輕騎逐，大雪滿弓刀。」（盧綸《塞下曲》其三）這類經典的邊塞詩句。〔註88〕然而，由於沒有實際的生活經驗，某些詩歌內容明顯有悖生活常理，難免遭人詬病。對於這類詩歌，歐陽修諷之曰：

> 詩人貪求好句，而理有不通，亦語病也。如「袖中諫草朝天去，頭上宮花侍宴歸」，誠爲佳句矣，但進諫必以章疏，無直用稿草之理。
> 唐人有云：「姑蘇臺下寒山寺，夜半鐘聲到客船。」說者亦云，句則佳矣，其如三更不是打鐘時！（《六一詩話》）〔註89〕

由此可見，作爲第二類「物象」或「意象」，無論是「客觀生成」或是「主觀生成」。首先，它們都要求主體擁有相應「情感（經驗）」和「理性（概念）」的歷史儲備。這種儲備是在日常生活中得來的經驗，由於「人們通過經驗與世界萬事萬物發生關係，經驗是人與世界相遇的方式」，「體現了生活在世界中的人與事物千絲萬縷的複雜關係」〔註90〕。所以，經驗既是人的生存實踐，又附帶著各種情感（痛苦、熱情、愛等）。人們在具體實踐的過程中，情感都會伴隨經驗而來。所謂「客觀生成」與「主觀生成」，只是主體意識與情感參與程

〔註88〕 盧仝祖籍范陽，生於河南濟源，早年隱居少室山，自號「玉川子」。《新唐書·盧綸傳》載：「渾瑊鎮河中，辟元帥判官，累遷檢校戶部郎中」。這說明盧綸曾有從軍生活，但是其活動只限於河中地區，並沒有去過邊塞。儘管傅璇琮評價「盧綸究竟是在河中軍幕，軍營生活較之他在大歷時期在長安奉職守官來，視野要開闊多了，詩風也較爲粗獷和雄放」，然而盧綸《和張僕射塞下曲》卻實實是寫於「晚年時期的作品，距離大歷時期已有十七、八年了」。按傅璇琮考證，此詩歌頌的是徐州節度使張建封的武功，而盧綸對於邊塞生活的想像也顯而易見。詳見傅璇琮：《唐代詩人叢考》，中華書局1980年版，第506、507、512頁。

〔註89〕 唐代詩人張繼或許無意犯錯，因爲當時僧寺確有半夜敲鐘的習慣，此謂「無常鐘」。（明）胡應麟《詩藪》載：「張繼『夜半鐘聲到客船』，談者紛紛，皆爲昔人愚弄。詩流借景立言，唯在聲律之調，興象之合，區區事實，彼豈暇計？無論夜半是非，即鐘聲聞否，未可知也」。（宋）姚寬載曰：「齊丘仲孚少好學讀書，常以中宵鐘鳴爲限。唐人張繼詩：『夜半鐘聲到客船。』則半夜鐘其來久矣。」詳見《西溪叢語》卷上，中華書局1993年版，第98頁。

〔註90〕 美國哲學家威廉·詹姆斯強調，經驗首先不是一個認知過程，而是一個生活過程。經驗中的「所與」不是簡單形狀或一成不變的事實，而是經驗者與世界複雜的生存關係。因此，我們尤其要從人的生存實踐來理解經驗。詳見張汝倫：《現代西方哲學十五講》，北京大學出版社2003年版，第112頁。

度、參與方式的不同。自降生人世，無論貴賤，我們每時每刻都在「格物」，情感的參與、回饋與「致知」也相伴而來。沒有絕對的客觀，更無絕對的主觀。這一道理反映到文學創作中，通常就成了「文學既要反映生活，又要高於生活」的說法。「反映生活」根植於我們的「致知」經驗和情感體驗，「高於生活」是脫離了生活的具體直觀，在意識抽象（概念）後更高地復原「生活」於文學。

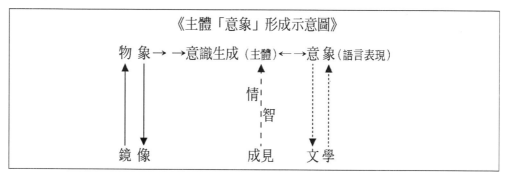

《主體「意象」形成示意圖》

物 象→ →意識生成（主體）←→意象（語言表現）

情智

鏡 像　　　　成 見　文 學

引圖 4

眾所周知，所謂的「理性」，一般指概念、判斷、推理等思維形式（或發展活動）。理性的認識需要人們在具體經歷中，逐漸地總結、獲取。由於概念不僅是報告和記載過去的經驗，更是用來組織未來的觀察和經驗的基礎。因此，美國實用主義哲學家杜威認為，人生於世的基本使命，就是對環境做出回應，並對本能習性解決不了的問題進行探究與反思。這種探究與反思所形成的概念和經驗，從成功的探究中抽象出來的觀念可以指導進一步的探究，而具體的探究又總是在其他的種種探究的背景下發生的。〔註91〕

臺灣故宮博物院裏題有「敬天格物」四個大字，深得傳統文化的精髓。所謂「敬天格物」就是在承認人類的有限性，尊重命運安排的前提下，積極辯證地履行作為人的踐行和認知責任。人活在世上，時時都在「格物致知」。只是由於每個人的具體實踐並不相同，其體現出來的作為探究背景的經驗基礎也各有異處，以往生活經歷自然就成為人們未來生活的座標，成為未來有待確認、驗證的參照。過去的經歷和認識是我們進一步瞭解社會的座標，它

〔註91〕 美國哲學家杜威認為，經驗的根本特徵就是它的當下性。經驗是行動、受苦、享受、認識的自然執行，經驗的當下性包括和聯結所有的這些複雜的因素。人的思維或推理並不獨立於經驗而存在，它們在經驗內運作，是經驗的一部份。因此，其所形成的概念是用來組織未來的觀察和經驗的基礎。張汝倫：《現代西方哲學十五講》，北京大學出版社 2003 年版，119～122 頁。

既有穩定的一面，也有不穩定的一面。原因在於「知識不是某種孤立自足的東西，而是在生命的維持和進化過程中不斷發展的東西。」〔註92〕更何況，人們每次的境遇都會與曾有的經歷不盡相同。因此，生命實踐中的人每次所見到的「杏花」、「春雨」，都有可能是對其情感經驗的再次完善和補充。如此一來，生活經驗使我們平日已有某些與「花瓣」相關的情智儲備。「知覺的記憶」〔註93〕使我們一旦讀到「雨過杏花稀」、「紅杏枝頭春意鬧」這樣的詩句，自己腦中可能會想起某次見到杏花的特殊經歷，或許還會勾起一段愉快或傷心的情感往事。於是，我們便可構思、預先想像出屬於自己的詩歌情境與「杏花」模樣兒。即便有時候，這樣的儲備是片面的或錯誤的，其依然有助於閱讀者進入詩歌所描述的那個特殊世界（或境界）。其次，在現實情況下，擁有「情智儲備」和「知覺記憶」的主體又適時地接觸到那些足以激發、喚醒「意象」的外在事物和環境。譬如，某位作者在地鐵車站遇見了令人聯想起「花瓣」的漂亮面孔。〔註94〕由此，憑藉自身所具有的獨特感悟能力和創造性思維，

〔註92〕 John Dewey，Reconstruction in Philosophy，MW 12：128，129.

〔註93〕 柏格森認為，意識活動是人的生命活動，它產生於人對外部刺激的生存本能反應。這種生存本能是有選擇的，是一種反思的活動，而不是照相式的對事物的「表象」。知覺究其原始，不是指向知識，而是為了行動（實踐）。又因為知覺是生命的活動，而生命是過去、現在與未來的綿延，所以知覺必然有其歷史的積澱，這就是記憶，「沒有任何知覺不是充滿了記憶。」知覺是生命長期進化的結果，它必然以記憶的形式出現。記憶使生命的經驗得以儲存下來，成為生命不斷增加的內容。詳見張汝倫：《現代西方哲學十五講》，北京大學出版社 2003 年版，第 72 頁。

〔註94〕 我們姑且以龐德《地鐵車站》一詩為例。《地鐵車站》的英文原詩是：The apparition of these faces in the crowd； Petals on a wet，black bough. 譯成漢語後，較為經典的譯本有兩種：（1）人群中這些面孔幽靈般顯現；濕漉漉的黑枝條上朵朵花瓣。（2）人群中這些面孔的幽靈，濕淋淋黑枝上的片片殘英。按：在這首詩中，巴黎地鐵車站所見到的張張漂亮面孔，經由龐德的感受之後，就成了「花瓣」，而其餘平庸的面孔卻成了映襯漂亮面孔的「黑枝」。按照「物象」和「意象」的生成過程，顯然龐德見到「面孔」與「花瓣」的時間順序是不同的。因為龐德見到「花瓣」的時間在前，故其「花瓣」在其意識中先期還原成了某種經驗（情感和理智的成見），即「花瓣」是紅色的、豔麗的或清純的，或諸如此類的概念判斷。等到詩人在巴黎地鐵車站內見到人群中的漂亮面孔時，現實的「漂亮面孔」才與龐德意識中已有的「花瓣」聯繫起來。一旦「面孔」（地鐵站裏突然出現，又迅速消逝的面孔）與「花瓣」和「黑枝」聯繫起來時，詩人所獲得的瞬間感受和情感就是：1、漂亮面孔←→花瓣＝美麗＝易逝＝遺憾＝傷春；2、醜陋面孔←→黑枝＝醜陋＝厭惡＝無奈＝接受。對象在其意識呈現，進而形成意識抽象也只是時間順序的不同。

作者才足以生成美國學者艾茲拉・龐德所說的「瞬間意象」〔註95〕，而「意象」的生成最終就是主體創造意識的展現。此種情形體現在中國古典詩詞創作中，就成了唐代崔護眼中的「去年今日此門中，人面桃花相映紅。人面只今何處去，桃花依舊笑春風」(《題都城南莊》)。情境轉換，它又成全了蘇軾筆下的「牆裏秋韆牆外道。牆外行人，牆裏佳人笑。笑漸不聞聲漸悄，多情卻被無情惱」(《蝶戀花》)。「長安古道馬遲遲，高柳亂蟬嘶」(柳永《少年遊》)，蟬聲兀自鳴叫，完全沒有意識叫聲會引發人們的寂寞、感傷與孤獨。

因此，假若作者對於外界事物有良好的觀察和感悟，自己內心能夠捕捉到形象並留存起來。此時意識中的「形象」便具有表象和概念的雙重屬性，「表象」同時還因人而異地附帶上作者特殊的情感 (情緒)。法國象徵派詩人馬拉美說：「我說，花！我的聲音讓任何輪廓都被遺忘，音樂般升起的，是這個美妙的觀念本身，其形式與已知的一切花朵都不同，那就是所有花朵的缺席。」〔註96〕他想表達的是，「花」對於大多數人來說，僅是一個抽象的概念，但是對於詩人或讀者來說，它不僅是一個概念，更可能是特定的具體的某種花。未經世事的孩童看到「杏花」可能只是形象，而中年人看到杏花，有可能還帶著情感。這樣的過程就可演示如下：物象→捕捉+留存→形象=概念+表象 (附帶情感)。

依照德國哲學家叔本華的說法，此類文字「物象」(或稱「表象」)，構成了人類第二種稱之爲「抽象概念」的表象形式，因爲這類恒久的東西比較熟悉，促使我們養成了表象和命名的經濟方法。這種方法部份地是本能的，部份地是隨意的、自覺的，表現在通常的思維和語言裏。因此，馬赫認爲「凡是一下子表象出來的東西，都有單一的稱呼，單一的名字」〔註97〕。儘管「花瓣」這類概念似的表象是抽象的、不具體的，甚至在某種意義上還是貧乏的，因爲它省略了許多同類對象間的差異。〔註98〕維姆薩特因文學語詞的此種特點

〔註95〕 按：龐德所界定「意象」，鄭敏譯爲「一個意象是在瞬息間呈現出的一個理性和感情的複合體。」詳見黎志敏：《詩學構建：形式與意象》，人民出版社 2008 年版，第 087 頁。

〔註96〕 〔美〕希利斯・米勒：《文學死了嗎》，秦立彥譯，廣西師範大學出版社 2007 年版，第 26、27 頁。

〔註97〕 〔奧〕馬赫：《感覺的分析》，洪謙、唐鉞、梁志學譯，商務印書館 1986 年 7 月版，第 2 頁。

〔註98〕 叔本華認爲人有四種不同的表象方式，稱之爲「充足理由律的四重根」。第一種表象方式是直觀經驗的表象方式，它構成物理世界的對象，支配它們的充

而稱之爲「具體一般物」。「因爲語詞的性質決定了它所攜帶的不是個體，而只是多少有點特殊的一般化」〔註99〕，它不可能將所要描述的對象完全具體化。譬如看到一朵花，我們可以說「玫瑰」、「蘭花」之類，至於這朵花更具體的細節，獨一無二的細節，很難用一兩個詞予以描述完全。但是，也正是由於語詞概念所具有的形而上質，使之成爲吸納「接收主體」具體豐富情感經歷的容器。〔註100〕因此，「花瓣」這類概念同樣也可促使作者和讀者雙方，憑藉知覺的記憶，將詩歌的物象與意象在自我意識中具體、鮮活地生成。閱讀者可以借助自己具體的情感經歷，諸如早先看過的某種「花瓣」的模樣，彌補「概念表象」的貧乏和空疏，賦予詩歌語詞（意象）以具體與鮮活。當年，唐代詩人張繼或許只是爲了抒發自己落榜「夜半」過蘇州的心境，看似錯誤地用了「鐘聲到客船」的詩句。然而事實上，夜半的「鐘聲」所取得的效果，恰恰擺脫了「概念表象」的貧乏與空疏，更能表達詩人內心深處的眞切感受，詩歌的意境也由此更顯高遠、淒涼。

　　叔本華認爲，相比於那些具體直觀的藝術作品，文字藝術更爲高級，因爲它可呈現出除了音樂外，其他任何藝術的美。只是這種呈現依靠的是描寫的方法、敘述的方法，乃至戲劇表演的方法。〔註101〕因此，總結而言，由於印本記載的文字「物象」（或稱「表象」）有別於主體目見客觀事物所形成的「物象」，它與主體間接構思、想像（或拼湊）所形成的形象一樣，屬於「主觀物象」之一，它是直接由文字喚醒主體想像性體驗的形象生成。假若主體見到的是「文字物象」，儘管這種「物象」首先就是經由主體的想像能力而生成的，但

足理由律是「生成的充足理由律」。第二種表象方式是抽象概念的表象方式，它構成判斷，支配它們的充足理由律是「認識的充足理由律」……。主觀生成的「物象」或「意象」，有相當一部份等同於叔本華言說的第二種表象。詩詞中某些慣用習見的詞彙即屬於此種「概念性表象」。例如：歐陽修《六一詩話》中提及，北宋進士許洞曾與九僧寫詩約定，不准用「山、水、風、雲、竹、石、花、草、雪、霜、星、月、禽、鳥」之類。參見張汝倫：《現代西方哲學十五講》，北京大學出版社2003年版，第26頁。

〔註99〕朱立元：《當代西方文藝理論》，華東師範大學2005年版，第118頁。

〔註100〕1914年9月，龐德在一篇名爲《漩渦主義》的文章中，提出「意象並非一個意念。它是一個能量輻射的中心或者集束——我只能稱之爲漩渦。意念不斷地湧進、湧過、湧出這個漩渦。」1915年1月，龐德在《關於意象主義》一文中，進一步闡釋說：「意象不僅僅是一個意念（idea）。意象是一個融合在一起的意念的漩渦或者集合，充滿著能量。」

〔註101〕張汝倫：《現代西方哲學十五講》，北京大學出版社2003年版，第33頁。

是要窺見原作者創作時腦中具體鮮活的「意象」，同樣需要主體事先具備一定「情感」和「理性」的歷史儲備，調動自己「過往知覺」的記憶，當然更需要主體審美意識的積極參與。若有這樣積極的參與，接受主體就有成為創作主體的潛在可能。此種情形有可能是這樣：原作品中寫的「意象」是「狗」，然而原作者腦海中設想與「狗」意象相對應的，其實是一條「黑狗」或「藏獒」，但是作品中僅是將這一意象寫成了「狗」字，而讀者看到原作品中的「狗」這一意象時，腦海中可能想到的是一條「白狗」或「黃狗」，因為在該讀者的人生中從未見過「黑狗」或「藏獒」，此後有可能更會將所有帶「犬」字的「意象」或「意象組合」都想像成「白色或黃色的狗」。恰巧，《周書》中就有「旅獒」〔註 102〕一詞，某位讀者（潛在創作者）在閱讀這一「意象」後，或許會將之演繹成一首歌頌「狗狗」旅行的詩歌。〔註 103〕一旦，這樣的讚歌寫成，原來周朝召公訓戒武王警惕玩物喪志的「藏獒」意象就轉化成了含有新內容的「狗」意象，閱讀者自然也就變成了作者。於是，清人程可則借「烏弋黃皮槀漢朔，旅獒越雉來周京。安南君長處炎徼，北面久已輸忠誠」（《送楊鄂州職方使安南》）〔註 104〕詩句，表達蕃國臣服的意義。

因此，文學活動固然需要讀者對於作品「物象」呈現的意識生成，然而它更期待讀者審美意象的生成，以及讀者在原作品影響下轉化為新作者，喚起新一輪文學意象的物化成形過程。由於對作品的審美知覺呈現和想像已不足為奇，〔法〕米蓋爾·杜夫海納認為「審美知覺的第三個階段」才是文學活動最高的目標。〔註 105〕在意向性客體重建的過程中，杜夫海納所追求的抑制想像和理

〔註 102〕 《周書·旅獒》載：「惟克商，遂通道於九夷八蠻。西旅貢厥獒，太保乃作《旅獒》，用訓於王。」譯為「周武王滅商之後，便開闢了通往蠻夷地區的道路。西方的旅國來進貢獒（大犬），太保召公乘作書《旅獒》，用來勸導周武王。」詳見李民、王健：《尚書譯注》，上海古籍出版社 2004 年版，第 231 頁。

〔註 103〕 （宋）陳普《詠史上·光明武帝》載：「盤木白狼紛貢毛，龜茲侍子薦蒲萄。滿朝虎拜南山壽，無一人能作旅獒。」借用《旅獒》來表達「勸諫君王勿玩物喪志「的寓意。

〔註 104〕 （清）沈德潛：《清詩別裁集》卷 3，上海古籍出版社 2008 年版。

〔註 105〕 杜夫海納的審美知覺分析主要以梅洛·龐蒂的知覺現象學和胡塞爾的本質直觀學說為基礎，他將審美知覺分為三大階段：第一階段為呈現，即對象在知覺中呈現；第二階段是表象和想像。在這一階段知覺傾向於將它初步感知到的對象客觀化為表象，並有了想像介入。杜夫海納認為審美的知覺往往要抑制想像以保證對象在感性直觀中的本真呈現。審美知覺的第三階段是反思和感受。通常此一階段的感知會因理解力的介入而上升為理性反思以便尋求對

性，保持對象在感性直觀中眞實呈現或者僅是感性反思，其實是很難做到的。人們更多是如英伽登所說的那樣，主觀能動地在意識中添加想像和理性反思的內容，形成獨特的意向性客體。而那些不甘寂寞的讀者，也總會在一定環境下，或「感於物」、或「本於學」地萌生新的創作衝動。這時，我們已不能準確爲閱讀審美意象和創作審美意象的形成和轉換劃定邊界，「知我者謂我心憂，不知我者謂我何求」（《王風‧黍離》），它們或許就是龐德所謂的「瞬間閃念」就成了形——「棄我去者，昨日之日不可留。亂我心者，今日之日多煩憂」（《宣州謝朓樓餞別校書叔雲》）。又或許是長年累月，需要多次反覆刺激，經歷「物與性相摩，感與欲相蕩，四輪三劫，促迫於外，七情八苦，煎煮於內，身世軋嘎，心口交跖」，乃至「萌於志，發於氣，衝擊於音聲」〔註106〕，才會有結果。於是，唐代陳詠有詩「隔岸水牛浮鼻渡」（孫光憲《北夢瑣言》卷7），北宋黃庭堅則「點鐵成金」地將之改造成「近人積水無鷗鷺，時有歸牛浮鼻過」的詩句。南齊張融歎曰：「不恨我不見古人，恨古人不見我」（《談藪》），南宋辛棄疾《賀新郎》便道：「不恨古人吾不見，恨古人不見吾狂耳」〔註107〕。自從讀過陸游詩句「楊柳不遮春色斷，一枝紅杏出牆頭」，葉紹翁便寫出「春色滿園關不住，一枝紅杏出牆來」的名句。〔註108〕詩歌審美意象的傳承，便是在原作者和新作者之間加入了抄本印本、閱讀、審美、表象、意象等有效的環節與手段。

關於文學傳播，唐代元稹當年曾生動描述過白居易作品的流傳。《白氏長慶集序》載曰：

> 樂天一舉擢上第。明年，撥萃甲科。由是《性習相近遠》、《求玄珠》、《斬白蛇》等賦，及百道判，新進士競相傳於京師矣。……予始與樂天同校秘書之名，多以詩章相贈答。會予譴掾江陵，樂天

象的眞理，杜夫海納認爲審美知覺卻要抑制這種理性反思而進入一種感受性的內省或同感性的反思，以便直觀體驗審美對象所表現的情感生活世界。在審美知覺的最高峰，審美對象進入最充分的顯現，杜夫海納強調這絕非觀念性顯現，而是對象全部感性存在的顯現。引自朱立元：《當代西方文藝理論》，華東師大出版社 2005 年版，第 128、129 頁。

〔註106〕（清）錢謙益：《尊拙齋詩集序》，《錢牧齋全集》第 7 冊《牧齋有學集文鈔補遺》，錢曾箋注、錢仲聯標校，上海古籍出版社 2003 年版，第 411 頁。

〔註107〕錢鍾書：《管錐篇》（二），生活‧讀書‧新知三聯書店 2007 年版，第 1094 頁。

〔註108〕關於葉紹翁這首詩，錢鍾書評價說：「這是古今傳誦的詩，其實脫胎於陸游《劍南詩稿》卷 18《馬上作》：『平橋小陌雨初收，淡日穿雲翠靄浮；楊柳不遮春色斷，一枝紅杏出牆頭。』不過第三句寫得比陸游的新警。」詳見錢鍾書《宋詩選注》，生活‧讀書‧新知三聯書店，2007 年第 2 版，第 431 頁。

猶在翰林，寄予百韻律詩及雜體前後數十章。是後，各佐江、通，
復相酬寄。巴蜀江楚間泊長安中少年，遞相仿傚，競作新詞，自謂
爲元和詩。〔註109〕

京城市井、秀才進士推動了白居易詩賦的第一輪傳播。而此後巴蜀、江楚、
長安的少年抄寫仿傚，又促成了「元和體」詩歌風尙的成形。由此可以想像，
在抄本時代，韓愈、柳宗元、元稹、白居易等人如何依靠作品在師友間有限
抄錄傳播，實現其對於讀者和文學後輩的影響。在此種情況下，作品流布的
範圍，花費的時間，以及傳抄內容的正確程度必然大受影響。據孫光憲《北
夢瑣言》記載，晚唐詩人韋莊當年到京城應舉，恰逢黃巢叛軍破城。韋莊以
自己所見所感，寫成了令公卿垂訝的《秦婦吟》。然而，韋莊本人卻諱言此詩，
詩亦不得收入其弟韋藹爲其編纂的《浣花集》，最終導致此詩失傳近千年。上
世紀初，王國維、羅振玉等人先後在敦煌遺書中發現有《秦婦吟》寫卷，其
中有天復五年（905）敦煌郡金光明寺學仕張龜寫本（伯3381卷）、貞明五年（919）
金光明寺學仕郎安友盛寫本（伯3953卷）以及太平興國四年（979）學郎陰奴兒
寫本（伯3910卷）等共十種抄本，抄寫時間從晚唐至北宋，跨越近百年時間。
　　以目前敦煌所出的十種《秦婦吟》寫本，每種本子因抄寫時間、抄寫人
不同，內容均有一定差異。〔註110〕此種由於文本抄寫的內容出入，幾乎體現
在所有敦煌寫本之中。這種寫本間的出入，直到後來印本出現，標準確立後
才有改善。因爲雕印「比之繕寫，省工百倍」〔註111〕，而印本文學由於擁有
更大範圍的社會覆蓋面，且經過官方資深學者的校勘推行以及群體受眾的閱
讀和使用，確認了文本的社會價值和功能，使得印本字句的標準模樣得到廣
泛認可，這也導致文學在社會文化建樹中可以發揮更大的作用。於是，文學
的社會身份和功能就在寫本與印本的轉換中有了改變和確認。例如，在敦煌

〔註109〕按元稹所言，當年白居易詩篇傳播，主要依賴師友、世人間手抄口傳，通過
　　　　郵驛、題壁等方式流傳。詳見（唐）白居易：《白居易集》第1冊，中華書局
　　　　1979年版，第1頁。
〔註110〕據《敦煌詩集殘卷輯考》所錄，敦煌《秦婦吟》寫本新增有《俄藏敦煌文獻》
　　　　第11冊Дх.4568（右）《秦婦吟》殘片，是已知的第11個《秦婦吟》寫本。
　　　　按：敦煌發現11種《秦婦吟》寫本，抄寫內容彼此並不完全相同，文字亦多
　　　　有出入。詳見徐俊纂輯《敦煌詩集殘卷輯考》，中華書局2000年版，230～252
　　　　頁。又，顏廷亮、趙以武輯《秦婦吟研究匯錄》，上海古籍出版社1990年版。
　　　　張湧泉《秦婦吟匯校》，《中國典籍與文化論叢》，中華書局1998年。
〔註111〕（宋）徐鉉：《說文解字篆額譜》五卷，北宋雍熙四年刻本。內有徐鉉序稱刻
　　　　本「比之繕寫，省工百倍。」

《白香山詩集》寫本中，《賣炭翁》、《胡旋女》兩首詩都與宋代通行印本〔註112〕的文字內容稍有不同，或「塵灰」與「塵埃」不同，或「康居國」與「外國」相對。以《賣炭翁》為例，後世所接受的顯然是宋代紹興印本的「滿面**塵灰**煙火色」、「賣炭得錢何所**營**」，而不是敦煌寫本的「滿面**塵埃**煙火色」、「賣炭得錢何所**為**」。另一個更熟悉的例子，是蘇軾在徐州墨寫《浣溪紗》「半依古柳賣黃瓜」詞句。然而，印本流傳卻是「牛衣古柳賣黃瓜」（《艇齋詩話》）。從「半依古柳」到「牛衣古柳」，詞意已經有了很大的變化。蘇軾原意是「老農倚靠在一棵古柳樹，正在賣黃瓜」，而印本所傳卻是「老農穿著牛衣，靠在古柳樹賣黃瓜」。因此，若以宋刻文本在社會的普及傳播與接受效果來看，印本文學的社會身份和社會功能顯然要高於寫本文學。具體情形，詳見下表所示：

敦煌寫本與宋刻本對照

宋紹興刻本	敦煌寫本（伯2492）	宋紹興刻本	敦煌寫本（伯2492）
滿面塵灰煙火色	滿面塵埃煙火色	天寶末，康居國獻之	天寶年中，外國進來
賣炭得錢何所營	賣炭得錢何所為	人間物類無可比	弦催鼓促曲已畢
翩翩兩騎來是誰	翩翩兩騎問是誰	奔車輪緩旋風遲	奔車轉緩旋風遲
黃衣使者白衫兒	黃衣使者白衣兒	出康居	外國來此居
回車叱牛牽向北	回車叱牛令向北	天寶季年時欲變	天寶末年時欲變
宮使驅將惜不得	驅入宮中惜不得	從茲地軸天維轉	從茲地輪天維轉
繫向牛頭充炭直	繫在牛頭充炭直	數唱此歌悟明主	故唱此歌悟明主
宋印本《賣炭翁》	唐寫本《賣炭翁》	宋印本《胡旋女》	唐寫本《胡旋女》

以現今版本流傳情況來看，從唐代流傳至今的《賣炭翁》顯然依據的是紹興刻本系統〔註113〕，而與早期敦煌的寫本出入甚大。按徐俊纂輯敦煌寫本的考訂，敦煌《白香山詩集》寫本乃是唐代岑參、李季蘭等多人作品的詩文叢鈔，而所謂「白香山詩集」並非嚴格意義上的集部詩集。〔註114〕

〔註112〕按：北宋景祐四年有《白氏文集》七十二卷杭州刻本，內有杭州詳定官重詳定，杭州通判林冀等銜名，並詳定所牒文。

〔註113〕按：現今中華書局版《白居易集》即是顧頡剛以宋刻紹興七十一卷本作底本，參校宋明清各本進行校勘標點而成。其中《賣炭翁》一詩即被現今小學課本直接選入。詳見1979年版中華書局《白居易集·出版說明》。

〔註114〕徐俊：《敦煌詩集殘卷輯考》，中華書局2000年版，第24頁。

白居易《賣炭翁》文本差異說明，唐詩寫本一方面要基於作者原有的創作內容，另一方面又與傳抄者的抄寫活動密切相關。由於抄寫者依據的是他人寫本，或僅憑口傳記憶抄寫，由此導致不同的傳抄者對於同一作品，在文字上難免會有出入。從唐寫本到宋印本，白居易詩集應有多種有出入的文本在社會上流傳。此後，學者對諸多寫本的校勘整理，以及印本的大量複製，卻能保證文字內容不受個人記憶差異影響，保持相對的標準衡定，最終形成了社會受眾普及接受的，較為統一的文學定本。這樣一來，雕版印刷使得宋代以後的白居易詩集內容相對穩定，不會因為個人抄寫失誤或記憶有誤而呈現出類似於寫本的隨意性。印本所帶來的普及便利，以及內容的固化衡定也使得宋代歐陽修、蘇軾等人的作品較為迅速、普遍地流傳於社會。人們只需要通過商品交換就可以買到字跡清晰，且幾乎等同於作者原本的作品。作品由創作至形成印本的時間愈短，其正確性就愈有保證。此外，原來依靠抄手人工製作的文本，也會因為雕版印刷的出現，以及市場行銷機制的日漸完備成熟，其產出費用也大為降低。

經王仲犖遺著《金泥玉屑叢考》考證，宋代印本價格與唐五代以前的抄本價格相比，雖然缺乏同一參照比較，但是相對來說，由於印版書是大批量複製，不同於過去一次僅能手抄一部書籍，故以同一售賣單位相比，宋代印刷一部書的價格大大低於過去抄寫一部書的價格。正因如此，（宋）葉夢得說：「唐以前，凡書籍皆寫本，未有模印之法，人以藏書為貴。人不多有，而藏者精於讎對，故往往皆有善本。學者以傳錄之艱，故其誦讀亦精詳。五代時，馮道始奏請官鏤《六經》板印行。國朝淳化中，復以《史記》《前後漢》付有司摹印，自是書籍刊鏤者益多，士大夫不復以藏書為意。」〔註115〕

借鑒狄爾泰釋義學解讀，作為「經歷的表達式」，文學在某種意義上即是生命存在歷史的外化與展現。〔註116〕人們閱讀具有典型意味的文學作品，

〔註115〕（宋）葉夢得：《石林燕語》卷8，中華書局1984年版，第116頁。

〔註116〕按：狄爾泰的釋義學，以「經歷——表達式——理解」的三角關係整體為基本理論構架，而以人的歷史存在（生命）為真正對象。根據狄爾泰的生命哲學，生命是一個歷史的存在，它既是一個人文關係的總體，又是一個自身展開的歷史過程。在這個歷史過程中，它必然醞表現為語言、宗教、哲學、文學等等外在的形式。狄爾泰把這些表達式分為三類：（1）科學和理論判斷；（2）實踐行為；（3）經歷的表達式。雖然都是生命的表達式，然而我們生命經驗在經歷的表達式中得到了最充分的表達，藝術作品即為第三類生命表達式的典型，它具有獨特的揭示生命的功能。引自張汝倫：《現代西方哲學十五講》，北京大學出版社2003年版，第93頁。

其對於作品的理解和闡釋，促成了生命存在的新一輪展示。首先，此種展示既可以局限於精神領域，通過審美閱讀實現作品對於受眾的影響，使得新一輪生命歷史存在受到感染和觸動。其次，它又可以將客觀精神對象化，使審美接受與個人歷史存在相結合。理解一旦超越個人經驗的狹隘範圍，進入整體和普遍的領域，就有可能促成了新的創作契機，進而萌生出新的文學風尚。因此，印本書籍對於文學活動的貢獻就在於它們將過去已有的作品更便捷、更大範圍地呈現在受眾的面前，使得新一輪的文學活動相比於此前抄本時代更有效率。新一代的作者正是憑藉良好的「知覺記憶」，對高效傳播的印本作品進行審美閱讀，其豐富的情智儲備使得他們得以借鑒以往，成功創作出自己的作品，最終完成了印本流布對於文學接受與創作的影響。

借助相關文學理論的知識，以「交叉與轉化」的綜合研究，探究文學作品通過印本傳播影響讀者，催生新一輪創作的具體樣貌。其所遵循的研究思路是：① 宋代朝野印本流布（印本影響社會環境）→宋代儒學世風與文學審美交往（社會文人群體變化，蘊含著對詩歌的審美選擇）→宋詩嬗變分流與印本流布的辯證關係（詩歌創作風氣變化與印本關係）；② 印本流布與宋詩學問化→宋詩「平淡」理念追求（潛藏著對詩人學問能力的要求，以及教化與審美的糾結）→江西派詩學成形與傳播（詩歌創作需要更多書籍閱讀的支撐）。如此一來，印本流布影響文學的邏輯脈絡圖可表示如下：

《文學傳播流程示意圖》

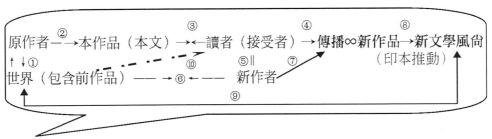

【圖示說明】

① 原作者與世界（包含前作品）的關係是相互的，原作者與世界（前作品）的關係有一定自主性和選擇性。即原作者可以自主選擇世界（前作品）中的要素用於本作品（本文）創作。而世界（包含前作品）也可以通過政策、市場、經濟等手段對原作者的創作施加影響，所以此處用上下交互的「↑↓」符號。

② 原作者與本作品（本文）的關係是生產者與產品的關係，所以用「→」符號。

③ 讀者（接受者）與本作品（本文）的關係是雙向選擇關係，作品可以通過閱讀傳播給讀者，讀者（接受者）也可以自主地選擇自己想要閱讀和接受的作品。所以用「→←」符號。

④ 純讀者在閱讀完本作品（本文）之後，接受其審美影響後，他或多或少地會以各種方式（包括言說、行動等）傳播本作品（本文）的影響。所以用「→」符號。

⑤ 讀者與新作者的關係是可以轉化的，某些非純讀者可以轉而變成新的作者。所以姑且可用「‖」（等於）符號。

⑥ 接受了本作品（本文）影響的新作者同時也在接受世界以及其他前作品的影響，糅合了新作者自己的理解，才有了新產出的可能性。所以要用相互影響的「→←」符號。

⑦ 接受多方面影響的新作者創作出新的作品，將新的文學觀念傳播開來，形成新的文學風尚。所以此處要用「↗」（實線斜箭頭）符號。

⑧ 新作品的廣泛傳播醞釀著新文學風尚的形成。其中雕版印刷生產的大量新作品（印本）大大推進和加速了新文學風尚的成形，雕版印刷在文學傳播中的作用相當於化學反應的催化加速劑。印本與傳播共同加速、放大了作品與作者在世界中的影響。這裡需要特別說明的是，印本影響、推動文學同樣可以發生在第③⑩環節，印本亦可大量複製「本作品」和「前作品」，共同構成對於文學的影響。

⑨ 世界與新文學風尚彼此也有互動關係。一方面，世界（包含前作品）對於新文學風尚的形成有影響；另一方面，新文學風尚一旦形成，其對於世界，尤其是對於世界中的文學界也會產生影響。這種影響通過世界的社會風尚，反過來又影響社會各階層的作者（文人士子）。由此，構成了文學傳播這個大系統的整體循環。所以此處用「←→」符號。

⑩ 世界（包括文學作品）營造的風氣都有可能對社會上的讀者產生影響，但是此類影響程度卻難以把握。所以此處用「↗」（虛線斜箭頭）表示。世界、作者、作品和讀者等諸要素共同營造當時的社會文化氛圍，由此，又更特別地影響著當時的文學風氣。

　　按照上述邏輯關係圖示，我們大致就可理解，為什麼韓愈、柳宗元等人的詩文變革運動到了晚唐五代後卻被駢文餘波給吞沒？為什麼歐陽修、梅堯臣、蘇軾等人卻能夠成功地推動北宋的詩文革新？〔註117〕事實上，社會物質

〔註117〕　（宋）陸游《入蜀記》（卷3）云：「簡棲為此碑，駢儷卑弱，初無過人，世徒以載於《文選》，故貴之耳。自漢魏之間，駸駸為此體，極於齊梁，而唐尤貴之，天下一律。至韓吏部、柳柳州，大變文格，學者翕然慕從。然駢儷之

條件的歷史改變才是引發社會群體精神轉變的重要根源。個人一廂情願的思想鼓吹，並不能觸動「因循守舊」的沉重現實。隨著雕版印刷的日漸盛行，宋代文人群體在新媒介下的審美閱讀與接受，構成他們個體獨特的審美創作反饋。這種審美創作的反饋所形成的作品，在社會上廣泛流行所引發的群體性閱讀消費，共同營造催生著社會整體文學氛圍的改變。而在新一輪創作發生之後，印本又使他們的文學審美意象得以更大範圍地在社會受眾中傳播，這才是宋代諸多文學現象得以產生的重要根源。

我們都知道，唐宋皆有詩文革新，北宋更爲成功的原因，除了印本傳播的效力，還要關注哪些印本得以傳播以及這些印本對於作者、讀者的影響。從中唐至北宋中期，由於印本刊刻的興盛，書價大約降低到從前的 1／10，儒、釋、道經典得以全部出版。表面上看是除了抄本，只是多了印本的流布，而實質卻是抄本印本共存的北宋，相比唐代容納了更多的思想和審美情趣。一則是多元思想的碰撞在印本上找到了更好的觸發點。隨著自主思維的恢復，某人的懷疑很快會成爲眾人的質疑，傳統守舊感受到「愚民」的困難。二是相比抄本，更容易成爲百姓常物的印本，使得「思想反思、學問自覺」有了堅實的社會土壤。相比唐代，宋代擁有更多獲取書本的渠道，書籍閱讀範圍也更爲廣博，客觀導致宋代擁有更爲普及的文人閱讀和創作群體。其次，識字階層的擴大直接導致了宋代擁有豐富的讀者層次與數量。作者與讀者思想和審美情趣的嬗變其實正是唐宋兩次文學革新最大的區別。以詩歌爲例，由於儒家經子印本普及，以蘇軾、黃庭堅爲代表的知識階層更注重讀書、修養，使得宋代文人逐漸走上了學問化的道路，自覺將知識、見解和典故鎔鑄到詩歌中。「江西詩派」提倡「無一字無來處」，推崇「點鐵成金」、「奪胎換骨」的詩歌創作宗旨，都需要以閱讀更多的書籍爲基礎。由此，宋詩有別於唐詩，走向了「學問化」、「理趣化」的發展道路。鑒於上述情形，我們更有必要探究新型印本的流布在宋詩嬗變過程中所起的特殊作用。

由於「每一種文化形式和每一社會行爲的表現都或則明晰或則含糊地涉及傳播」〔註118〕，所以，「媒介一經出現，就參與了一切意義重大的社會變革……

作，終亦不衰。故熙載、鍇號江左辭宗，而拳拳於簡棲之碑如此。本朝楊、劉之文擅天下，傳夷人，亦駢儷也。及歐陽公起，然後掃蕩無餘。後進之士，雖有工拙，要皆近古。……則歐陽氏之功，可謂大矣。」

〔註118〕〔美〕威爾伯・施拉姆：《傳播學概論》，北京大學出版社 2007 年版，第 4 頁。按：此段文字轉引自愛德華・薩皮爾《社會科學百科全書》第 1 版。

這些革命教會我們一條基本格言：由於傳播是根本的社會過程，由於人類首先是處理信息的動物，因此，信息狀況的重大變化，傳播的重大牽連，總是伴隨著任何一次重大的社會變革的」〔註119〕。實際上，這一變革過程從筆墨紙張替代竹簡木牘時就已開始了，而印刷製品作爲新的媒介對於社會的變革作用尤其顯著。其變革情形或者正如美國傳播學者施拉姆所言，「在廣播和印刷品進入一個傳統的村莊，甚至修了一條通往那裡的公路之後，變化往往是驚人的。……人們的注意力轉向可以用於實現變革而不是維持一成不變的信息。新的觀念和想像在傳播渠道中流通」。而另一傳播學者哈羅德·伊尼斯同樣指出，「村莊的生活從口傳文化發展爲媒介文化之後，就以空間而不是以時間、以將來可能怎樣而不是以過去怎樣爲中心了，變更的輪子從此轉起來」〔註120〕。

我們可以設想，假若不是大量的印本流通，僅靠口耳相傳，或者抄手平生有限的勞動，前人的知識及文學經驗如何在新一代人群中迅速且有效地傳承下來呢？當初，「念山川重深可以辟世，……力田治生，守先人之業」（黃庭堅《叔父和叔墓碣》）。如同蚩尤敗亡，子孫由東夷集體遷移到了西南的苗嶺。我們那些具有豐富人生經歷與知識學養的先人們，因戰亂避難或其他原因轉入偏僻的山區生活之後，他們固然可以通過興辦私塾庠序，將自己平生所學以及他們所瞭解的山外的信息傳給未見世面的後人。但是隨著時代的發展進步，山外世界的巨大變化所帶來的新信息、新知識是否還能夠持續不斷地傳入山

引圖 5

〔註119〕 〔美〕威爾伯·施拉姆：《傳播學概論》，北京大學出版社2007年版，第19頁。
〔註120〕 〔美〕威爾伯·施拉姆：《傳播學概論》，北京大學出版社2007年版，第16、17頁。

裏，並爲新生代所接收呢？私塾庠序固然是有效的知識傳播機構，然而稱心如意的知識載體卻是日益普及且傳播效率驚人的書籍印本。即便如此，這些信息可以通過語言、紙張、書籍傳進來，但是由空間距離所造成的文化差距卻在逐漸拉大，於是這些住在山裏的後輩不僅沒能超越自己學識淵博的祖先，反而因爲他們長期與世隔絕、隱居山區，有可能會造成他們整個群體的文明落後。原因是「隱居」只是思想境界者玩弄的把戲，隱居不僅需要物質條件，還需要隱居者擁有「隱居的思想和境界」。否則，一般閱歷貧乏的人無論身處怎樣的「桃花源」，都只能叫生活，不能叫隱居。因此，按照上述邏輯脈絡，這項與印刷相關的學術研究實是期望通過再現宋代書籍刊刻與流布的具體情況，以及由新媒介產生所造成的文學整體環境的變化，並且觀察印本流布對於文學創作者、讀者，及其所處世界的影響，進而揭示宋代書籍刊刻與時代文學及文學現象之間的必然聯繫。

眾所周知，雖然文學創作的主體是作者，但是在作品創作完成之後，文學作品只有經過傳播、消費與接受活動，才能成爲現實存在的審美對象，文學的最終價值才能得以實現。所以上述符合邏輯的展示，在揭示一條印本書籍影響作者創作脈絡的同時，其中更隱含有一條印本書籍影響讀者的脈絡。因爲宋代雕版印刷的興盛，使得傳播效率更高，更爲順暢，知識獲取更爲便捷，成本也更爲低廉。如此一來，知識在民間的普及程度相比於前代有了很大的提高，知識階層也得以壯大。

關於這個問題，可從唐宋兩代參與科舉考試的人數對比中得到證實。據史料統計，唐代科舉每榜錄取進士一般在 30 人左右。五代時期，每榜進士一般也就 10 餘名，47 科平均每科 14 人。宋太祖在位時期，共開科 15 次，每科平均也僅錄 13 人。而宋太宗僅呂蒙正一科就錄進士 109 人，諸科 207 人，後閱籍又補進士諸科出身 184 人，憐 7 人年老又賜《三傳》出身，總共加起來共取 507 人。這個數字比宋太祖在位 15 舉總共錄取的 455 人還多。〔註 121〕由此，美國漢學家伊沛霞認爲，「一個世紀的藩鎮割據結束後，宋朝初期，朝廷採取措施擴大科舉考試的規模。宋朝整個時期憑科舉考試獲取官職的競爭穩定增長著。11 世紀初期，3 萬多名考生參加了州級考試，世紀末達到 8 萬名，宋朝末期這個數字可能爲 40 萬」〔註 122〕。從伊沛霞的上下文理解，其所云的

〔註 121〕劉海峰、李兵：《中國科舉史》，東方出版中心 2004 年版，第 161 頁。
〔註 122〕〔美〕伊沛霞：《內闈——宋代的婚姻和婦女生活·序言》，江蘇人民出版社 2004 年版。

「宋代末期」指的應是北宋末期。北宋末期參加科舉的考生人數達到了 40 萬，這似乎又太多了，有點難以置信。

由於宋代知識階層的擴大，科舉日益平民化，昔日唐太宗所感歎的「天下英雄入吾彀中」(《唐摭言》卷 1) 的理想在宋代才得以真正實現。至於知識階層的平民化和普及化，為什麼在唐代沒能實現呢？拋開其他社會原因不提，從技術層面上考慮，最重要的就是在唐代沒有一種能支撐起知識普及的媒介「利器」。現在看來，這種「利器」就是能造成書籍大量複製的雕板印刷技術的推廣。

除此以外，宋代在知識階層擴大的同時，印本傳播力量累積和書籍作品倍增了的影響力，還導致宋代印刷興盛不僅催生了許多作品和作者，也培養了大量普通的印本讀者。正是因為印本流布催生了大量的文學受眾，雕版印刷才足以實現其對宋代文學的巨大影響。當然，這種文學印本通常出現在詩歌、小說等較多卷冊的集本傳播，對於字數不太多的單篇詩文，宋代文人似乎更願意以書寫的方式傳播、閱讀。譬如，元祐三年閏六月十七日，米芾攜澄心堂紙看望黃庭堅，時黃庭堅「方病瘡，意慮無聊」，特地手書自己所作的「官題詩」戲贈 (《書所作官題詩後》)。而對於友人陳季常所印的《蘇尚書詩集》，黃庭堅卻請求「煩為以厚紙印一本見寄」(黃庭堅《答何斯舉書四》)。此種以集本冊頁刻印增擴流布範圍和效果的做法，在宋代小說、話本中也有證據。考察宋代話本小說的產生和繁榮，不容忽視的是南北兩宋時期在汴京、臨安等印刷中心城市，曾有大量以市場經營形式存在的書坊和書鋪。譬如，北宋汴梁曾有晉代葛洪《抱朴子》二十卷坊刻本，南宋紹興二十二年臨安府榮六郎的家刻本即是據此本重刻。〔註 123〕此外，在北宋張擇端的名畫《清明上河圖》中，繪有汴京一家正在營業的書坊 (待考)。可以想見，汴京書坊針對市民售賣的，除了日曆、佛經等日常用書，應該還有詩集、文集，或者也有小說印本。按學者葉昶的研究成果，由於當時城市中蘊藏著市井受眾對於各種圖書典籍的需求，一些經史子集、異聞小說，在官方或是民間都得以大量刊刻售賣。官方對於經史子集的版印且不必說了，單就異聞小說而言，以太平興國二年三月奉詔撰集的《太平廣記》，就是當時著名的野史傳記小說。《太平廣記》成書五百卷，太平興國六年正月奉旨開雕印板，只因當時大臣討論認為此書非後學急需，遂收版貯太清樓，未曾以紙刷印。

〔註 123〕夏其峰：《宋版古籍佚存書錄》，三晉出版社 2010 年版，第 217 頁。

　　至於民間坊刻話本小說，根據葉昶的研究，南宋臨安太廟前的尹家書鋪就以刊刻售賣異聞小說出名，其所刻小說中有《述異記》、《續幽怪錄》、《北戶錄》、《康駢劇談錄》、《釣磯立談》、《澠水燕談錄》、《茅亭客話》、《曲洧舊聞》、《卻掃編》等。而這些筆記小說的刊行和普及，對於歷史題材市井話本小說的創作顯然有直接的影響。臺灣大學樂蘅軍根據南宋周密志雅堂抄卷下書史修，「癸巳十月，借（疑是偕之誤）君玉買到雜書……北本小說，靈怪內有四和香、及豪俠張義傳、洛陽古今記事」，認為「北本」可能是南宋時期的「北地版本」，而「泥馬渡江以後，北宋說話的遺風舊習仍然流行在北方；且相繼浸漸於刻書的盛事了」〔註124〕。

　　雖然話本最初只是說話人的底本，其作為謀生手段有隱秘不公的禁忌。〔註125〕然而，由於話本小說畢竟對市民階層具有很大的吸引力，即便說話人不願公開底本，但是聽眾卻可憑藉記憶，並適當摻入自己的創作，生成類似「擬話本」的書面文本直接滿足更多讀者的需要。所以，書會才人、書商、書肆最終不免就要把說話人的口頭作品整理成出版物謀利。可以想見，正是由於市井受眾的需求，才使得宋代話本小說得以保存和流傳開來。而臨安張官人諸史子文籍鋪就刊有《大唐三藏取經詩話》一書，這也是現存宋代話本中唯一知道出版者情況的作品。〔註126〕王國維由日本高山寺舊藏《宋槧大唐三藏取經詩話》（三卷）卷末有「中瓦子張家印」款一行，考證「『中瓦子張家印』，蓋即《夢粱錄》所謂『張官人經史子文籍鋪』」，以為南宋臨安書肆，稱「『中瓦子張家』，惟此一見而已」。王國維又從此書體例略同與《五代平話》、《京本小說》及《宣和遺事》，認為「今金人院本、元人雜劇皆佚，而南宋所撰話本尚存，豈非人間希有之秘笈乎！」〔註127〕。

　　關於《大唐三藏取經詩話》的版本朝代問題，魯迅當年曾懷疑是元刊。〔註128〕原因是：一、臨安張家書鋪，一直存至元朝。二、宋諱缺筆的情況，

〔註124〕樂蘅軍：《宋代話本研究》，臺灣精華印書館1969年出版，第29頁。
〔註125〕按：說話作為宋代民間伎藝，其話本多為師徒隱秘相傳。此外，綠天館主人《古今小說序》又載，南宋高宗「喜閱話本」，內璫輩廣為搜求。而高宗卻「一覽輒置，卒多浮沉內庭，其傳布民間者，什不一二耳」。
〔註126〕葉昶：《宋代話本小說及其存在條件》，詳見王小盾主編《揚州大學中國文化研究所集刊》（第1輯），江蘇古籍出版社1998年版，第280、281頁。
〔註127〕王國維：《王國維全集》第14卷，浙江教育出版2010年版，第399頁。
〔註128〕魯迅：《魯迅全集》第4冊《二心集·關於〈唐三藏取經詩話〉的版本》，人民文學出版社2005年版，第281、282頁。

也可沿至後一朝。三、羅振玉認定爲宋刻並不可信。魯迅認爲,「即如羅氏所舉宋代平話四種中,《宣和遺事》我也定爲元人作,但這並非我的輕輕斷定,是根據了明人胡應麟氏所說的。而且那書是抄撮而成,文言和白話都有,也不盡是『平話』」〔註129〕。儘管章培恒以爲「看到過原書的王國維氏也已改變了自己的意見,足徵把此書定爲宋刊的理由實在難以成立」〔註130〕,然而因爲從日本影印回來的《大唐三藏法師取經詩話》(又名《大唐三藏法師取經記》)卷末有「中瓦子張家印」字樣,「據《夢梁錄》記載,中瓦子張家是南宋臨安有名的書鋪,公認爲宋人話本」〔註131〕,兼有魯迅還有「臨安張家書鋪,一直存至元朝」的說法。此外,宋人筆記記載,北宋末館閣曝書,故相王黼「偶觀架上小說,內載婦人窺井生男事云」〔註132〕。這些都說明類似臨安張家(中瓦子)、尹家(太廟前)、陸家(太學前)、陳家(鞔鼓橋)等宋代城市書鋪刻印話本圖書,已是不容置疑的史實。

二、印本傳播的「立言」功能

我們知道,中國古人向來就有「三不朽」之說,此種說法最早出於《左傳》。《左傳》(卷35)襄公二十四年,記載魯國大夫叔孫豹的話說:「太上有立德,其次有立功,其次有立言,雖久不廢,此之謂不朽。」所謂「立德」、「立功」,人或簡言之爲「做人」、「做事」者。(晉)杜預注云:「立德,黃帝、舜也。立功,禹、稷也。立言,史佚、周任、臧文仲。」〔註133〕就「立德」、「立功」而言,這兩者理解起來確有難度,所以杜預特別舉例加以說明,其解釋是「像黃帝、舜一樣」的就是「立德」,而「像大禹,后稷一樣」的就是「立功」。至於其他,如《尚書》亦有「立功立事,可以永年」〔註134〕之語。然而,

〔註129〕 魯迅:《魯迅全集》第3冊《華蓋集續編・〈關於三藏取經記〉等》,人民文學出版社2005年版,第406、407頁。
〔註130〕 章培恒:《關於現存的所謂「宋話本」》,《上海大學學報》1996年第1期,第19頁。
〔註131〕 王波云:《宋話本源流及其影響》,《文藝研究》1991年第4期,第97頁。
〔註132〕 (宋)姚寬:《西溪叢語》卷上,中華書局1993年版,第58頁。
〔註133〕 《春秋左傳注疏》(卷35)載:「豹聞之,太上有立德(杜預注:黃帝、堯舜),其次有立功(杜預注:禹、稷),其次有立言(杜預注:史佚、周任、臧文仲),雖久不廢,此之謂不朽。」
〔註134〕 (清)閻若璩:《尚書古文疏證》卷4,《文淵閣四庫全書》,上海古籍出版社2003年影印本,經部,第66冊,第215頁。

關於「立德」、「立功」的問題，既與社會、官府聯繫，落實起來就變得難以把握，遠不如個人「立言」來得實在。「立言」，是地位卑微，處境尷尬之人，有可能對世界產生影響的最好方式。通常，我們習慣性地認為，古人以「立德」、「立功」為人生追求的主要目標，只是無法實現時，才退求「立言」。因為「立德「、「立功」不成，司馬遷「隱忍苟活，幽於糞土之中而不辭者」，乃是「恨私心有所不盡，鄙陋沒世，而文采不表於後也」（《報任安書》）。實不知，它們之間辯證的關係，恰恰是「立言」才是世人知曉「立德」、「立功」事實的基礎，「功德」又是言之內容，而且「功德」確實更需要依靠「立言」來實現永恆，否則作為沒有語言文字的動物，又如何能知道遠古祖先的事蹟。沒有太史公秉筆直書，那些功德之人，後人又如何能知曉。

事實上，不管人生如何實現，「不朽」本來就是人類共同的夢想和追求。據《聖經‧創世紀》（第二、第三章）記載，夏娃和亞當受到蛇的誘惑，偷吃了善惡樹上的果實，因而犯下了原罪，人類生命便有了「必定死」的終點。如果作為區別其他種屬的內在特徵，人類必然會擁有理性，擺脫蒙昧、懂得羞恥，那麼偷吃禁果就是一種歷史的、必然的選擇。於是有人設想：假若亞當和夏娃當初先吃生命之樹的果實，再吃「明善惡」之果，人類便可長生不死，上帝也就對人類無可奈何。〔註135〕由此，人類所犯的錯誤並不是偷吃了「明善惡」之果，而是沒有先吃可以「不死」的生命之果。由於人類有了智慧卻不能永生，上帝就能對其施以懲罰。人類在離開伊甸園以後，就為自己最初的錯誤懊悔。既然長生之果再不能吃到了，那麼人類只能寄希望依靠自己的力量實現另類的「不朽」。

按照柏拉圖的觀點，人類追求美的原因，也是緣於其最高人生目的——「不朽」。他說：「我相信人們做一切力所能及的事情，都是為了獲得不朽的聲望，贏得後人的愛戴；他們的品德越高，就越這樣做。他們所愛的是不朽的事物。」緣此，柏拉圖認定，「一切生物之所以具有這種狂熱和愛情，都是為了追求不朽。」因為離開了伊甸園，事實上追求長生不死已無可能，所以人類變通地找到了兩條實現「不朽」的途徑：一是通過生育，把自己的精血傳給後代，以繁殖實現生命另類的永恆。這種方式與愛相關，故「凡是有生

〔註135〕《聖經‧創世紀》（第3章）載，耶和華，神說：「那人已經與我們相似，能知道善惡；現在恐怕他伸手又摘生命樹的果子吃，就永遠活著。耶和華，神便打發他出伊甸園去，耕種他所自出之土。」

殖力的人一旦遇到一個美的對象，馬上就感到歡欣鼓舞，精神煥發起來，於是就憑這對象生殖」〔註136〕。二是生產精神產品，把自己的思想傳給後世，以達到永垂不朽的目的。這種方式與智和德相關。顯然，柏拉圖所說的「生產精神產品」就是華夏族所說與「立言」掛勾的「功德」。作爲人類文明延續的方式，思想和精神的傳承更有助於後人汲取有益的經驗、概念，用於指導或愉悅他們現世的社會人生。所以，從類人猿「囷」、「長弓」創造語言概念的經歷中，我們深切體會到了「立言」對於人類文明傳承的重要意義。

布朗肖曾說：「寫作是爲了永生」〔註137〕。「立言」是什麼？立者，屹立不倒，傳揚後世也。回溯《聖經》，柏拉圖「不朽」的學說，乃至西班牙北部阿爾塔米拉（Altamira）、法國蕭韋岩（Chauvet Cave）洞穴裏的壁畫，人類清楚地意識到，即使是能言擅畫，若想要「言立」起來，唯有撰書著述，非要借助文字記錄，以載體傳播不可。最初，中國古人嚴苛地認爲「立言」是公家史事，由官府組織實施，私室並不參與其中。只是到孔子編寫《春秋》之後，「立言」才逐漸下放到了私家。於是，儘管孟子稱讚「孔子作春秋而亂臣賊子懼」，然而人們當時公認的仍是公室「立言」的傳統。所以即便是孔子，也對自己編撰《春秋》一事心有餘悸。他說：「其義則丘竊取之矣。」又說，春秋，天子之事也；是故，「知我者其惟春秋乎！罪我者其惟春秋乎！」〔註138〕

孔子之後，司馬遷在《報任安書》一文中，也將自己當時忍辱所做之事稱爲「立言」。其所做之事，撰修《史記》而已。推而廣之，或做學問，或著書立說，即爲「立言」。由此，曹丕才堅信「年壽有時而盡，榮樂止乎其身，二者必至之常期，未若文章之無窮。是以古之作者，寄身於翰墨，見意於篇籍，不假良史之辭，不託飛馳之勢，而聲名自傳於後」（《典論·論文》）。

當今社會，「立言」是件容易的事情。然而，「立言」對於古人，卻要經歷較爲複雜的過程。首先，有言未必能立。因爲人類最初掌握的僅是語言，並非文字。所以，在「立言」的歷史進程中，必有一段僅有語言，沒有文字的「聽覺」交流與記憶的時代。這一時期的詩歌，也主要是謠諺唱誦爲特徵。其次，當文字出現後，詩歌原有的「聽覺審美」開始轉向「視覺審美」，有了

〔註136〕柏拉圖：《文藝對話集》，朱光潛譯，人民文學出版社1963年版，第266頁。
〔註137〕〔法〕米歇爾·福柯《福柯文選》第Ⅰ卷，汪民安譯，北京大學出版社2016年版，第19頁。
〔註138〕楊伯峻：《孟子譯注》卷6《滕文公章句下》，中華書局2010年第3版，第141頁。

記載下來，久遠傳播的「立言」企圖。至於「言」是否能立，則取決於社會大眾的選擇，以及歷代傳播的「幸運」。所謂「言」者，即個人腦中思想之物由口中說出，筆下寫出。因為說話、寫字太過容易，所以魯迅曾說：「講話和寫文章，似乎都是失敗者的徵象。正在和運命惡戰的人，顧不到這些；真有實力的勝利者也多不做聲。譬如鷹攫兔子，叫喊的是兔子不是鷹；貓捕老鼠，啼呼的是老鼠不是貓……。又好像楚霸王……追奔逐北的時候，他並不說什麼；等到擺出詩人面孔，飲酒唱歌，那已經是兵敗勢窮，死日臨頭了。」〔註139〕按照魯迅的說法，針對個人創作而言是正確的，所謂「不平則鳴」，所謂「悲憤出詩人」，人生不得意者往往更有文學創作的動機和效果。但是這種說法一旦面對社會，「立言」的標準就變了。其一，社會掌握政治權力的群體更有「立言」的優勢；其二，「立言」終究要擺脫個人的自娛自樂，需要經歷社會與歷史的雙重選擇。北宋王鞏與蘇軾友善，有侍妾柔奴者。當年王鞏貶謫嶺南，柔奴甘願隨行。待南遷歸，東坡問柔奴廣南風土如何？柔奴對曰：「此心安處，便是吾鄉。」坡公將之寫入詞中，成其名句「試問嶺南應不好？卻道，此心安處是吾鄉。」（《憂古堂詩話》）由此可見，當年「立言」的權力在於士大夫階層，而非「宇文柔奴」這樣的普羅之民。

　　誠然，按照叔本華的說法，與動物相比，人類獨自佔有理性。赫爾德也將「理性」稱之為「悟性」，認為它是全部人類力量的總和，是純人類的能力。他們相信，動物與人類相比，差距就是缺乏這樣的「理性」，而理性的功能則是構成概念。概念作為抽象的表象，其形成當然是通過語言文字將原始材料處理、概括和整理成便於人類交流的知識，並將之保存。概念使得萬物世象皆可以用語言文字的方式保留，並傳諸後世。由此，人不僅能活在當下，同時還生活在過去和未來。〔註140〕其實，未來從不可知，現在總是不停地逝去。「現實」是個虛假的詞匯，過去才是永恆，而過去的一切都會成為故事。自從有了語言，人類可以按自己的方式組成空間和時間，還可以將自己意識中構建的世界描述出來。語言及其所構成的概念記載下了過往的歷史，只待文字出現、媒介載體的發展變化進而促成人類文明傳承的飛躍。

　　在人類歷史的長河中，我們看到優秀民族的特徵之一就是其語言文字的成熟、優秀，無論古希臘、希伯萊，或是漢民族、德意志，其語言文字的成

〔註139〕魯迅：《魯迅全集》第3冊《後記》，人民文學出版社2005年版，第189頁。
〔註140〕張汝倫：《現代西方哲學十五講》，北京大學出版社2003年版，第26頁。

熟完備，很大程度上證實了這些民族文明的先進與輝煌。「希臘人的語法應該比東方民族的語法更完善，因爲希臘語是東方語言的後裔；同樣，拉丁語法應該比希臘語法更富有哲理」，而「德語比起古凱爾特語來，也精細得多」〔註141〕。據說，「俄羅斯民族的教會語言絕大部份是希臘語；萊脫人（Letten）的基督教概念用德語的詞表達，或者是把德語的概念化爲本族語」〔註142〕。當歐洲經院哲學家和辯論家不能用自己的語言詞匯進行論爭時，他們就不得不借助其他語言的概念作爲武器。從現有情形來看，德意志民族在構成語言概念方面是優越的，這使得德國人能夠超越其他種族，從既有的概念前提直接進入相關問題更深入的探詢與研究。「中世紀的科學文化，由於普遍使用了拉丁語」，以至於談到德國古典哲學的成就，德國學者文德爾班評價說：「當中世紀的經院哲學在西班牙和葡萄牙頑固地獨立地維護其傳統的時候，意大利人、德國人、英國人和法國人就發動了首次的新科學運動；這次新科學運動在德國古典哲學時期達到了高峰。同這四民族比較，其他民族幾乎全處在被動的地位」〔註143〕。

　　歷史上，非洲、南美各民族長期處在僅有語言，沒有文字的狀況之下。「像時間、延續、空間、本質、材料、機體、德行、正義、自由、感激等一系列概念，秘魯人並不是用理性來說明，從概念出發進行推導，相反，他們是用行動來證明自己具有德行」；印度「巴朗托拉的語言裏，沒有『神聖』這個詞」；西南非洲部落的「霍屯督人則沒有一個詞表示『精神』」〔註144〕。由於文明發展滯後，美洲諸語言的「結構確實不同於具有完善構造的語言」，而他們後來借用的歐洲語言並不能很好地轉述或記載自己本民族的歷史與文明，借來的語言也導致其歷史具有更多的隨意性和不確定性。〔註145〕應該說，哲學家、思想者出現是一種複雜的情形，它與文化環境和人文群體的相互影響有一定關聯。然若沒有一定社會環境和人文環境的薰陶，這種「超人」出現的機率是罕見的。同時，我們亦不能否認某位非洲或印度的哲人借用某種優秀成熟的語言，成就自己一個歷史人生的思想深刻。

〔註141〕〔德〕J.G.赫爾德：《論語言的起源》，商務印書館 2009 年版，第 123 頁。

〔註142〕同上，第 69、70 頁。

〔註143〕〔德〕文德爾班：《哲學史教程》上卷《緒論》，羅達仁譯，商務印書館 1987年版，第 16 頁。

〔註144〕〔德〕J.G.赫爾德：《論語言的起源》，商務印書館 2009 年版，第 69 頁。

〔註145〕〔德〕威廉.馮.洪堡特：《洪堡特語言哲學文集》，姚小平選注，商務印書館2011 年版，第 89 頁。

　　有成熟語言、文字，人類還要面對「立言」的根本意義，以及物質條件等諸多問題。面對社會歷史，「言」該如何「立」？「言」了如何才算數？自己「言」了，別人又如何能知曉、記得，進而再得以承認？首先，所謂「究天人之際，通古今之變，成一家之言」，說明「究天人」、「通古今」是「立言」的內在要求，而研究天（自然）與人之間的關係，乃至於「通古今」的關鍵卻是對當今人生「有用」。學問若與生命無關，此種學習記住的只不過是一個個僵化的知識點，並不構成生命踐行的實際運用。正如前人告訴我們「地球是圓的」，若不去航海、飛行，不去環遊地球八十餘天，這個知識就是腦子裏僵死的「存貨」，並不能成爲我們生命的實際意義，因爲「你在你的全部哲學思維中，仍然要做一個人」〔註 146〕。古代的知識之所以對我們還有意義，就在於這些知識「通古今」而於現實人生有用。其次，要做到這些「有用」知識的傳承，有效的記載和傳播方式又是最關鍵的事。史載，北宋趙𤫫初至溫州任職，便在官廳壁上找所謂的「記刻」，希望看到前任官員留下的「壁記」。誰知找了半天，沒找到，趙𤫫便問屬吏緣由。屬吏解釋說，以前聽說是有的，治平年間郡衙曾遭大火，官舍皆成灰土，官廳移地重建，便沒了壁記。於是，趙𤫫查找簿書，獲知李巽至錢德臣五名官員的事蹟，又訪郡中胥吏得知李巽以上至施昌言凡十四名官員的事蹟，最終寫成了《溫州通判廳壁記》。儘管如此，由於缺乏更多材料，趙𤫫仍遺憾由施昌言之外，「無自而推繹矣」〔註 147〕。此次「立言」過程，從想法構思到查找文獻材料，再到文筆撰寫，一樣都不能少。可見，「立言」所依傍的條件絕非「動嘴」那般簡單。此外，「立言」更爲重要的用途還在於人類情感傳承的紐帶。後人見到前人的碑銘，除了字跡筆法，作文句法，更爲重要的是體會到前人的情感。四十有六回到四川故鄉，得見祠堂題有「眉山一脈」的匾額，方知自己乃蘇軾一脈。此後，再看坡公文字，便有敬祖尊崇的心情。此種情感體驗，黃庭堅也曾經歷。崇寧三年，黃庭堅貶宜州途中，泊永州浯溪，風雨中與友人同至《中興頌》崖下。因讀中興碑有詩云：「斷崖蒼蘚對立久，凍雨爲洗前朝悲」，頓有家國親情之哀痛。無論碑銘或是竹帛紙張，只要有文字留存下來，就有古人的情感呈現。《艇齋詩話》記載，呂本中有「長弟，字由義，亦能詩，惜其早死，世不知爾」。然

〔註 146〕〔英〕休謨：《人類理解研究》，關文運譯，商務印書館 2011 年版，第 13、14 頁。

〔註 147〕金柏東：《溫州文獻叢書‧溫州歷代碑刻集》，上海社會科學院出版社 2002 年版，第 3 頁。

因有「老去看花如隔霧，醉來騎馬似乘船」兩句詩留存，友人讀之，倍感親切，世人亦有知曉的可能。

客觀上，「立言」與「立德」、「立功」是互相辯證的關係。然而，古人「立言」卻有求於「立德」、「立功」，視此爲其根基，是謂「無德無以立言，無功無以立言」。而今人「立言」卻少了這些德行的約束，正應了孔子所云：「有德者必有言，有言者不必有德」（《論語・憲問》），似乎只要硬件條件具備，何「言」均可以「立」。「立言」門階之低賤，實令古人汗顏。其中，更有請人代「立」者——捉刀者愈多，於是出書的情況也越來越多。其實，孔子之所謂有「德」，早已表明「立言」有社會選擇的特定標準。而古人立言之難，除了古人的道德規範至於「立言」態度之審愼，更重要的是古人當時的「立言條件」之簡陋、困難，成本消耗之巨要遠甚於今人。

上古時期，「立言」惟借助龜甲、獸骨，青銅、石頭，非利器無以鐫刻其上，范仲淹有詞云「燕然未勒歸無計」（《漁家傲・秋思》），說的是西漢霍去病破匈奴立功，刻石「立言」之事。〔註148〕由於當時條件有限，鐫刻困難，故器物上的銘文字數也相應有限。此後雖有簡牘、書帛足以「立言」，然司馬遷爲之亦有簡牘之重、刀筆之難。由此可見，關於「立言」，拋開思想、精神層面的東西不提，關鍵還有「以何爲載體」這樣一個物質問題。故所謂「立言」，乃是將個人的思想表達附於載體的過程。簡牘布帛之後，人們將「立言」之實體稱爲「書」。有了紙張，「立言」才獲得了應有的簡易和便捷。中國古人較早就明白了「流行」與「流傳」的根本區別，因爲「流傳」必有賴於某些實在的載體才能得以實現。於是，思想的表達，一紙一筆足矣。惟有了紙，人類才眞正開始進入到「書籍社會」。從此，「書籍」的存在極大地便利了我們彼此的交流和發展，大大推動了人類文明的進程。傳播學者伊尼斯甚至說「一種新媒介的長處，將導致一種新文明的產生」，因爲紙引起了「極端重要的……一場革命，沒有紙，就不會有這麼多的人去從事寫作的藝術，印刷術對人類的貢獻也將大大遜色……」，所以紙張「使我們能夠用一種普世的物質去代替昔日傳遞思想的昂貴材料」，它「促進了人類思想成果的傳播」〔註149〕。

〔註148〕　（漢）班固：《前漢書》（卷6）記載：「去病與左賢王戰，斬獲首虜七萬餘級，封狼居胥山還遷。」（唐）顏師古注曰：「登山祭天築土爲封，刻石紀事以彰漢功」。詳見（漢）班固：《前漢書》，《文淵閣四庫全書》，上海古籍出版社2003年影印本，史部，第249冊，第110頁。

〔註149〕　〔加〕哈羅德・伊尼斯：《傳播的偏向》，中國人民大學出版社2003年版，第40頁。

　　紙張之後，中國又有了印刷術，印刷術的出現使得紙的應用變得更爲重要。因爲「書籍」的生產不再像過去那樣緩慢和困難，整個社會的書籍開始呈幾何倍數的增長。於是，「立言」的方式相比於前代，又多了一種選擇。書籍的雕版印刷，使得整個社會「立言」的方式和手段大爲改善，也使得社會保存知識成果更爲方便快捷，雕版印刷的書籍由此影響著人們社會生活的各個層面。按伊尼斯的說法，中國印刷術的出現不僅「適應了佛教的需要，所以它對大眾具有吸引力。同時，印刷術也適應儒學的需要，儒學的興趣在經典，經典是讀書人需要的文獻」，由此客觀造成了「儒家勢力由於國家的影響和儒家經典的大量刊布而壯大」〔註150〕。

　　同樣，我們由此知道書籍的印刷刊布無疑對於文學也有著深遠的影響，然而其影響的深遠程度，一直以來沒有得到學者們充分的理解和認識。其實，我們只要設想遠古時期，在造紙術和雕版印刷沒有誕生之前，人們是如何書寫和保存自己的文化知識及思想的成果，我們就能充分理解這兩項技術對於人類文明歷史的發展曾經做出了怎樣的貢獻。美國漢學家宇文所安由此設想，「在戰國時期，書寫用於信件來往、國家文件、議論文，也可能應用於儒家經典。」然而，「在那個時代，書寫不像在現代社會或者明清中國那樣，可以用一支毛筆、鋼筆或者自來水筆寫在紙上，而且大家使用的是高度標準化的文字。我們能像一個孩子那樣發問：用一種既複雜又不統一的文字系統在竹簡上刻字，到底要花多長時間才能產生一個文本？一本竹簡著作如此笨重，需要多大的機構儲存它們？一個文本一旦被抄寫出來以後，誰去讀它？閱讀是不是一件容易的事？一個人去哪裏才能讀到這些文本？他閱讀這些文本的機會又有多頻繁？」〔註151〕

　　在爲這些疑問尋找答案的時候，我們便能充分地理解雕版印刷對於中國文學影響的巨大與深遠。因爲只有印刷才使得標準化的文字、毛筆和紙張，自誕生以來達到它們最佳的組合效果，它足以使得「書寫」這一活動的物質性得以固定地保存和傳播。只有在印刷的影響下，才能「使得人們較爲方便地把文本攜帶到遙遠的地方」〔註152〕，人們才有可能擁有大量的私人藏書，擁有比以前更爲廣泛的閱讀，知識由此得到更爲廣泛的傳播擴散。

〔註150〕〔加〕哈羅德・伊尼斯：《傳播的偏向》，中國人民大學出版社2003年版，第14頁。

〔註151〕〔美〕宇文所安：《他山的石頭記》，江蘇人民出版社2003年版，第16頁。

〔註152〕同上，第17頁。

蘇軾《李氏山房藏書記》載曰：

> 自孔子聖人，其學必始於觀書。當是時，惟周之柱下史老聃爲
> 多書。韓宣子適魯，然後見《易象》與《魯春秋》。季札聘於上國，
> 然後得聞《詩》之風、雅、頌。而楚獨有左史倚相，能讀《三墳》、
> 《五典》、《八索》、《九丘》。士之生於是時，得見《六經》者蓋無幾，
> 其學可謂難矣。而皆習於禮樂，深於道德，非後世君子所及。自秦、
> 漢以來，作者益眾，紙與字畫日趨於簡便，而書益多，士莫不有，
> 然學者益以苟簡，何哉？余猶及見老儒先生，自言其少時欲求《史
> 記》、《漢書》而不可得，幸而得之，皆手自書，日夜誦讀，惟恐不
> 及。近歲，市人轉相摹刻諸子百家之書，日傳萬紙，學者之於書，
> 多且易致如此，其文辭學術當倍蓰於昔人。〔註153〕

我們可以想像，書籍印刷的確在動搖人們對於傳統文本的信念。紙張、毛
筆和標準化的文字使得人們能夠在吟詠一首詩之後毫不費力地把它書寫下
來，而印刷卻在此基礎上擴大了這首詩閱讀、傳播的時空範圍，並且以固
化的形式使得這首詩在流傳的過程中，避免了過去在抄寫流布過程中所產
生的諸多舛誤和誤解。東漢靈帝熹平年間，蔡邕將石經碑立於太學門前的
事實也說明，假若沒有印刷，要保證知識的正確流傳則需要豎立更多的碑
銘石刻供人摹寫傳抄。而且「寫本時代，因爲受客觀條件的限制，除了部
份詩文集定本外，流傳更多更廣的是規模相對短小、從形式到內容均無定
式的傳鈔本」〔註154〕。總之，印本傳播的方式加快了書籍的定型化程度，
使得作品內容的質量更有保障地傳達給更多，更低層的受眾，其目標人群
相比於抄寫傳播也更爲擴大。

如魯迅所說，儘管 「文藝本來都有一個對象的界限。譬如文學，原是以
懂得文字的讀者爲對象的，懂得文字的多少有不同，文章當然要有深淺。而
主張用字要平常，作文要明白，自然也還是作者的本分。然而這時『徹底』

〔註153〕 （宋）蘇軾：《蘇軾文集》卷 11，中華書局 1986 年，第 359 頁。按：李常，
　　　　　字公擇，黃庭堅母舅。哲宗時，爲戶部尚書，累拜御史中丞。後出知鄧州，
　　　　　徙成都，行次陝，元祐五年二月暴辛，《宋史》卷 344 有傳。（宋）王辟之《澠
　　　　　水燕談錄》（卷 9）記載：「李尚書公擇，少讀書於廬山五老峰白石庵之僧舍，
　　　　　書幾萬卷。公擇既去，思以遺後之學者，不欲獨有其書，乃藏於僧舍。其後，
　　　　　山中之人思之，目其居云李氏藏書山房，而子瞻爲之記。」
〔註154〕 徐俊：《敦煌詩集殘卷輯考·前言》，中華書局 2000 年版，第 10 頁。

論者站出來了，他卻說中國有許多文盲，問你怎麼辦？」〔註155〕此時，你或許會搬出圖畫、演戲，乃至於「說書」、「講演」的例證來說明文學的受眾本來就很普及，與文字印本干係不大。但是，在沒有印本之前，全靠口眼、身法和少量的抄寫來傳播的故事或圖畫，其單位時間內傳播的範圍和受眾面畢竟有限，而且這樣的口耳相傳還有可能會導致話語的虛構徹底脫離故事母本的模樣。假若傳至某位語言表達貪乏，兼有識字能力低下的受眾，其轉述偏離母本的程度可想而知。

此外，紙張書寫和印刷文本的便捷，以及受眾的廣泛，使得人們幾乎可以忽略自己寫作的成本，只需在意文學創作的精益求精以及作品在受眾傳播的美譽反饋。清代袁枚曾說：「一切詩文，總須字立紙上，不可字臥紙上。人活則立，人死則臥，用筆亦然。」〔註156〕這裡所謂「字立紙上」其實是要求文學語言達到繪聲繪色、栩栩如生的形象化效果。若要做到「字立紙上」，除了作者對於生活的體驗和文學表達天賦之外，還需對作品進行反覆斟酌的修改、潤色，於是便有了「苦吟」的古代案例。（宋）陳去非曾說：「唐人皆苦思作詩，所謂『吟安一個字，撚斷數莖鬚』，『句向夜深得，心從天外歸』，『吟成五字句，用破一生心』，『蟾蜍影裏清吟苦，舴艋舟中白髮生』之類是也。故造語皆工，得句皆奇，但韻格不高」（葛立方《韻語陽秋》卷2）。

中唐時期，雖有紙張之便，但是窮困潦倒的賈島仍以腹內吟詠「推敲」來寫作詩句。由於其寫詩目的除了抒發自己心中的鬱悶外，主要是見賞於考官，乃至賈島曾在自己的詩句下作注說：「二句三年得，一吟雙淚流。知音若不賞，歸臥故山秋。」故其受眾範圍最初也局限了作品的傳播與影響。

據史載，韓愈是較早賞識賈島的名士之一，《新唐書·賈島傳》（卷176）、《唐詩紀事》（卷40）都記載了韓愈憐賈島詩才，勸其還俗應舉之事。〔註157〕由此，賈島作品首先是在友人與科場士人間流布。姚合等人的詩文記載了賈詩閱讀流傳的情況，從「新詩有幾首，旋被世人傳」（姚合《寄賈島》），「從今舊

〔註155〕 魯迅《魯迅全集》第 5 冊《花邊文學〈「徹底」的底子〉》，人民文學出版社 2005 年版。

〔註156〕 （清）袁枚：《隨園詩話》下冊，人民文學出版社 1960 年版，第 683 頁。

〔註157〕 《新唐書·賈島傳》載：「島字浪仙，范陽人，初為浮屠，名無本。來東都，時洛陽令禁僧午後不得出，島為詩自傷。愈憐之，因教其為文，遂去浮屠，舉進士。」又，《唐詩紀事》載：「島為僧時，洛陽令不許僧午後出寺，賈有詩云：『不如牛與羊，猶得日暮歸。』韓愈憐其才，俾還俗應舉。」

詩卷，人覓寫應爭」（姚合《哭賈島二首》），「無限風騷句，時來日夜聞」（李頻《哭賈島》），「青門臨舊卷，欲見永無因」（無可《弔從兄島》）等詩句，以及蘇絳「妙之尤者，屬思五言，孤絕之句，記在人口」（《賈司倉墓誌銘》）這樣的文字。我們可以看賈島作品依靠的是詩歌的閱讀傳誦或是抄寫，且作品影響多在其死後才得以重視。故賈島詩云：「兩句三年得，一吟雙淚流。知音若不賞，歸臥故山秋。」范晞文深知當時口耳傳播之難，有評語曰：「信乎非言之難，其聽而識之者難遇也」（《對床夜語》卷2）。

　　時間來到北宋，苦吟的人還有同樣潦倒的梅堯臣、陳師道。歐陽修回憶梅堯臣「平生苦於吟詠，以閒遠古淡爲意，故其構思極艱」（《六一詩話》）。而陳師道常將擬好的詩句「揭之壁間，坐臥哦詠」（徐度《卻掃篇》卷中），閉門覓句，反覆修改，只求語驚字奇。朱熹云：「無己平時出行，覺有詩思，便急歸，擁被臥而思之，呻吟如病者，或累日而後成，眞是閉門覓句。」（《朱子語類》卷140）由於蘇軾、黃庭堅等人作品當時名滿天下，他們的作品被不法書商纂改版印之事，想必早爲友人所熟知。故其陳師道「閉門覓句」的動機已不像賈島那般單一。因爲有傳播立言的牽制，南宋呂本中自言「少時率意而作，不知流傳人們，甚悔其作也」（《艇齋詩話》）。因爲宋人作詩除了科舉的因素以外，更有商業市場需求的刺激。作品版印在當時社會所產生的巨大影響，使得人們開始憧憬以自己高水平的文學創作成績，換取當世的文學盛名，乃至未來「版印流芳」的積極結果。北宋黃庭堅、陳師道都有不滿作品，親手將稿件焚毀〔註158〕的事蹟，說明無論是審美或是道德評價，兩人其實都很在意自己作品在受眾中傳播的名譽反饋。總體而言，雖然同樣是苦吟寫詩，出現上述差異的主要原因就在於，唐宋兩代文人的創作動機，由於印本傳播的出現而有了區別與變化。由於印本文學在北宋社會的運行方式和運作機制不同於寫本時代，文學的社會身份及文化功能在此時也產生了微妙的變化。

　　什麼叫文化？文化總是和某一歷史群體的特殊智慧相聯繫，「一個民族的文化，可說是他們適應環境勝利的總和。適應環境之成敗，要看他們發明器

〔註158〕（宋）陳師道：《後山集》卷9《答秦觀書》載：「僕於詩，初無法師，然少好之，老而不厭，數以千計，及一見黃豫章，盡焚其稿而學焉。」按：據說黃庭堅「早年詞風很像柳永，愛寫豔詞，爲此受到禪師法秀的指責，遂盡改前非，把早年的詞都燒了。」引自章培恒：《中國文學史》（中冊），復旦大學出版社2006年版，第401頁。又見黃庭堅《小山集序》。

具的智力如何」(《東西文化之比較》)〔註 159〕。譬如中國人使用的筷子和非洲、南美部落群體直接用手抓取食物相比，在這種可稱爲「筷子文化」的歷史傳承裏，更有一套程序豐富的美感。因此，文化就是某一人類族群將自己的智慧、精神凝固在某一物質（或文學藝術、技藝）後的歷史傳承。考古證據發現，早在智人時期，大概是公元前五萬年到兩萬五千年間，在埃及尼羅河谷山上的石器就出現了不下六種風格。「人類發明了風格。用獨特的方式製作石器，代表有一群人跟別群人不一樣，用第三種方式製作石器，則代表新世代出現，不想跟前代一樣」〔註160〕。這也是不同文化成形的規律。而文化的傳播選擇，那個時代效率比最高的當然就是文字立言傳播。

同樣，印本文學所產生的文化功能，相比於抄本、甚或口頭文學，它也體現爲一系列完美程序操作後，所呈現出來的聚合著特殊智慧、技術，以及歷史傳承的成品——宋版書籍。一種技術的出現，只有在它包容了特定的思維方式、審美方式，並且附著上一定的物質傳承，它才有可能被稱作「文化」。所以，文化也可以簡單地稱爲一種凝聚著某一社會族群智慧之美的歷史呈現，其終極衡量標準就是要體現出人類追求「眞善美」的靈魂。即便是原始的部落，人數較少的種族，只要他們的文化展現了智慧及其精神，甚或是眞實的靈魂，這樣的文化就可以震撼、征服那些擁有先進文明的人心。在中國傳統中，文化更有「以文—教化」、「以文—化人」的含義。當印刷技術附著於宗教與文學以後，其精神附著物勢必會成爲一種我們稱之爲「印刷文化」的傳承。於是，由此而產生的宗教和文學印本也就附帶了文化的功能，這種功能可以催生用於買賣的金錢，可以流通出名利，但那只是其形式的外化表現，而就它本質而言，其乃是一種文明傳承的歷史選擇。

北宋時期，由於蘇軾、黃庭堅等人的文學集本在民間有較大的市場需求，使得書商坊刻紛紛刊印售賣謀利。北宋有京師本《東坡集》，蘇東坡在世時就已行世。此外，北宋還有九江碑工李仲寧刻本《東坡集》、《山谷集》。〔註161〕儘管民間對蘇軾詩文十分喜歡、推崇，然而坊刻蘇集因爲未經作者本人編閱，舛誤甚多。據記載，當時有人曾攜澄心堂紙請蘇仲虎求取其祖父蘇軾的書法

〔註159〕 胡適：《胡適學術代表作》下卷，嚴雲受編，安徽教育出版社 2007 年版，第156 頁。
〔註160〕 〔英〕伊安‧摩里士：《西方憑什麼》，臺北雅言文化出版有限公司 2015 年版，第 51 頁。
〔註161〕 夏其峰：《宋版古籍佚存書錄》，三晉出版社 2010 年版，第 225 頁。

作品。蘇仲虎遂取出當時流行的京師印本《東坡集》，誦讀其中一首詩，請祖父筆書其詩句。當讀至「邊城歲莫多風雪，強壓香醪與君別」兩句詩時，坡公擱筆怒視仲虎說：「汝便道香醪。」仲虎驚懼。後來才知道東坡詩句本爲「春醪」，而京師印本卻誤將之刻成了「香醪」（《邵氏聞見後錄》卷19）。〔註162〕

由於當時書坊錯誤拙劣地版印自己的作品，蘇軾憤然對友人說「欲毀其板」（《與陳傳道》）。然而，這只不過是一句氣話罷了，客觀上版印書籍的廣泛流布的確成就了蘇軾名聲傳揚海內外。具體事例：一是蘇轍出使燕京時，副留守邢希古相接送。令引接殿侍元辛傳語曰：「令兄內翰（蘇軾）《眉山集》已到此多時，內翰何不印行文集，亦使流傳至此？」（《北使還論北邊事箚子》）。二是《澠水燕談錄》記載，張芸叟出使大遼，宿幽州館中，「聞范陽書肆亦刻子瞻詩數十篇，謂《大蘇小集》。」三是《師友談記》記載，章元弼貌醜，曾娶妻陳氏，甚端麗。「初《眉山集》有雕本，元弼得之也，觀忘寐。陳氏有言，遂求去，元弼出之。元弼每以此說爲朋友言之，且曰：『緣吾讀《眉山集》而致也。』」足見由於印本的流行，當時士人喜讀蘇軾作品癡迷類此。印本流布的效力，才導致那時就有「學文須熟看韓、柳、歐、蘇」；「學詩須熟看老杜、蘇、黃」〔註163〕等說法。

對於上述唐宋文人的文學創作，我們除了讚賞他們「苦吟」和「謹嚴」的創作態度，更應看到要做到這些，若以傳統竹木作爲書寫載體，輔以「手抄筆錄」作爲傳播手段，即便有「書刀」刮拭之便，書家聖手「傳抄」之勤，其傳播成本仍是太高了。儘管蘇軾抱怨過印本乖謬，但是其作品的刷印流傳，客觀上的確造成其詩文的巨大影響。如今，我們皆不知曉當初「念奴」〔註164〕一類伶倫傳唱的美妙，一時代的歌曲流行並不能造就名伶的流芳百世，除非有 CD、磁帶等現代載體的出現，否則歷史歌曲的存在形式，永遠都是將《詩

〔註162〕按：蘇仲虎即蘇符，蘇軾長子蘇邁的次子。余嘉錫認爲「京師印本《東坡集》者，皆指《前集》言之」（《四庫提要辯證》卷 22）。曾棗莊考證蘇軾「令仲虎取京師印本《東坡集》，誦其中詩」，很可能在蘇軾一家惠州相聚或共同北歸之時。由此推斷，「京師印本《東坡集》」當印行得更早一些，可能刊印在元祐末年。詳見曾棗莊：《蘇軾著述生前編刻情況考略》，1984 年第 4 期《中華文史論叢》。

〔註163〕（宋）陳鵠：《西塘集耆舊續聞》卷 2，中華書局 2002 年 8 月版，第 304 頁。

〔註164〕按：「念奴」是唐代歌女的名字。元稹《連昌宮詞》小注云：「念奴，天寶中名倡，善歌。每歲樓下酺宴，累日之後，萬眾喧隘，嚴安之、韋黃裳輩辟易不能禁，眾樂爲之罷奏。玄宗遣高力士大呼於樓上曰：『欲遣念奴唱歌，邠二十五郎吹小管逐，看人能聽否？』未嘗不悄然奉詔。」

經》、唐詩、宋詞、元曲等沉默的文字以碑銘、紙張的方式流傳。由此可見，中國古代紙張的應用，以及印本流布所造成的名利誘惑，確實也鼓勵了當時人們的創作熱情，使得文學創作和「立言」成為一種建立在印本便捷媒介基礎上的，更為普及廣泛的人類精神活動。有簡牘、抄本當然也可以傳承文明，但是印本的意義就在於它使文明的傳承更加強大有力，其所累積起來的文化傳播效力數倍於抄本時代。

蘇勇強

公元二〇〇九年九月十九日

溫州黃龍康城初稿

公元二〇一四年五月二日

溫州黃龍康城定稿

第一編　北宋印本傳播

　　荷馬說，諸神把災難撒到人世是爲了讓人們能夠談論他們，在這一可能之下言談有了無盡的資源。〔註 1〕識見人事易代輪迴，方才曉得世俗表象背後，上帝一直在以「人生」的遊戲折騰人類。《聖經・箴言書》（第 8 章）載曰：「在耶和華造化的起頭，在太初創造萬物之先，就有了我。從亙古，從太初，未有世界以前，我已被立。」由此，長久以來，人類一直根據自己來設想上帝與諸神，或許這本身就矮化並局限了他們。如果上帝眞的存在，我認爲上帝所以洞察萬物，足以拒絕盅惑人類的諸多神秘，乃是因爲它在足夠高的地方，可以俯察天地萬方。如果「天」確如古人傳說分爲九重，那麼以人類所擁有的邏輯推論，上帝定在九天之上，而且具有超出人類的感知能力。否則，他不可能看到歐亞大陸寬廣的寒冷與溫暖、動物馴化與人口繁殖，不可能留意南北極的冰原極光、浮遊生物。登高望遠，地球上沒有上帝的緣由也在於身處狹小的京城，以天朝自居的人們，除了宮闈秘聞、生活苟且，並不屑瞭解發生在異域的工業革命或明治維新。明白甲午的時候，蒸汽鐵甲艦已然開進了塘沽口。所以，上帝與「天」在中國人的意識裏，的確是合二爲一的。

　　《二程集》卷第 2《遺書》載曰：「《詩》、《書》中，凡有個主宰底意思者，皆言帝；有一個包涵遍覆底意思，則言天。」如果確如程顥、程頤所言，上帝有「主宰」的意思，天有「徹底包涵」的意思。如果世界眞是上帝所創，那麼上帝必然已爲世界的未來預設了諸多可能。所謂「神愛世人，光照角落」——或許上帝的原型超越「人副天數」，應該擁有千里眼、順風耳，擁有感知

〔註 1〕　〔法〕米歇爾・福柯：《福柯文選》第 I 冊，汪民安譯，北京大學出版社 2016年版，第 19 頁。

和預測宇宙，包括預感所有生靈當下及其未來命運的能力。〔註2〕或許上帝處在多達六維的空間，能夠感受人類無法企及的境界。否則，在那雲蒸霞蔚的天國，上帝如何能看見、知曉這世上每天發生的諸多人事呢。此外，若沒有超常的智慧，上帝又如何記住世間的諸多人事與訴求，進而顯示自己懲罰和獎賜的威權。於是，我以爲上帝的智慧，定然歷史有序地將這諸多的能力賜予了萬物，使得世界多層次，自爲地呈現出自己存在的機理與色彩。否則，上帝只能是宇宙各種物質相互影響所構成的各種「力」與「場」的存在總稱，又或上帝僅對生命負責，他只是簡單規定了地球上所有生物以碳元素爲本質的結構模式——DNA。

儘管蘇格拉底聲稱人的肉身和靈魂並不完善，擺脫肉體束縛的靈魂才能冥想。然而，物質地存在，才是世界自然本有的模樣，感知世界才是人類的天命所在。如果我們按照宗教或迷信的說法，人類在其靈魂進入母體（不能確定肉體擁有靈魂的準確時間）成爲嬰兒時，就已經從母體羊水包裹的溫暖，感受到自己即將誕生的世界與別的世界最大的不同就是「物質實在」。或許，上帝將類似自己的皮囊賦予人類的那一刻，也用所屬的感覺將人類的靈魂與肉身緊緊綁縛在一起，以符咒起誓：「將所有近似於神的感知力給予人類，令其與靈、肉緊密生長。至死，感知能力須與也不要離開這肉身。」又如克羅齊所言，具體與抽象的感覺分別形成了直覺與概念的覺悟。〔註3〕

談到上帝向人類顯示的創造，或許還包括賦予每個物體的細微屬性，譬如質量不同的物體具有相應不同的浮力，而這些微小屬性還符合邏輯地聯成了系統：重量與質量有關，浮力與體積、呼吸有關，如此等等。世界牽絆複雜的程度，令我們無法相信人類能做到這一切，它只能出自超出人類能力的天然。於是，我們恍然有悟，上帝或許就是這個自然存在的世界。「如果我們不是被這樣調諧好能適應種種關係的話，看來我們在這個世界上就寸步難行」〔註4〕。

〔註2〕從《西遊記》形成的過程，明清以後的神話小說已將上帝的功能按世俗的想像分化：玉皇大帝需要千里眼、順風耳來瞭解世間萬事；而西方佛祖則承接了預測過去、未來的能力，並且擁有大智慧。天上諸神皆有預測的能力，然測事之小大決定了神的地位和能力。天宮完全是人間宮殿在天國的模版，玉皇大帝統轄除了西方佛國之外的三教九流、神仙妖怪，乃至地府龍宮。只有西方世界憑智慧和因果報應的能力預測未來，微笑面對一切，偶而的拯救只是爲了彰顯自己足以掌控世界的偉力。

〔註3〕〔意〕克羅齊：《美學原理》，朱光潛譯，人民文學出版社1983年版，第25頁。

〔註4〕〔英〕E.H.貢布里希：《藝術與錯覺：圖畫再現的心理學研究》，楊成凱、李本正、范景中譯，廣西美術出版社2012年版，第46頁。

　　神秘的自然有著嚴苛的秩序，卻也不缺乏偶然。從我們降生在這裡，這個世界已然規定了一切法則，譬如「游泳能浮，溺水或亡」；「把刀片割我們肉的運動與同它毫無相似之處的痛苦的觀念聯繫在一起」〔註5〕等等。然而，人類樂於假定上帝對於創造出的自己有所偏愛，堅信唯有人類大腦控制口腔發出抑揚頓挫語音的基底核得以進化完善就是證據。語言作為上天神奇的賦予，其聯結著人類的意識和情感，比動作、手勢的表達更加準確、豐富。所以，德國語言學家赫爾德說：「大自然用她那雙善塑的手充滿母愛地為其作品添上的最後一筆：『不要獨自一人感受，而要用聲音表達出你的感覺！』」〔註6〕。相比其他，語言是上帝賜予人類最特別的一種能力。不管聲音是疼痛的呻吟，或是獵食興奮的嘶吼。孤星冷月，鳥獸合群，外野北林，翔鳥孤鴻，惟有來自同類的聲音方能慰籍人類彼此孤寂的心靈。既知生，何懼死？上帝早已昭告了你我此生的宿命——人生就是一次由生向死，走向墳墓的單向旅程，哭也無益。對於死亡的看法，很大程度上決定著人生的態度。然而，面對疼痛折磨，渴望得到拯救的人類依然難抑悲泣，惟有聲音才能引起世界更多的回應。於是，人類象形模擬，便有了社會化的語言文字。

　　作為沉默的語言，文字早期詞匯有限，詩歌也多以飽含情緒的吟詠或極具感性的字眼征服人心。木心先生說：「文字以前，先有文學起源：有東西要表述。……古人類最大的快樂是戰爭勝利之後：打敗敵人，求生存，得延續，必有唱跳歡樂。久而久之，眾聲中和諧者，易牢記，易傳播，久而久之，詩出。」〔註7〕木心的說法忽略了文字壟斷的祭祀神秘，也是詩歌產生的緣由。這或許狹隘了詩歌的緣起。劉勰說：「詩者，持也，持人情性」（《文心雕龍‧明詩》）。人們由對象獲得感覺，由感覺而生情緒，乃致於情感，只要願意表達出來即可成詩。由此，我們可以猜想，情緒宣洩的需要才是詩歌產生的緣由。只是人類早期語詞簡單有限，最早的詩歌應更像是猩猩「嗚嗚嗚」的情緒表達。每一聲看似相同的「嗚嗚」聲，卻有不同的情緒

〔註5〕　〔英〕以賽亞‧伯林：《啟蒙的時代：十八世紀哲學家》，譯林出版社 2012 年版，第 37 頁。

〔註6〕　〔德〕J.G.赫爾德：《論語言的起源》，姚小平譯，商務印書館 2011 年版，第 4 頁。

〔註7〕　木心：《文學回憶錄》，陳丹青筆錄，廣西師範大學出版社 2012 年版，第 006 頁。

與涵義。然而，畢竟類人猿的咿呀表達需要豐富的表情動作輔助。一旦離開了這些具體的表情動作，有限的幾個聲音詞語，根本不能準確表達自己的情感與想法。隨著人類社會化程度提高，控制口腔發聲的大腦基底核進化成熟，語言表達日益豐富，對於情感表達才有了更高的要求。這種更高的要求，便是審美雅化。在人類在發明文字之前，言者猶風波，「激蕩既已，餘蹤杳然」〔註8〕。儘管這些傳播目標並不確定，逐漸消散的「聲音」依然構成了人類生命旅程中的信息傳播。然而，後世學者欲要追聲尋跡，則必需根據書面文獻才能認識過去的、遠方的語言。於是，實物和文字的留存與傳播顯得尤為重要。

德國學者赫爾德說：「每一個人實際上都擁有整個人類種屬所具有的全部能力，每一個民族都擁有世界各地民族所具有的一切能力。」〔註9〕「聰明的黑猩猩坐在那裡動手動腦是一回事，思維的結果散播開來改變社會是另一回事。改變社會是需要觸媒的」〔註10〕。人類從不像猿類那樣將文明成果藏於本邦部族，也惟人類才有語言、文字交流。部落間除了交流骨針、魚叉的做法，還增加了知識和基因匯集的機會。上述這些話隱藏的意思，顯然是說阿拉伯數字的使用並不會局限於阿拉伯人，而造紙和印刷技術也無法堅持保守在中國。因為「假定某一民族全憑自己的努力」的發明創造是靠不住的，「從別人手上轉借過來」更符合文明進步的規律。〔註11〕然而，若想擁有這些能力，前提要麼是阿拉伯人或中國人來到自己面前，用眼色、動作，手把手地教會我們造紙、刷印，教會我們使用那些奇怪的數字；要麼就是通過語言交談，或以文字的方式將文明遠播域外，依靠某種媒介載體實現彼此並不見面、超越時空的文明交流。文明其實是種族間借鑒、拼湊而成的百衲衣〔註12〕，傳播在其中起著至關重要的作用。

〔註8〕 魯迅：《魯迅全集》第9冊《漢文學史綱要》，人民文學出版社2005年版，第353頁。

〔註9〕 〔德〕J.G.赫爾德：《論語言的起源》，姚小平譯，商務印書館2011年版，第120頁。

〔註10〕 〔英〕伊安‧摩里士：《西方憑什麼》，潘勳等譯，臺北雅言文化出版有限公司2015年版，第25頁。

〔註11〕 〔美〕羅伯特‧路威：《文明與野蠻》，呂淑湘譯，生活‧讀書‧新知三聯書店2015年版，第68頁。

〔註12〕 同上，第15頁。

通常，強勢的文明總會泛化出許多亞種。一旦，文明以某種方式傳播，在它抵達終端之前，或因符號轉換、符碼破譯等多種原因，其信息的完整性和有效性都會因載體的緣故呈現出某些新的特質。於是，原有文明的改良與變異就會不可避免地發生。據說，中國的蔥油餡餅傳至意大利，就成了肉莱芝士抹在麵皮表面的比薩餅。餡餅變異的原因主要是以當時條件，缺少手勢、表情等交流場域的完整，僅憑馬可‧波羅這類文化使者的遊記口傳，損失了「關鍵信息」

圖 1

的意大利人很難毫不走樣地複製出中國的「味道」。清末民初以來，流派紛呈的京劇，與傳播源頭的徽劇、漢劇、崑曲等地方劇種已有很大的不同。南朝吳均《續齊諧記》有「陽羨鵝籠之記」，即魯迅所謂「唐宋文人多引為典據」，「尤其奇詭者也」（《中國小說史略》）。其文載日：「陽羨許彥於綏安山行，遇一書生求寄鵝籠中」。此書生「口中能吐人納物」，先是吐出一女子，女子則口吐一男子，男子又口吐一婦人。如此循環反覆，吐哺不斷。佛經一旦轉為民間故事，「喜其穎異」的文人詳加記錄，則表現出男女企圖完全佔有異性的奇特心思──即期望對方縮小成可以隨身攜帶的東西（寶貝），需要便可隨時拿出來賞玩、享用。據魯迅考證，此類故事原型，「段成式已謂出於天竺《譬喻經》」。然而，「此一事，則復有他經為本，如《觀佛三昧海經》（卷 1）」。又云：「魏晉以來，漸譯釋典，天竺故事亦流傳世間，文人喜其穎異，於有意或無意中用之，遂蛻化為國有，如晉人荀氏作《靈鬼志》，亦記道人入籠子中事，尚云來自外國，至吳均記，乃為中國之書生。」〔註 13〕由此，亦可見佛經故事在接續傳播中的改良與變異。

　　除此以外，傳播呈現的「新質」還體現為人們基於已有閱歷的想像和賦予，其聯想的意義因人而異。文學的形象還原，尤其是印本文學，其實沒有

〔註 13〕　魯迅：《魯迅全集》第 9 冊《中國小說史略》，人民文學出版社 2005 年版，第 50～53 頁。

眞的「還原」，而是作者、出版商、傳播者以及讀者等多種意識混入後的「還原」，其最終呈現在讀者眼中的文學形象已不完全是作者原本想要描述的模樣。儘管作者留下了自己時代的、現實的信息和背景，並且「有權直接接觸到那底層，故事首要的『基礎』……任何其他讀者都得不到這一特權」〔註14〕。然而，這類「企圖還原」的閱讀，仍然「神奇地把讀者從熟悉的、現實的地方，帶到另一個奇怪的地方，即便『眞實世界』中最長的旅行也到不了那裡」〔註15〕。此種情況，在圖文配合的印本作品及繡像小說傳播中，表現得尤爲明顯。隨著閱讀形成的「音響形象」和腦子裏相應概念在心理上的聯結〔註16〕，讀者大腦辨識出神經傳導給耳蝸的諧波信號。小說繡像所呈現的是古人對於文學形象的直觀構造，而讀者的閱讀則指向另一個想像的世界，漂浮的「能指」有了指向。同時，這類繡像作品也在一定程度上引導並局限了讀者的想像，使之按照繡像繪製者的「想像」去構造作品的形象世界。由此，文學所構成的形象分成「作品企圖呈現的形象」以及讀者「由作品想像的形象」兩大類，讀者「因作品想像的形象」又可分爲作品本身形象以及讀者由作品聯想到的其他形象。

　　通常情況下，確有「人如其文，文如其人」的說法，這又是另一番傳播的效力。當年，黃庭堅讀了歐陽修《與高司諫書》以及謫居夷陵的豪壯詩語，自稱便知歐公之超俗爲人（《跋歐陽公〈紅梨花詩〉》）。〔註17〕然而，相反的情況也同樣可能。即作爲書面文學的存在，即使平常認識某人，聆聽過某人的聲音，你仍有可能通過閱讀文字，錯誤想像了此人的眞實樣貌。某次，熟識的同事看了我在刊物上發表的隨筆，訝異地說：「想不到你的文筆是這樣的，這與平時的你很不一樣啊！」。我猜想，對方想表達的意思是，文學中的「我」與平日猥瑣的「我」差距甚大，令他不敢相信這類「憾動人心」的道德文章居然是同一個人寫就。誰都料想不到，「以意逆志」的企圖伴隨文學所折射的現實，與讀者想像的差距竟會如此巨大。由文本傳播便知道我們通過審美想像所認

〔註14〕〔美〕希利斯·米勒：《文學死了嗎》，秦立彥譯，廣西師範大學出版社 2007 年版，第 88 頁。

〔註15〕同上，第 31 頁。

〔註16〕〔瑞士〕費爾迪南·德·索緒爾：《普通語言學教程》，高名凱譯，商務印書館 2011 年版，第 19 頁。

〔註17〕（宋）黃庭堅：《黃庭堅全集輯校編年》下冊，鄭永曉整理，江西人民出版社 2008 年版，第 1579 頁。

識的李杜、元白，有可能與歷史上的真人出入甚大。文本建構的是另一個通過文字表象、主觀想像的世界。在文學的世界裏，李白、杜甫無不精神偉岸，憂國憂民，而且正義凜然、相貌堂堂。如此，歷史演進之後的情形是，因爲文本的廣泛流傳，文學作品如同嬰兒長大步入社會，通過讀者閱讀逐漸獲得自己獨立的社會身份和象徵秩序，於是文學作品中的曹操、劉備遂有「忠奸」之貌，關羽「義勇之慨」則時時如見。同樣，隱身其後的作者也因作品流傳而獲得了道貌岸然的文學身份。

傳播學研究表明，傳播影響總有逐步衰減的特性，源頭與終端迫近的傳播，其效率越高。「傳播對象的接近性，是影響傳播效果的第一因素。傳播對象的接近性是指受眾在地理上、思想上和利益上對傳播信息的接近程度」〔註18〕。由此導致，首先每一輪傳播的結果，由於人們有意無意的遮蔽，聲音弱小彌散，只能是部份經驗和歷史得以傳承給當代人，而大部份信息因爲沒有可靠載體，沒有得到歷史的傳播，就這樣悄無聲息地散落、消失。其次，傳播距離越遠，傳播本體失真的可能性會增大。接受者會根據已有經驗，憑著想像給損耗了的傳播增添內容。諸如陽澄湖大閘蟹聲名遠播，若是從未見識螃蟹的塞外、嶺南之人，也只能憑著本地動物或小溪螃蟹的個頭大小、顏色等想像揣測大閘蟹。此外，人類傳播的效率從未產生過質的變化，其低效特性表現爲：因爲對於載體持續依賴，從陶器、青銅到竹木、紙張，乃至今天的磁質載體，傳播只是在記載方式以及信息容量上有所改善，其傳播方式和效率並無太大變化。這類傳播除了未經證實的遺傳奇蹟，那些經過時代與社會的篩選，以致每一代渴望瞭解往昔經驗的新生命，都要「《尚書》、《禮記》」、「四書、五經」，從小學到大學地從頭來過。因爲文字的傳播只能靠閱讀、記憶、聯想、思考等循序漸進，很難通過基因在胚胎中直接灌輸。這也使得自古及今，人類社會信息傳播與接受效率並沒有得到根本的改善。不過，正因爲效率的局限，衰減的信息反而給閱讀者以更多的想像空間與可能。由此可證，儘管每一個體的「時代閱讀」表面看似重複，其實內容已然融新。文字的異代傳播的確也證實了王國維所言——一代有一代之文學。實際上，以傳播的距離和效率而言，明清文明對於當代社會的傳播影響理應超過唐宋。然而，文化強勢、崇古賤今以及群體的心理偏愛，綜合表現爲當代受眾

<hr>

〔註18〕傅經平：《傳播效果與傳播對象》，《新聞知識》1987年第8期，第32頁。

心理上更親近唐宋。況且，對遙遠的事情瞭解越是不夠，其間的疏離感也賦予我們更多的審美想像。所以，人們更願將文明傳播的殊勳歸於唐宋。在宋代文明傳播擴散之後，人們世代傳頌的都是宋版書的經典與輝煌。只是宋代文明究竟是如何傳播而影響後世的，唐代及其以前的文明又是如何被保存下來而為我們所知的呢？遙遠距離留下了許多神秘，吸引著人們關注的目光。

自從這個星球上有了人類，才有了語言文字及其他符號組成的象徵世界，也才有以人類思維方式參透天地萬物的可能。語言文字作為人類獨有的信息傳播方式，相比於圖畫傳播，它具有經濟、高效，方便彼此交流的優點，同時它也是大眾易於學習掌握的交流工具。於是，人類的思想、經驗等諸多信息，多以語言、文字的方式在這個世界上浮沉傳播。假若「社會的結構是象徵的」，社會生活確如法國人類學者馬塞爾・莫斯定義為「一個符號關係的世界」〔註19〕。語言、文字作為文化符號的一種，其能指、所指對應的符號所形成的象徵世界就必然可以部份拼接出某一時代的社會生活。宋代以前的社會文明除了少數考古材料之外，顯然更多是依靠文字符號保存至今。那麼，研究這些文獻材料在宋代的保存與傳播，研究這些文字符號之間的關係，肯定有助於我們瞭解那段業已逝去的文明。除去「元、明、清」三代的傳統沿襲，以每個時代所具備的條件而言，宋人對於印本書籍的推廣和普及，的確具有積極傳承中華文明的功勳。所以，我們有必要把握住宋代抄本和印本傳播的結點，發現並揭示文字符號所關聯的那個世界。今天，我們已很難想像，假如沒有印刷術，沒有科技發達的宋代，沒有抄本、印本互為補充，文化接續式的傳播，華夏文明將會是怎樣一副模樣呢？我們是否會記住李白、杜甫，是否知道歐陽修、蘇軾？其結果或許因為無人傳播，他們亦如王梵志、王昌齡、樊宗師一般，罕有作品傳世，後人知之甚少。如是那樣，我們或者亦如那些隔世久遠的桃源之人，「不知有漢，無論魏晉」。歷史雖不可以假設，然而這一切不是沒有可能。

談到宋代雕版印刷對文學的影響，不可忽視的是傳播在其中所起的關鍵作用。儘管作品是文學活動中的關鍵因素，但是印刷文本只有通過「傳播」和「接受」，才能為人們所理解，也才能對時代文學產生現實影響。「傳

〔註19〕 〔法〕克洛德・列維・斯特勞斯：《馬塞爾・莫斯著作引論》，第 XVI 頁。轉引自〔法〕弗朗索瓦・多斯：《結構主義史》，季廣茂譯，金城出版社 2012 年版，第 36 頁。

播」與「接受」在文學鏈環中，無疑起著十分關鍵的作用。北宋九僧擅長晚唐體，以詩名於世，皆因有《九僧詩》。然而，由於「其集已亡，今人多不知有所謂九僧矣」，導致歐陽修「少時聞人多稱之。其一日惠崇，餘八人者，忘其名字也」，僅能「略記其詩」(《六一詩話》)〔註 20〕。因此，若要論及印本對於文學的影響，我們首先就要討論「傳播」與「接受」。

德國哲學家狄爾泰談及「生命經驗」與「個人經驗」的關係，提到「理解」這個中介詞。他認為，「生命經驗與個人經驗不是毫無關係的兩個範疇。生命經驗是中介了的經驗，個人經驗通過公共形式，如語言，表達出來，就成為普遍的經驗，這普遍的經驗就是生命經驗。比方說，將個人的經歷訴諸文字，成為文本，這文本所表現的就是生命經驗，個別的個人經驗由此上升為普遍的生命經驗，因為文本含有的意義、價值總是一般的、公共的」〔註 21〕。這與我們所要論及的「傳播接受」與「文學」的關係頗為類似。

西元一七六九年，柏林普魯士皇家科學院就語言起源問題設立專獎，以徵求相關問題的解答。有三十篇論文先後參與了這場競爭，「唯有赫爾德的《論語言的起源》成為傳世的經典之作。其他有些篇什雖然也曾出版，但知者甚少，鮮見於史。大多數作品則存入科學院檔案室，一躺就是二百年。直至 20 世紀六、七十年代」〔註 22〕。類似情形，同樣也出現在《論語》、《孟子》等著作傳播上。《論語》、《孟子》為大眾所關注，與它們在宋代成為科舉考試的經典密切相關。而在此之前，它們和眾多的諸子書籍一樣束之館閣，靜默千年。

只要不是對於歷史和文獻的箋注和改寫，艾略特、龐德所謂「理性與情感結合」的「客觀對應物」(意象)、「非個人化情感」，同樣也有個人情感進入群體，最終得到確認的過程。當作品中的(藝術家)個人情感中透出符合眾人的情感時，文學作品便有了普遍的感染力。實際上，正如「個人經驗」必需進入整體和普遍的領域，才能成為「生命經驗」一樣。個人的思想也只有通過文獻傳播，依靠「理解」這個中介才能超越個人經驗，進入到整體和普遍

〔註20〕　(清)何文煥：《歷代詩話》，中華書局 1981 年版，第 266 頁。
〔註21〕　張汝倫：《現代西方哲學十五講》，北京大學出版社 2003 年版，第 92 頁。
〔註22〕　〔德〕J.G.赫爾德：《論語言的起源・譯序》，商務印書館 2011 年版，第 9 頁。

的層面，獲得某種社會身份的認同，成爲公認的追求。同樣，「理解」這個中介在書籍印刷對於文學的影響中，由「傳播」和「接受」兩個環節構造成鏈，缺一不可。兩者其實是一個硬幣的兩面，而這枚硬幣的價值內核就是「理解」。對於讀者而言，「理解」包括「想理解」、「去理解」、「能理解」等幾個連貫的步驟。所謂「非個人化情感」，讀者閱讀接受時卻是將共性結合自己的經歷和理解，完成具象化、個人化（邏輯）的過程。假若沒有傳播，沒有「理解」〔註23〕這個中介，就談不上印刷文本對於文學的影響。讀者也就無法從作品獲得感動，領略到作者期望展示的另類世界。

　　這裡，我們所說的「接受」包括兩層意思：一是主觀上願意物質地接受印刷文本或書籍，使之成爲諸多可能性的前提；二是指閱讀者經過「防衛—期待—幻想—改造」〔註24〕等一系列與文本的互動，精神上接受印本所附載的文學形象、審美形式、思想和理念等，進而被影響、薰陶。由此，造成「讀者的信念和行爲被閱讀改變了，有時變好，但有時也許變壞」〔註25〕。明代茅坤讀《史記》，有言曰：「讀遊俠傳即欲輕生，讀屈原、賈誼傳即欲流涕，讀莊周、魯仲連傳即欲遺世，讀李廣傳即欲立鬥，讀石建傳即欲俯躬，讀信陵、平原君傳即欲養士。」（《與蔡白石太守論文書》）〔註26〕金聖歎讀水滸，感慨魯智深爲人，以爲「寫魯達爲人處，一片熱血直噴出來，令人讀之，深愧虛生世上，不曾爲人出力」〔註27〕。文學審美接受的情形大略如此。

〔註23〕　按：這裡所說的「理解」，是指文章作者與接受者通過媒介傳播，在閱讀那一刻所達成類似於感應互動式的接受與反應。參見張汝倫：《現代西方哲學十五講》，北京大學出版社 2003 年版，第 92 頁。

〔註24〕　美國學者諾曼・霍蘭德認爲，每一個讀者在閱讀前都帶有自己獨特的期待（欲望、幻想、恐懼等），閱讀時會下意識地力圖在文本中發現與之對應的相似期待，發現之後便會用各自的心理防禦機制對這些期待進行改造昇華，從而可以合法地消除恐懼，欲望得到滿足，把由幻想引發的不安、內疚、負罪感轉化成「完整的、具有社會意義的審美體驗，道德情操和心智經驗」，獲得愉悦的感受。引自朱剛：《二十世紀西方文論》，北京大學出版社 2006 年版，第 150 頁。

〔註25〕　〔美〕希利斯・米勒：《文學死了嗎》，廣西師範大學出版社 2007 年版，第 31 頁。

〔註26〕　（明）黃宗羲編：《明文海》卷 155，《文淵閣四庫全書》，上海古籍出版社 2003 年影印本，集部，第 1454 冊，第 632 頁。

〔註27〕　（明）施耐庵著，（清）金聖歎評：《金聖歎批評本〈水滸傳〉》上冊，嶽麓書社 2006 年版，第 30 頁。

　　以文學意象的傳播接受而言，除了文學意象閱讀接受後的「家喻戶曉」以外，還包括文學意象的創作借鑒與傳承。換用德國學者哈貝馬斯的說法，任何兩個（時空遠隔或不在同一時代）具有言語和行爲能力的主體都可以用符號（語言）作爲中介形成一種對話關係。〔註28〕而文學作爲一種語言符號系統，更是人們交往的理想場域。因爲文學交往是語言文字對

圖 2

於文學意象進行構建與重建的往復過程，審美便在這樣的往復過程中得以呈現。若一句「西洲在何處？」的交往問話，以日常語言回答，自然可以說西洲在什麼方位，什麼地點，但是文學交往卻是用文學意象進行構建，於是文學的回答是「兩槳橋頭渡」（《西洲曲》）。話語簡單，內涵豐富。這句話表面上是說「只要撐出小舟，操起雙槳，經過橋頭、渡口，西洲便到了」，深層含義卻是現實中的西洲很容易就可以到達，內心曾有「愛情」的那個「夢幻西洲」、「愛情西洲」卻很難達到。因爲這種攪擾內心的複雜情感很難用幾句說明白，於是詩人文學地說「西洲在何處？兩槳橋頭渡」，比興地說「問君能有幾多愁？恰是一江春水向東流。」由此，曲婉的表達延展了閱讀時審美想像的空間與時間。文學，尤其是詩歌，其實是人們將自己的思想、情感以某種優雅的語言予以釋放表達的外化方式。所以，關於文學交往，具體說就是圍繞著作品這個中心，作者與世界、作者與讀者之間建立起來的一種話語夥伴關係。他們以文學作品作爲媒介，構成了一個審美交往的結構。在此結構裏，作者將自己對於世界獨特的審美體驗通過文學作品，借助「文學意象」傳達給讀者，而讀者則通過文學作品與作者進行潛在的精神溝通。這一交往對話中，雙方使用的是語言文字，建構或重建的是文學的審美形象。同時，由於交往過程中，作者與讀者並不直接見面，由此也賦予交往雙方基於作品更多的審美想像。

〔註28〕　朱立元：《當代西方文藝理論》，華東師範大學出版社 2005 年版，第 223 頁。

　　基於上述理由，就印本傳播與文學的關係而言，需要關注的，一是閱讀者從印本書籍中接受了怎樣的審美形象，或者通過對文本世界的接受，傳達了作者怎樣的文學思想和創作理念。二是某些「文學」理念和形象如何通過印本爲我們所知，並於新一輪創作和實踐中有所體現。自然地，我們還需要記錄閱讀者的文學審美反應，以及閱讀影響發生之後，讀者轉化爲作者的文學模仿和創作——即印本的閱讀者將自己所理解的「文學」思想和形象審美呈現的實際文學創作。三是某些文學共識或文學形象，以及審美風格如何借助印本迅速、廣泛地流布，並且放大這樣的影響。

第一章　傳播媒介的歷史演進

　　世間如何，宇宙怎生運轉？人生過半，登陴撫弦，恍然有悟——或許這個世界有不同的入口，又或者地球上本有異度的空間，只是在我們在選擇進入時，慌亂之中走錯了門徑。然而不管進入的先後，肉身和靈魂一旦走入了眼下這個世界，就等於進入由社會、文化和語言構成的象徵網絡。我們會使用時髦流行的詞語，遵循通行的行為習慣。這個網絡先於我們而存在，走入了這種預設好的人類生活模式，便須遵循支撐這一世界運行的規則和秩序。因緣善惡，蒙塵去魅，不斷以學問、經歷連接自己的過去與未來。總之，人生需要不斷開啟，每個人都走在體驗的路上，解決問題，獲取身份，直至最終化身離去。〔註1〕

　　對於眼前的世界，英國學者休謨認為，人類理性所知的一切對象可以分成「觀念的關係」和「實際的事情」兩種。幾何、代數、三角等科學都屬於觀念的關係，這些關係只憑思想作用，而不必在任何地方存在。至於「實際的事情」，休謨認為關於它們的「一切理論似乎都建立在因果關係上」。然而這種關係卻不是先驗推論出來的，「因果之被人發現不是憑藉理性，乃是憑藉於經驗」〔註2〕。我們的理性如果不借助於經驗，則它關於真正存在和實際事

〔註1〕魯迅説：「飲食的結果，養活了自己，對於自己沒有恩；性交的結果，生出子女，對於子女當然也算不了恩。——前前後後，都向生命的長途走去，僅有先後的不同，分不出誰受誰的恩典。」（《我們怎樣做父親》）。無論先後，對於這個世界而言，我們每個人僅是進入先後的不同，曉解的程度不同。化身而去之時，誰也不能確定自己完全曉解這個日新變化著的世界。於是，我們找到了所謂「善」這個概念，於物於己終身踐行追求。參見《魯迅全集》第1卷，人民文學出版社2005年版，第136頁。

〔註2〕〔英〕休謨：《人類理解研究》，商務印書館2011年版，第29～31頁。

情也不能推出什麼結論。因為人會將自己所看到的諸多事物聯繫起來，為它們（或他們）的聯繫尋找意義。所以，人腦從我們看到的各種元素中尋找意義，意義緣於過去的經驗。譬如，看見一對男女走進同一個房間，第一次獲得經驗告訴我們，他們是夫婦關係。第二次，當我們又看到另一對男女走進房間，我們由經驗而來的判斷肯定他們是夫妻。然而，這次錯誤換來另一個經驗，除了夫妻關係，他們還有可能是同學、朋友或同事關係。如此經驗累積，我們再次看到一對男女，就有了更多的因果關係的經驗判斷。由此可知，歷史經驗給了我們更多的人生判斷的依據。

從現存《韓熙載夜宴圖》中擺於桌案的「影青注子、注碗」，有經驗的歷史學者便能判斷這幅畫不出於五代，而是仿於宋人之手，因為這些瓷質溫酒器物最早僅出現在北宋。臺灣作家龍應台說：「你聽不見那發自肺腑的、垂死的呼喊。歷史往往沒有聲音。」〔註3〕因為人一旦死了，便失掉了自訴爭辨的可能，無法自辯的歷史極容易纂改。況且，政權對於個人的傷害從來就不可能著紙流傳。只是，荒煙蔓草、寂寞走過的歷史卻是有痕跡的。野地裏的「養草牛羊」曾見過秦宮漢闕，即使「荒墳橫斷碑，不辨龍蛇」（馬致遠《雙調·夜行船·秋思》），我們依然能判斷這裡曾有的文明。美國學者史景遷說：「從浪潮中拾起一顆石頭，知道很快地隨著石頭在太陽下曬乾，遍布在其上的色彩會褪卸消逝。但在這個案裏，色彩和紋理沒有消退：當它平躺在我手裏時，色彩和紋理反而顯得更鮮明。不時地，我知道是石頭本身在傳熱給握持它的血肉之軀。」〔註4〕然而，假如見不到這些東西，便不能推出這一結論。

傳播儘管是一種客觀的存在，但是作為宋代文本的傳播狀況，它的歷史存在早已超出了我們的記憶和感官以外。「我們雖由歷史上知曉前代的事情，不過我們在這裡必須披閱給我們這種知識的那些書卷，並且由一個證據推溯到另一個證據，如此繼續下去，一直等我們達到那些親眼見過這些古昔事情的人們。」於是，「關於實際事情或實在存在的一切信念，都只是由呈現於記憶或感官的一個物象來的，都只是由那個物象和別的物象的恒常會合來的」〔註5〕。若無張擇端《清明上河圖》真跡留存，我們何以知曉

〔註3〕龍應台：《大江大海一九四九》，臺灣《天下雜誌》2009年8月版，第25頁。
〔註4〕〔美〕史景遷：《王氏之死》，李孝愷譯，廣西師範大學出版社2011年版，第019頁。
〔註5〕〔英〕休謨：《人類理解研究》，商務印書館2011年版，第49、50頁。

當年怎樣的市井？而「孝悌」、「忠信」這樣的核心觀念，若無伏生口傳，孔宅壞壁，漢磚畫像，《尚書》、《左傳》、《論語》、《禮記》、《史記》等「文字物象」不能呈現至面前，我們又從何知道這些漢字所隱藏的豐富內涵呢？惟有依賴書卷文獻、出土文物等相關證據，借助經驗預先給予的習慣力量，這些呈現於眼前的諸多物象才可以讓我們構想出古代社會的模樣。通過漢代留下的書冊與畫像石磚，荊軻刺秦、季札掛劍的「信義」故事得以傳布後世，久遠流傳。所以，這些實際事情的因果關係建立，除了出土文物的意外發現，還需要人們有清醒的傳播意識——即認識到物質化的書卷、文獻、碑銘等載體，才是立言流芳的關鍵。客觀地看，文獻經典代表著一種經由歷史選擇的語言權力。當時能立言者，既是有條件、有能力「立言」的人，其作品立言（傳播接受）與否，又是歷史篩選、社會群體文化認同的結果。

　　如你所知，傳播的力量是無疑的，其力量源於它的傳播主體、傳播方式、傳播擴散於社會群體以及反饋後所形成的倍增性影響。國內語言學者李宇明曾說：「語言傳播的動因是推動一種語言傳播的力量。不同時代不同語言的傳播，有著不同的動因，如軍事、宗教、文化和意識形態等。」〔註6〕除此以外，談到語言傳播的歷史，除了人的因素，我們還要承認，越是年代、距離久遠的傳播，就越需要可靠的載體保障。從青銅、簡牘到紙張抄寫，華夏文明終於找到了較為可靠便利的傳播載體——植物性紙張。只是對於大批量的書卷傳播還需要另一種更先進的技術支持，這就是雕版印刷。每一次媒介的更新，都會極大提高文明的傳播效率，而這樣的更新如今也正切實地發生在我們周圍。縱觀古今，文明從來都是通過某種媒介來傳播和造就它的影響。正如我們今天所看到的那樣，當某種文明以領先的姿態出現在世人面前的時候，從口傳到簡牘，從紙張抄寫到雕版刻印，它早已經歷了不止一輪的傳播媒介選擇。在這一過程中，隨同這種文明而來決非某種虛無飄渺的幻象，而是某種具體載體負載著的文化和精神。

〔註6〕李宇明：《什麼力量在推動語言傳播？》，《漢語國際傳播研究》2011年第2期，
　　　　第1頁。

第一節 「觀念」的傳承：從「口傳身授」到「簡牘紙本」

「觀念」一詞很有意思。從字面上看，它應該是人類「觀」外物引起頭腦中的「念想」，應如弗洛伊德所說的「物表象」。英國哲學家洛克則認爲觀念是「心靈在自身中知覺到的東西，或者知覺、思想、理智的直接對象」〔註7〕。以我的觀點，從「物表象」到形成「觀念」還需有一種依據經驗將諸多圖像聯繫起來的能力。按維特根斯坦的說法，世界必然是合乎一定邏輯，以語言的方式在命題中得以陳述，不能陳述也就是不能想的。換句話說，這些有價值的「觀念」若爲更多人所分享、掌握，則需要語言、文字表述，乃至於「口傳身授」、「簡牘紙本」的傳播。自古及今，人類究竟傳承了多少值得大眾分享的「觀念」，又有多少「觀念」在傳播過程中偏向，或行之不遠，竟而「遺失」了呢。

楊向奎先生認爲，「宗周時的社會思潮：一，五行；二，中庸思想；三，孝的提出。這些思潮，在中國歷史上都發生了無與倫比的作用」〔註8〕。而且「中庸之道陶冶了我們的民族性格，我們的民族『極高明而道中庸』，中庸是不偏不頗，保持平衡，平衡才能發展」〔註9〕。過去，我們談論「中庸」之道，很自然地認爲這是陡然出現在春秋時代孔儒學派的獨家法門。然而，只要稍稍矚目《尚書》、《左傳》等早期典籍，就可發現「民協於中」、「允執厥中」（《尚書・大禹謨》）、「舜既得中言，言不易實覓名」（清華簡《保訓》）這類與「中道」、「中庸」相關的語句。正是簡牘、紙本的傳播才引發孔子、子思、朱熹等人對於「中庸」觀念的闡釋和傳承。資料表明，孔子之前的古代先民早就形成了樸素的「中道」觀念，只是「獨恃口耳之傳，殊不足以行遠或垂後」。加之，「專憑語言」，「慮有愆誤」且「大懼遺忘」〔註10〕。於是，先民始削簡策，書記以傳。

事實上，「中道」觀念源於華夏特有的農業文明，其形成亦不玄奧。儒家繼承這一觀念也出於濟世的需要。胡適曾說：「某種社會到了某種時代，受了

〔註7〕〔英〕以賽亞・伯林：《啓蒙的時代：十八世紀哲學家》，孫尚揚、楊深譯，譯林出版社 2012 年版，第 34 頁。
〔註8〕楊向奎：《宗周社會與禮樂文明》，人民出版社 1992 年版，第 215 頁。
〔註9〕同上，第 216 頁。
〔註10〕魯迅：《魯迅全集》第 9 冊《漢文學史綱要》，人民文學出版社 2005 年版，第 353、355 頁。

某種的影響，呈現某種不滿意的現狀。於是有一些有心人觀察這種現象，想出某種救濟的法子。這就是『主義』的源起。」(《問題與主義》)〔註11〕眾所周知，華夏文明主要發源於中原地區。中原土地平曠、廣袤的地理特點，使得這一地區的農業生產需要團結集體的力量才能獲取最大的農業收益。不同於古希臘「嗜好征服的海盜之王」〔註12〕，由於集體協作的需要，決定了華夏族考察、判斷個人品德優劣的標準，必是能否適應這樣「同心同德」的農業協作。兼之，作為封閉社會的成員，欲維繫族群成員的關係，必要以「有德平和」的態度取信於族人，「忠信」與「中和」有著天然、辯證的聯繫。堯拒絕了驩兜推薦的帝位繼承人共工，原因是「共工善言，其用僻，似恭漫天」(《史記·五帝本紀》)——即「靜言庸違，象恭滔天」(《尚書·堯典》)，意思是「花言巧語，做事卻多有違逆，表面恭敬，骨子裏連上帝都不在乎」。簡單說就是「表裏不一，忠信皆無」。於是，「忠信」、「中道」的觀念漸趨成形。人們發現社會的發展，需要人和人之間建立互信。否則，即使是物質生產都無法有效地完成，更別說抵禦外侮。

　　客觀地說，血緣關係中的「孝悌」觀念已足以表現家庭成員之間的互信。〔註13〕然而，在沒有親族血緣關係的群體社會，尤其是在繁榮的城市生活中，個人如何才能取得他人的信任呢？孟子說：「誠身有道，不明乎善，不誠其身

〔註11〕　胡適：《容忍與自由》，同心出版社 2012 年版，第 164 頁。
〔註12〕　吉爾伯特·穆萊說：「大多數民族的神都自命曾經創造過世界，奧林匹克的神並不自命如此。他們所做的，主要是征服世界。……當他們已經征服了王國之後，它們又幹什麼呢？他們關心政治嗎？他們促進農業嗎？他們從事商業和工業嗎？一點都不。他們為什麼要從事任何老實的工作呢？依靠租稅並對不納稅的人大發雷霆，在他們看來倒是更為舒適的生活。他們都是些嗜好征服的首領，是些海盜之王。他們既打仗，又宴飲，又遊玩，又作樂；他們開懷痛飲，並大聲嘲笑那伺候著他們的瘸鐵匠。他們只知怕自己的王，從來不知懼怕別的。除了在戀愛和戰爭中而外，他們從來不說謊。」(《希臘宗教的五個階段》)，引自〔英〕羅素：《西方哲學史》，何兆武、李約瑟譯，商務印書館 2003 年版，第 34 頁。
〔註13〕　筆者按：其實「忠信」的品質，在「孝悌」中就已有體現了。對父母的孝順中，就包含了對於父母的忠誠不欺，彼此信任。「孝悌」中就包括了在家庭內部的「忠信」。因為古人認為對父母兄長忠誠信任，是天經地義的，勿庸置疑，所以無須強調。這種情況到了社會，由於家庭的親情血緣沒了，強調「忠信」才成為維繫社會中人與人關係的基礎。其中，「悌」是家庭走向社會的聯結點，因為「悌」除了尊奉兄長，還包括尊奉非親關係的同輩年長者。於是，從「孝悌」發展出來的「忠信」關係，就成為人們在社會，對待除父母親人以外，與他人形成的良善關係。

矣。是故誠者，天之道也；思誠者，人之道也。」〔註14〕要想獲得信任，惟有真心誠意地對待他人，以真心換真心，此所謂「悟真懷善」是也。即如北宋李復《答人論文書》所言，「至誠為善，率性之謂道，君子篤恭，而天下太平」（《潏水集》卷5）。所謂「君子篤恭，而天下太平」，意思就是君子堅守真誠，天下就會平靜和諧。譬如，一位盲人向你詢問眼前是否真的有路？貌似關切的你，卻謊騙其摔入坑中。如果你並非目盲，也沒有其他影響視覺的生理缺陷，當初盲人對你真誠的期待，便會轉向對你人品的懷疑。於是，「真善」的期待便成了「虛假和不善」的疑慮。由此，「以誠相待」就形成華夏先民對於個人責任的要求，其準則細化如下：

首先，「至誠為善」，要求人的內心與行為要協調一致，即表裏如一。否則，很難在社會活動（包括農事）中取得理想的協作效果。故所謂「忠信」，其實質是一樣的，都是要以自己的真誠言行取得彼此的信任。

圖3

「忠」最初的含義其實是「盡己心力以為人」。不問成敗，盡心盡力則可謂「忠」。曾子曰：「吾日三省吾身：為人謀而不忠乎？與朋友交而不信乎？傳不習乎？」（《論語・學而篇》）。

意思是說，替人謀劃事情，只要盡心盡力，問心無愧就夠了。可見，「忠」和「信」在本質上並無二致，「忠」的核心還是「信」。由「忠」才能「守信」，「殉國」、「忠君」的核心原本與人的真誠守信相關。守「忠」之人給旁人可信賴的感覺，只是兩者針對的對象稍有不同而已。「忠」，是「下級對上級」，「受託者對託付者」之間的責任與義務，下級或受託者若要取得對方的信任，就要盡自己的心力替人謀事。《說文解字》（卷3）解釋：「信」，誠也，從人從言。其多指平輩或朋友之間交往的誠信守諾。所以，「忠」、「信」在本質上都是要取得彼此的信任，需要彼此表裏如一、真誠相待，言行兩方面則以內在

〔註14〕 孟子的意思是，「要使自己誠心誠意的方法，首先要明白什麼是善。若不明白什麼是善，也就不能使自己誠心誠意了。所以『誠』是自然的規律；追求『誠』是做人的規律。」詳見楊伯峻：《孟子譯注》，中華書局2010年第3版，第158、159頁。

的「德」為根本，或許可以簡單地解釋為「真誠守信」。只不過，「忠」更強調單向度地「取信於人」罷了。這一時期，「忠」所面對的對象不單限於君主，而是泛指社會上任何與之有承諾的人——即忠於「事主」，並不單指忠於君主。這與「信」針對的對象差別不大。至於為君主獻身，忠於君主，甚至為君主去死，春秋時並不稱為「忠」。此種行為有另一個詞——「貞」。〔註15〕

其次，以當時人們的理解能力，能做到內外一致的個人，其性情舉止就要時刻保持平穩，恪守不偏不倚的「中道」。是故，虞舜說：「人心惟危，道心惟微，惟精惟一，允執厥中」（《尚書·大禹謨》）。特別強調恪守「中道」對於形成互信的重要性，其含義是「人心自私危險，道心幽昧微明，只有精研專一，誠信地遵行中道」〔註16〕。因此，所謂「中」，除了外在行事的不偏不倚，更要求個人的內在情緒切勿偏激，尤其不要有極端偏向自己的私心，應努力保持內心中正、情緒平穩。若要維持個人情緒之「中道」，手段無非內、外兩種：一種是內部維持。除了每個人的先天因素以外，既要靠自我提醒與反思，又要輔之以學問、明理，即所謂「克己復禮」；另一種是外部介入。主要靠人們對於天地、鬼神的敬畏，又以輿論、刑罰施壓，乃至討伐給人以警示、壓迫，使其回歸「中道」。因為若不維持「中道」，極端情緒容易導致人的行為失控，從而導致旁人及自己的利益受損。

「中庸」思想的形成既與農業文明有關，其傳播也注定了華夏文明流芳百代的命運。我們看到，「中道」思想經由孔子集遠古之大成，子思發揮逐敷衍成《中庸》篇章。〔註17〕最後，經過秦代學者的修改，依靠簡帛與默誦傳

〔註15〕　《禮記·檀弓下》（第50章）記載，衛國的公叔文子（衛獻公的孫子）死了，他的兒子請求國君給父親一個諡號。衛靈公說：「衛國發生大饑荒，公叔文子煮粥給百姓，這不是可以稱之為『惠』？衛國發生禍亂，公叔文子用生命捍衛了我，這不是可以稱為『貞』嗎？……」。所以，公叔文子得了諡號為「貞惠文子」。由此可見，「貞」是以死效忠君主的意思。當「忠」與「貞」兩字合到一起，「忠貞不二」才有了以死效忠某人的意思。詳見楊天宇：《禮記譯注》，上海古籍出版社1997年版，第162頁。

〔註16〕　李民、王健：《尚書譯注》，上海古籍出版社2004年版，第32、33頁。

〔註17〕　按：傳統說法是，《中庸》為孔子之孫子思所作，成書約在戰國初期。因司馬遷《史記·孔子世家》說：「子思……作《中庸》。」此後，鄭玄、沈約、孔穎達、陸德明、李翱、二程、朱熹等人一直堅持這種說法。惟有北宋歐陽修質疑，認為《中庸》晚出，並非子思所作。這一論點的支持者主要有宋人葉適、陳善、王柏，今人有馮友蘭、錢穆、勞思光、唐君毅、牟宗三等人。詳見李文波：《〈中庸〉成書再辯證》，2005年第6期《南京社會科學》，第22～28頁。

承後人。這種說法雖然受到歐陽修等人的質疑，但是《中庸》附載於《小戴禮記》傳播卻是不爭的事實。而《禮記》又以郭店楚簡、上博楚簡，用抄寫方式經簡牘、紙張傳至唐代。北宋李翱對這段歷史的描述是「子思仲尼之孫，得其祖之道，述《中庸》四十七篇，以傳於孟軻。〔註 18〕軻曰『我四十不動心』，軻之門人達者公孫丑、萬章之徒，蓋傳之矣。遭秦滅書，《中庸》之不焚者，一篇存焉。於是此道廢缺，其教授者，惟節文、章句、威儀、擊劍之術相師焉」（《復性書》）。

按朱熹所言，「吾道之所寄，不越乎言語文字之間」。北宋真正在學術上傳承《中庸》乃是從二程開始。所謂「尚幸此書之不泯，故程夫子兄弟者出，得有所考，以續夫千載不傳之緒」（《中庸章句序》）〔註 19〕。然而，以文本傳承《中庸》，北宋似乎已有傳統。事實上，《儒行中庸編》在宋太宗淳化三年即由崇文院刻印出版了。〔註 20〕所謂「後世有一善可取者，亦可謂之文」（《漷水集》卷 5《答人論文書》），《中庸》的文化教益就是可以使人明白「至誠」就是「善」的道理，而且可以使人心態平和，有益社會整體和諧。故宋仁宗即位後，進士及第皆賜予《中庸篇》，並且命宰相高聲唱讀，以至「至修身治家之道，必反覆陳之。」（《宋史・張知白傳》）。此後，北宋司馬光、張載，程顥、程頤皆對《中庸》有所闡釋、發明。所謂「尚幸此書不泯」、「以續夫千載不傳之緒」，其實是抄本、印本傳承以及前輩學者的闡釋發明，給了朱熹重新整理出版的機會。最終，朱熹將之從《小戴禮記》整理出來，與《大學》、《論語》、《孟子》集合成「四書」。淳熙元年，朱熹編訂《中庸》新本，將書刻印於建陽。從此《中庸》才有了固定正式的本子，它也逐漸成為科舉考試的重要篇章。由此可見，文本傳播對於華夏民族文化精神遺留的重要作用。

關於那些負載著文化的文字記載與傳播，在回顧詩詞音樂的興盛和消亡時，我們也可明白載體對於傳播是多麼的重要。由於記錄音樂的符號系統沒能與詩詞同步生成，作為古老的「減字譜」、「工尺譜」主要依靠「口傳心授、

〔註 18〕 按：李翱所說有誤。《孟子・離婁下》：「予未得為孔子徒也，予私淑諸人也。」孟子明確說自己是「私淑」子思和曾子，意思是私下把自己當成他們的學生。私淑，指未能親自受業但敬仰其學術並尊之為師之意。

〔註 19〕 （宋）朱熹：《四書集注》，鳳凰出版社 2005 年版，第 16、17 頁。

〔註 20〕 夏其峰：《宋版古籍佚存書錄》，三晉出版社 2010 年版，第 33 頁。

心領神會」〔註21〕的傳承，尚不能完整精確地記錄下古曲的神韻，以致於今天我們已無法領略《詩經》和宋詞音樂的美妙，倒是音樂的殘餘留住了它們當年的部份影響。是故，清代焦理堂《與歐陽制美論詩書》載：「若有不能已於言，又有言之而不能盡，非弦而誦之，不足以通其志而達其情也。……晚唐以後，始盡其辭而情不足，於是詩與文相亂，而詩之本失矣。然而人之性情，其不能已者，終不可抑遏而不宣，乃分而為詞，謂之詩餘。……詩亡於宋而遁於詞，詞亡於元而遁於曲。」〔註22〕詩歌由於簡短易於背誦，《詩三百》「雖遭秦火，而人所諷誦，不獨竹帛，故最完」〔註23〕。中國詩歌在其發展過程中，漢儒雖有記誦之功，然而「焚書坑儒」的後果，孔家壞壁有詩歌的簡策發現，以及漢代三家傳「詩」的爭議，都證明了這樣的一個事實：若沒有文字載體的傳播，僅憑音樂與口誦，難以完全承繼古老詩歌的流傳與發展。

　　對於文明載體的功用，挪威學者伊耶以「哲學」為例，認為「就『哲學』這個詞的最廣意義來說，它可以在所有文明中找到。但是有一些文明，比方說古代印度、古代中國和古代希臘的文明，那兒的哲學要發展得更系統一些。在這些文明中，哲學思想被付之於書寫形式。這樣，我們生活在今天的人們就可以更好地瞭解他們的思想。」之所以如此，除了這些文明的厚重內質之外，還源於這些文明與其他文明相比，較早地擁有了可靠的載體，因為「寫下來的東西，保存的時間會長久一些」〔註24〕。語音轉化成文字，儘管減弱了情感的原始烈度，甚至有可能扭曲了話語者原有的真意，但它畢竟固化成了可資傳播的介質，不至於像聲音那般輕煙雲散。無論沈寂到何時，一旦以閱讀的方式喚醒，情感或文明就能被喚醒、傳承。紙張的出現，可以使原來需要絮叨多次的傳播變成滿足個人意願的閱讀。

〔註21〕　李元慶認為，「古人記譜疏略，不如現代樂譜那麼精確，『細膩小腔，纖巧唱頭』是不記出來的。初學者如無人傳授，逕自按譜演唱，自然不能得其精髓。」袁青：《戒「按譜自讀」今解》，《人民音樂》1963 年第 C1 期，第 25 頁。又見伍國棟：《在傳承中新生──工尺譜存在意義和作用的思考》，《中國音樂》1997 年第 1 期，第 63 頁。

〔註22〕　（清）焦循：《雕菰集》卷 14，《叢書集成初編》，第 2194 冊，中華書局 1985 年新 1 版，第 234 頁。

〔註23〕　魯迅：《魯迅全集》第 9 冊《漢文學史綱要》，人民文學出版社 2005 年版，第 363 頁。

〔註24〕　〔挪〕G.希爾貝克 、N.伊耶：《西方哲學史》，上海譯文出版社 2004 年版，第 001 頁。

　　中國文明總的來說是以人類行爲規範作爲價值取向，它是一種傾向於傳統的經書文化，而不是一種公共話語文化。這種話語在載入經典之前，已然經過了篩選。儘管孔子強調「述而不作」，自己寫的東西也沒有流傳下來，但是他的核心思想卻是「作了的」，且被他的弟子以《論語》這樣的書籍形式記錄並流傳了下來。〔註25〕「中」的觀念通過堯對舜「允執其中」（《論語‧堯曰篇》）的教誨，也傳承了下來。中國的另一個哲人老子反對知識，迴避名譽。然而，他的學說與名聲卻也通過一本名爲《道德經》的書籍載體流傳了下來。相反，提倡「利己爲我」的楊朱學說雖在春秋名噪一時，卻由於沒有文字載體傳承，除了孟子等人的著作偶有提及，我們今天對其並不了然。

　　類似情形同樣出現在佛教的傳播過程中。眾所周知，佛教傳入中國之時，隨同它們而來的並非是一道虛幻的佛光普照，而切切實實是大量佛法典籍的負載傳來。對於佛教傳入中國，漢學家許理和特別談及兩種說法：一是說早先以室利防（SRAMANA）爲首的一批外國僧人攜帶大量佛教經本到達秦國都城咸陽。然而當時不願接納佛教的秦始皇卻把他們投入了監獄。最終結果卻有神話意味，據說是「晚上監獄被一個高 16 英尺（丈六）的金人打開，將他們救了出去。受此神跡感動的皇帝叩頭謝罪」〔註 26〕。第二種說法是東漢明帝「夢見神人，形垂二丈，身黃金色，項佩日光」，因問群臣。有人對答「西方有神，其號曰佛，形如陛下所夢」（《法苑珠林》卷 13）。明帝「感夢而派遣一批使者（最早的說法是由張騫率領，他死於公元前 2 世紀末）赴月氏國請佛教經典。……三年後（或據一種說法爲十一年）後，使團攜《四十二章經》原文（或譯本）而歸。他們由第一批外國傳教者陪同，他們的名字從 5 世紀以降被稱作攝摩騰（亦作『迦葉』）和竺法蘭。皇帝爲他們建造了第一座寺院，即洛陽白馬寺」〔註 27〕。儘管佛教傳入中國說法甚多，我以爲這兩種比較切合宗教傳播的實情。因爲假如一種文明沒有較爲可靠、便捷的載體，其傳播的效果實爲有限。

〔註25〕〔挪〕G. 希爾貝克 、N. 伊耶：《西方哲學史》，上海譯文出版社 2004 年版，第 027 頁。

〔註26〕〔荷〕許理和：《佛教征服中國》，李四龍、裴勇譯，江蘇人民出版社 2003 年版，第 23 頁。

〔註27〕同上，第 25 頁。

　　上述第一種說法，說的是佛教由其信徒攜帶經籍主動來影響中國，然結果並不理想。至於始皇帝爲神明感化，「叩頭謝罪」的說法，實爲「無稽」，不可相信。第二種說法是東漢明帝夢中感受到佛祖召喚而自覺派人去請來佛法。佛法是怎麼來的呢？是由中國使者領著一批外國僧人，攜帶《四十二章經》原文（或譯本）回到了中國。結果還算不錯，洛陽白馬寺的建立使得佛教在中國內地得以立足。然而，人們對於《四十二章經》的來源仍然是模糊不清。雖然有傳說佐證早在公元 166 年襄楷奏書就已被引用，但是它的眞實性仍反覆受到懷疑。原因是人們無法判斷《四十二章經》是由梵文母本譯出的，還是由中國人自己編纂的。而從它的行文風格，《四十二章經》看起來更近似於《孝經》和《道德經》。〔註 28〕

　　値得注意的是，在這裡影響人們作出判斷的依據是佛法進入文本載體後的形式。至於內質，研究者普遍接受被介紹到中國的佛教的「異質性」——即在早期，甚至中國僧人本身也從來沒有面對過，作爲一個有機整體、一個統一原則的一個學派或另一個學派的佛教。因爲「在公元 4 世紀以前似乎還沒有中國人知道任何梵語知識。因此，這些學說爲中國僧人所接受僅僅是：一方面通過隨意的、脫漏的和經常是幾乎無法理解的譯文這種改變了原樣的中介，一方面通過因使用中國術語而增加誤導，而這些術語已經有了確定的哲學涵義並因而擁有了廣泛的非佛教意蘊」〔註 29〕。東晉釋道安《摩訶缽羅若波羅蜜經抄序》總結佛經翻譯有五種情況容易喪失本來原義，還有三種不易翻譯的情況，簡稱爲「五失木三不易」。釋道安總結的這八種情況，表明了佛典翻譯，尤其是早期翻譯失去印度佛典原義的必然性與嚴重性。〔註 30〕由此看來，「參同契」這個道家語彙，倒是蠻符合佛教與中原文化融合相生的情況。

　　國內學者劉夢溪說：「佛教進入中國是靜悄悄的」。因爲佛教進入中國是兩種文明之間的交流，而中國吸納佛教的特點是「充實主體、融化客體，思

〔註 28〕　佚名《歷代三寶記》，認爲《四十二章經》與《孝經》相似。引自《大正新修大正藏》No.034 卷 4，日本大藏出版株式會社出版©授權 CBETAJ 輸入及公開，第 49 頁下。而梁啓超《〈四十二章經〉辨僞》則認爲其近似《道德經》。詳見梁啓超《佛學研究十八篇》。按：又一說，《歷代三寶記》（15 卷）作者是隋朝的費長房。

〔註 29〕　〔荷〕許理和：《佛教征服中國》，江蘇人民出版社 2003 年版，第 2 頁。

〔註 30〕　方立天：《中國佛教哲學要義》上卷，中國人民大學出版社 2002 年版，第 11 頁。

想再生、鑄造新文明」〔註 31〕。這樣的說法大抵是符合實情的。中國人多是借助自己兼有儒、道的思想經驗去理解佛教經義。因為小乘佛法、大乘佛法的「度自己」、「度眾生」，與儒家所謂「窮者獨善其身，達者皆濟天下」確有融通之處。除此而外，所謂「靜悄悄的」說法，是指佛教進入中國時，所攜來的不是晚清遭遇西方的船堅炮利。其更顯明的特點是，佛教文化以書籍載體的形式靜默傳播中國，並積極與中國的本土文化結合，催生出了新的文化特質。對於佛經閱讀和翻釋而言，無論鳩摩羅什、玄奘，或是竺法蘭、釋道安，霍蘭德所謂「期待、防禦、幻想、轉化」（DEFT）的讀者反應過程曾經不止一次在歷史中重複。因此，我們通常可以看到，中國佛徒雖然口誦「阿彌陀佛」，然其思想的底托卻是儒家的。儒、道兩家與佛教經義闡釋結合，才是「思想再生」的中土佛學。

　　西方學者伊尼斯分析佛教在中國加速傳播的原因，認為是「當時的中國忽視了勞苦大眾」〔註 32〕的緣故。因為佛教進入中國之前，中國的本土宗教更多地偏向社會上流階層的需要，而較少顧及廣大民眾的精神需求。譬如，晉代葛洪宣稱用黃金、水銀可煉所謂的「九轉金丹」，服用一顆即可飛升成仙，即是迎合貴族長生不老或白日飛升的願望。中國本土宗教原先奉行的是「幸福的神義論」的宗教模式。其宗教福祉首先都是純粹此岸的，即如中國人彼此言說的是「健康長壽」、「恭喜發財」等詞語。其宗教立場主要形象地表現為共同體在宗教慶祝活動中不能容忍長期痛苦和悲傷的人、慢性病人以及別的不幸的人，參加任何與祭祀宴席和獻祭品有關的活動。以文獻考證，魯迅筆下祥林嫂無緣「祝福」的命運，早在春秋時期就已經確定了。《左傳》記載，僖公二十一年夏天，魯國遭受嚴重旱災，國君欲將仰面朝天的畸形人燒死來換取神靈的諒解，進而賜雨人間。因為當時的人認為個人的畸形殘疾和苦難代表著神厭惡的徵兆和隱秘的罪過。社會共同體不能容忍任何不幸（或苦難）之人參加祭祀，是因為他們相信苦難人的模樣令神靈不快，會激怒神靈。而祭祀宴席完全是喜慶人的天地。相反地，這種本土宗教會讓「有福之人很少滿足於他有福這個事實，他還另有一種需要：還要這方面的權利。他願意相

〔註31〕 劉夢溪：《百年中國：文化傳統的流失與重建》，《南京師範大學學報》2004
　　　　 年第 1 期，第 2 頁。
〔註32〕 〔加〕哈羅德‧伊尼斯：《傳播的偏向》，何道寬譯，中國人民大學出版社 2003
　　　　 年版，第 14 頁。

信，這也是他『應得的』，尤其是與別人比較，他該有福。而且，他也願意能
讓他相信：福淺的人由於沒有相同的福份，同樣只能得到自己應得的東西。」
由此，韋伯說：「福，也願意『名正言順』。如果把『福』這個一般性的表達
理解爲一切榮譽、權勢、佔有、享受之類的財富，那麼，這就是宗教要爲一
切統治者、佔有者、勝利者、健康者，簡言之：一切有福之人效勞的最普遍
的公式，即幸福的神義論。」〔註33〕

　　什麼是福？甲骨文會意地表
示「兩手捧酒罈將酒澆在祭臺」。如
此得來的福氣，對於中國人而言，
其實是某人更適合在庸俗社會生活
的天賜稟賦，也是在這個社會養尊
處優、吃喝享樂，一種似乎命中注
定的幸運。它是上天的恩賜或是祖
先蔭功，與奮鬥、努力似乎沒有關
係。反而與好逸惡勞的秉性，以及
天上掉餡餅的運氣更爲貼近。老天
既賜福與某人，必然就有人沒有這
樣的「福」。這與印度傳來的宗教模
式有所區別。印度的宗教相信苦難
之人通過刻苦修煉，禁絕房事，節
制正常的營養和睡眠，可以獲得超
人的力量，成就自己。

祈福

圖 4

這種宗教的「救贖」祭祀對於個人的苦難採取了新的
原則立場，它讓民眾相信只要虔心懺悔，相信神佛的存在，通過苦修苦行可
以將個人從病患、貧窮、困頓和危險中拯救出來。從這樣的救贖希望中產生
的是一種苦難的神義論。這樣的神義論面對的是苦難的大眾，照顧的是中國
本土宗教不能充分滿足的，社會受益較少的人的需要，是一種處於官方教義
之下的大眾次級救贖信仰。〔註34〕這理所當然地受到長期被漠視的中國社
會大眾的信仰。隨著《法華經》、《維摩詰經》等大乘佛典在中原的流傳，講

〔註33〕〔德〕馬克思・韋伯：《儒教與道教》，王容芬譯，商務印書館 1995 年版，第
　　　　9～13 頁。
〔註34〕同上，第 9～13 頁。

經文更以「俗講」深入民間。於是，我們看到，在中國原先對死者的哀悼僅是為了防止死者忌恨，而後來，與喪事有關的許多齋戒輕易地轉到了與有關諸神的關係上，使自我苦修，最後還有不情願的清苦本身這一事實，都成了神更鍾意的事實。相比之下，對人間財富無拘無束的享受，使得享受者們更加難以接近天地諸神或佛祖的影響。漸漸地，幸福的神義論在向苦難的神義論悄然轉化。折磨自己成全別人，與折磨自己成全自己將佛教分成了大乘、小乘。「有時候，一事符合某種理想原則但苦難及身，我們仍視之為善」〔註35〕，「普渡眾生」與儒家「大學之道」所謂「親民，至於至善」，在「舍己為人」的精神實質上是一致的。大乘佛法最終與中國本土儒家的「善」達成了精神上的契合。

　　或許正如伊尼斯所言，由於照顧到了勞苦大眾的病患、貧窮、困頓和苦難，佛教才得以在中國迅速傳播開來，而佛教的傳播需要，又「加速了印經技術的開發，尤其是符咒印刷的開發」。巧合的是，唐宋早期幾例印刷史實考古又均與佛教有關。從成都、西安等地考古發現的《陀羅尼經咒》以及宋初雕版的《大藏經》等早期幾例印刷實例，可以證實伊尼斯所言的「印刷術的出現適應了佛教的需要」這一論斷的正確性（參見附錄1：《唐代印刷事例簡表》）。這或許也說明了印本書籍的傳播較早地從佛經開始。與此有關，美國學者卡特認為正是佛教的發展，成了印刷需求的推動力。恰如卡特所說，我們可以發現「中國的寺院狂熱地進行著」「創造複印新方法活動」〔註36〕的痕跡。事實是佛教傳入中國後，「佛教找到了有效的傳播媒介，也遇到對書寫知識的倚重。方塊字刻於雕版，然後用紙大量複製，並做成符籙出售」〔註37〕。由於見識了過去的傳播結果，因此很難想像當初假如沒有植物紙張雕印，僅是泥板、羊皮或貝葉書寫，今天的文明會是什麼模樣。法國學者卡布里埃·奧地齊奧曾說：「印刷是一種表現手段，它過去可以等著人們去發明它。因為，人始終有著各種不同的手段去表現自己。」〔註38〕

〔註35〕〔意〕翁貝托·艾柯：《美的歷史》，彭淮棟譯，中央編譯出版社2011年版，第8頁。

〔註36〕〔美〕卡特：《中國印刷術的發明和它西傳》，吳澤炎譯，商務印書館1957年12月初版，第44頁。

〔註37〕〔加〕哈羅德·伊尼斯：《帝國與傳播》，何道寬譯，中國人民大學出版社2003年版，第132頁。

〔註38〕1946年11月26日《法國影壇》雜誌。轉自〔法〕馬賽爾·馬爾丹：《電影語言》，何振淦譯，中國電影出版社1980年版，第6頁。

上述佛教的例證說明，正是對傳播媒介和方式的重新選擇，催生了中國新一輪的印刷文明。因此，在某種程度上，我們也可以說，是「傳播」左右了文明的走向和進程。

梳理諸多文明傳播的歷史，我們可以發現傳播中媒介的演進變遷，常常影響或左右著人類文明歷史的進程。種種傳播媒介的發明，一次次地迫使人類知識壟斷或知識寡頭進行重新組合、分配。〔註39〕雖然前一個時代的媒介並不會在後一個時代徹底退出，即如今天電子媒介出現，傳統紙質媒介並未退出歷史一般，但是新型媒介的上升態勢卻左右了時代主流傳播的特質。由此，按照中國歷史上傳播媒介的變化，我們可以將傳播演進分爲「口頭傳播」、「書寫傳播」和「印刷傳播」三個歷史時期。

在文明之初，我們可以理解傳播最初應是從人與人的口耳相傳開始的。這時，口頭傳統佔據了傳的主流。在中國古代，知識傳播多採用家傳，父子相繼的「疇人之學」模式。這就譬如父親種田的經驗傳授給兒子繼續種下去。司馬遷當年就是繼承了父親的史學成就完成了《史記》。另一方面，錢穆也說：「疇人之學也許可以是先生傳學生。」〔註40〕於是，在口頭傳播時代，祭司、王官、塾師壟斷了知識的來源，他們代表了知識的惟一正確性，顯明的事例就是巫覡獨佔甲骨文字解釋，以及孔子私館授徒的「子曰」。

眾所周知，孔子較早將官方的教育引入民間，其手下弟子傳說有三千，著名的弟子就有七十二人。孔子死後，弟子出於對夫子的崇敬，更相信老師代表著正確知識和高深思想的來源。於是，弟子們將孔子生前所說的話搜集起來，編成一本名爲《論語》的書。慎重起見，學生們討論編纂孔子語錄時，每章均會標明「子曰」。在那個竹帛昂貴的年代裏，口傳身授使得學生與老師之間產生某種精神依附關係。學生對所接受知識的理解，完全取決於某位私塾先生對於此種知識的口授，這就有可能造成不同的先生對同一知識對象或有不同的理解與解釋；也有可能造成同樣的先生、同樣的知識對象，由於時間和空間的不同，其解釋也會出現差異。情形即如蘇軾所言，「夫子既沒，諸子之欲爲書以傳後世者，其意皆存乎爲文，汲汲乎惟恐其汩沒而莫吾知也，是故皆喜立論。論立而爭起。自孟子之後，至於荀卿、揚雄，皆務爲相攻之

〔註39〕　〔加〕哈羅德・伊尼斯：《帝國與傳播》，中國人民大學出版社 2003 年版，第 2 頁。
〔註40〕　錢穆：《中國史學名著》，三聯書店 2000 年版，第 6 頁。

說，其餘不足數者紛紜於天下。……奈何其弟子門人，又內自相攻而不決。千載之後，學者愈眾，而夫子之道益晦而不明者」〔註41〕。種種迹象表明，口傳所造成的學問疑義和誤解的概率極大。

旅美學者李幼蒸說：「孔子倫理學以各種具有具象性字源的單字作為倫理學範疇標誌，其中以仁字最具代表性。」這是因為「仁字比其他孔學範疇字更重要，還因為孔子賦予仁字以多重意指作用和意義聯結作用，包括其行動性激發潛力，從而使其具有了特別豐富的和動態的語言生命力」〔註42〕。這具體表現在弟子向孔子問「仁」時，孔子對於「仁」的口頭解釋，在不同時間、不同語境中均有差異。通讀《論語》，你會發現在整部《論語》中，面對不同弟子有關「仁」的疑問，孔子給予了不同的回答。《顏淵篇》中，顏淵問仁。孔子說：「克己復禮為仁」；司馬牛問仁。子曰：「仁者，其言也訒（遲鈍）。」司馬牛疑問？孔子說：「為之難，言之得無訒乎？」；《雍也篇》中，子貢問：「如有博施於民而能濟眾，何如？可謂仁乎？」子曰：「何事於仁，必也聖乎！堯舜其猶病諸！夫仁者，己欲立而立人，己欲達而達人。能近取譬，可謂仁之方也已。」種種這些，令人疑惑孔子回答為何如此不一樣。

關於「仁」的解釋差異，蘇軾說：「夫子之道，可由而不可知，可言而不可議。」〔註43〕然而我認為，原因在於孔子堅持「述而不作」，其思想的傳播更多是依賴口傳身教，並且少有書寫（典籍）固化的緣故。於是，學生記憶中的孔子所云之「仁」才出現這樣「漂浮」，凸顯出「能指」對於不同讀者的意義差異。〔註44〕而幾乎每個漢字及其組合都天然具有這樣的漂浮特性。弟子們連續的口耳相傳，包括後來的《論語》編纂，夫子的話語會得到相應整理，但同時會出現一些新的見解。原有的思想也因為口語傳播的「彈性」而變得難以琢磨。孔子弟子及歷代儒生則有可能通過編纂、注疏，不斷地給這個漂浮的「能指」注入意義。

翻看《論語》之中，學生們多次向孔子詢問「仁」的含義。有時候，因為同樣問題的回答太多了，似乎連孔子也糊塗了。《論語‧憲問篇》記載：「憲

〔註41〕 （宋）蘇軾：《蘇軾文集》卷3《子思論》，孔凡禮點校，中華書局1986年版，第94頁。
〔註42〕 李幼蒸：《仁學解釋學》，中國人民大學出版社2004年7月版，第180頁。
〔註43〕 （宋）蘇軾：《蘇軾文集》卷3《子思論》，中華書局1986年版，第94頁。
〔註44〕 〔英〕達瑞安‧里德爾：《拉康》，李新雨譯，當代中國出版社2014年版，第36～39頁。

問恥。子曰：『邦有道，穀；邦無道，穀，恥也。』『克、伐、怨、欲不行焉，可以爲仁矣？』子曰：『可以爲難矣，仁則吾不知也。』」這段話的大意是，原憲問：「好勝、自誇、怨恨、貪欲都沒有的人，是否可以算做到了仁？」孔子說：「這已經很難得了，但至於是不是做到了仁，我就不知道了。」分析其中原由，朱熹認爲「孔子之道，大而能博。門弟子不能遍觀而盡識也，故學焉而皆得其性之所近」(《孟子序說》)〔註45〕。李幼蒸總結說，在《論語》中，「仁」籠罩著弔詭和神秘的色彩。「仁」似乎強調個體、主觀、特性、情感和態度，簡言之，它好像是一個心理學意義的概念，「仁」的詮釋問題由此也變得特別棘手。〔註46〕事實上，詳細分析傳承下來的《論語》讀本，「仁」這個字或有多層次的含義：

第一層，「仁」體現人與人之間的良善關係構建。因爲「仁」，兩人是也。如孟子所謂「二人成仁」，僅有一人，無法體現「仁」。因此，「仁」與對象相關，與「愛」、「體諒」相關。出於「仁」既要顧及白己，也要顧及他人的利益。相比於自然界裏的「弱肉強食，適者生存」，「仁」的自覺思想意識使得人類與動物終究有了區別。

第二層，「仁」內駐於心，與「善」相關，體現人性本有力量的自我覺醒。孟子說：「仁，人之安宅也；義，人之正路也。曠安宅而弗居，舍正路而不由，哀哉！」(《孟子‧離婁上》)因此，所謂「善」的發現，「良心」的發現，其實就是「明明德」的結果，就是孟子所謂人有「惻隱、羞惡、辭讓、是非」等四心的結果。

孟子曰：「惻隱之心，仁之端也；羞惡之心，義之端也；辭讓之心，禮之端也；是非之心，智之端也。」(《孟子‧公孫丑上》)按孟子所說，惻隱之心是仁的發源，羞惡之心是義的發端；推讓之心是禮的萌芽；是非之心則是智的開始。人有四心，才有了「喜、怒、哀、懼、愛、惡、欲」七情，然而七情六欲是在人的本心與外物、外境相接觸的情況下發生的。此外，源於人的本性，所形成的「仁義禮智信」同時控制影響了「七情」的表露，使之符合天賦人性──善的規範，符合人類社會良善運行的要求。

〔註45〕　(宋)朱熹：《四書集注》，鳳凰出版社2005年版，第215頁。
〔註46〕　〔美〕赫伯特‧芬格萊特：《孔子──即凡而聖》，彭國翔、張華譯，江蘇人民出版社2002年9月版，第37頁。

第三層，孔子、孟子有時候也會「仁」、「德」不加區分，模糊將「仁」稱為「德」。首先，孔子所謂「為政以德」其實是「為政以仁」，君王以仁心從政。「仁政」與「德政」在孔孟處有同一概念意思。孟子曰：「夫仁，天之尊爵也，人之安宅也。……如恥之，莫如為仁。」(《孟子·公孫丑上》) 儒家認為「仁」是上天（天理）的賦予，是「德」的一部份，它既賦予了人，也賦予了人的社會，成為一種良好秩序的「標準」。相比於「齊

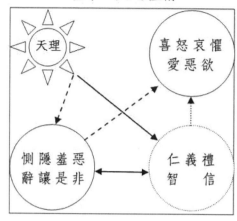

理學：人之性情

圖 5

萬物」的道家，儒家序長幼夫婦之別，初衷是為了更好認清彼此，而非彼此因為等級區分而疏遠，喪失起碼的慈愛仁心。於是，孟子所說「仁政」之「仁」，就已經不是個人內心駐守的善，不是宅心仁厚，而是外化成為「親民」、「愛民」的執政尺度和做人標準了。

儘管我們今天多少弄清了些「仁」的基本內涵，然而孔子語錄傳播的例子也印證了，「傳統的口頭傳播和書面傳播相比較，其本質是更加始終如一，合乎邏輯，因為它可以經常不斷地遷移、提煉和修正不符合傳統的那些成分。在口頭傳統的積累效應中，宏偉大廈的構件從一個地方遷移到另一個地方，被拼裝成不同的傳說。事實變成傳說，傳說變成神話。故事在流傳的過程中變得鬆散，離開了原來的時間和空間背景。在幻想、激情、偏見、宗教假設和審美本能的作用之下，故事一次又一次地被加工和塑造」〔註47〕。

《漢書·藝文志》記載：「論語者，孔子應答弟子、時人及弟子相與言而接聞於夫子之語也。當時弟子各有所記，夫子既卒，門人相與輯而論纂，故謂之《論語》。」《說文解字》(卷3) 有云：「直言為言，論難為語。」可見，經歷過「曲折討論」的語錄才稱為「語」，而一般人的直言，只能稱為「言」。

既然《論語》是孔子弟子和再傳弟子討論編纂，你我心裏不免疑問：「當初，孔子的弟子和再傳弟子是如何記錄下夫子生前所言的呢？」或許，孔子

〔註47〕〔加〕哈羅德·伊尼斯：《傳播的偏向》，中國人民大學出版社 2003 年版，第84頁。

的形象及其當年所言，在流傳過程中摻入了弟子們主觀的加工和塑造，而失去了部份原質。〔註48〕如同佛經一樣，由於真正記下言行的是徒子徒孫，「還有隔好幾代的徒孫，記錄裏不乏修飾甚至捏造」。一旦，當年門徒針鋒相對，互罵對方爲異端邪說時，「都不忘在經文上動手腳，把經文弄得面目全非，如今要去篩選檢哪些字句是原始，哪些是後加，可說已不可能」〔註49〕。於是，我們不能不懷疑口語傳播時代的《論語》最後形成書寫文本，其原初本質究竟還剩多少？從口傳到文字，從竹帛到紙張，人類將歷史給予更有效率地記錄、保存，文明也有了巨大的跨越。數千年以後，熱衷研究孔子的人坦言其研究「所依據的主要材料之一，就是《論語》的原典。」原因是他們相信，只要「盡可能嚴格地把自己限定在《論語》較早形成的、根楺目前的研究更爲真實可靠的那些篇章之中，那主要是頭十五篇（《論語》共20篇）」，就能「用孔子自己的話語來揭示或闡明他的思想。」進而可以「努力發現原典所說明的、所暗示的」，或又可以「看清它沒有說明的，或不必暗示的」〔註50〕。然而，只要細緻考察《論語》的形成過程以及早期口語傳播的事實，我以爲當某種學說善意地告訴路人，人生可以有另一種選擇時，它正充滿成長的活力。一旦，它定於一尊，迫使所有人信仰與遵從，其機體內部就難免出現有企圖的竄改，以及改易之後的僵化保守，乃致於逐漸失去本可通過商榷討論恢復的活力。因此，如今所謂的「孔子語錄」，其原版純度本來就難以保證和落實。

　　如上所述，我們知道，古時知識多靠父子、師傅流傳，而學生、老師的關係極其密切，「一日爲師，終生爲父」的原因在於老師給予學生的如同疇人父子一般，給予的是知識的全部。子貢所謂「夫子焉不學，而亦何常師之有」〔註51〕，孔子「轉益多師」的情況，其實是口傳時代罕有的幸運。通常情形

〔註48〕　因《論語》惟「有若」、「曾參」稱爲「有子」、「曾子」，故有人猜測《論語》乃有若、曾參之弟子相互論纂而成，並無子夏、子貢、子張等人的弟子，因《論語》直呼三人名字。參見錢穆：《論語新解》，生活‧讀書‧新知三聯書店2005年版，第6頁。

〔註49〕　〔英〕伊安‧摩里士：《西方憑什麼》，潘勳等譯，臺北雅言文化出版有限公司2015年版，第209、210頁。

〔註50〕　〔美〕赫伯特‧芬格萊特：《孔子——即凡而聖》，江蘇人民出版社2002年9月版，第3、4頁。

〔註51〕　《論語‧子張篇》載：「衛公孫朝問於子貢曰：『仲尼焉學？』子貢曰：『文武之道，未墜於地，在人，賢者識其大者，不賢者識其小者，莫不有文武之道焉。夫子焉不學，而亦何常師之有？』」《史記‧仲尼弟子列傳》轉述時，「衛公孫朝」換成了「陳子禽」。

是，口傳時代的私塾教育，一對一的方式令學生將學識與自己具體的師傅聯繫起來，景仰的學生從不懷疑老師授業的正確，他的任務只是如何將課堂上老師所說的加以理解、貫通。然而，我們周圍所有的事物並不是精確地依據規律組織起來的，這是一個擁有更多偶然性的世界。「我們對於一組世界所能給出的問題答案在範圍更大的一組世界中的可幾程度如何」（《序言‧一個偶然性的宇宙觀念》）〔註52〕。誰也不能絕對保證，這些知識對於普遍世界的正確描述，更何況口耳相傳的乖謬要遠大於筆墨的證明。無怪，唐代張籍也認為，「古之學君臣父子之道必資於師，師之賢者，其徒數千人，或數百人；是以沒則紀其師之說以為書」〔註53〕。在那個時代，口頭傳授使得私塾先生成了某種知識理解正確與否，當然而且也是唯一的標準。如果某位私塾老師真的講錯了什麼，學生不會認為老師真的錯了，而只會從自己身上找原因，其疑惑的只是——自己的理解是否正確。如此，學問的師承關係無疑就變得異常重要。很難想像在那個口耳相傳的年代，學生沒有拜師卻能擁有正確的知識。師出何門？是那個時代學生遭遇陌生人的第一問詢。這樣的情形直到書籍大量出現，單一的師徒關係才被徹底打破。

事實上，客觀分析中國的尊師傳統的產生，乃是因為古時候知識壟斷在少數貴族或世襲王官階層，信息傳媒限於竹木簡牘，導致知識獲取構成稀缺的資源。由此，知識與技能的擁有者才有了這樣尊崇的地位。壟斷知識和技能進而對求學者提出「一日為師，終生為父」的社會道德要求，最初只是基於師生之間的心甘情願，此後傳承的結果在一定程度上卻成了彼此人身及精神上的負擔。

如今資訊發達，獲取知識和技能的手段多樣，大部份知識，以及大部份傳授知識的教師，漸漸喪失了口傳時代的尊崇地位，只剩下某些高精尖的，或極其專業性的技藝才保有這樣的權利，社會風尚已經產生了變化。因為科舉社會急需，而相關知識又壟斷不傳，所以才會呈現出眾生「搖尾乞憐」的尊崇。然而，一旦網絡都能搜索得到，教師若沒有思想的開悟，僅是知識的傳抄，其尊崇地位難免大打折扣。加上學校所學與社會所用的並不對稱，功利的誘惑必然大於審美的誘惑。原先「尊師如父」的傳統已然被現實打破，

〔註52〕 〔美〕N. 維納：《人有人的用處》，陳步譯，商務印書館 2011 年版，第 6 頁。
〔註53〕 （唐）張籍：《韓昌黎文集校注》第 2 卷《重答張籍書》，上海古籍出版社 1986 版，第 134 頁。

整個社會對於教師的尊重，總體呈下降趨勢。因此，對於教師的尊崇或貶抑，除了經濟、政治方面的因素，更與知識獲取的難易程度有關。

　　歷史上，北宋正是知識由口傳轉向紙本，獲取趨向容易便捷的時代。印本傳播帶來的不僅是文字的社會普及下行，同時也預見了教師「如父」地位的危岌。據載，蔡京（元祐末年）帥蜀時，「道行過一小館，有物倒懸於梁間。初疑爲怪，後見《古今注》，乃知爲蝙蝠也。又《抱朴子》亦謂，蝙蝠五百歲即白而倒懸，食之壽如其年」〔註 54〕。以今天視角來看，由於缺乏昆蟲學家法布爾那般長期細緻的觀察，書中「食蝙蝠壽五百歲」的知識並不正確，然而書籍畢竟給了人們某種知識、概念的留存，以便解釋過去的疑惑，應付現在和未來的遭遇。這個故事說明，相較於孔子時代，宋人獲取知識更多地求助於書籍，而非依賴單一的塾師家傳。以北宋汴京坊間已有二十卷《抱朴子》印本的事實〔註 55〕，便可推測蔡京關於蝙蝠的知識極有可能源於印本書籍。雖然過去的口頭傳播慣性依然存在，書籍畢竟成了知識傳播中重要的一環，因爲「天狗吞日」、「嫦娥奔月」等錯誤知識的傳播也能產生實質性的接受反應。

　　胡適說：「一千五六百年前有一個人叫做范縝說了幾句話，……到了宋朝有個司馬光把這幾句話記在他的《資治通鑑》裏。一千五六百年之後，有一個十一歲的小孩子——就是我，——看《通鑑》到這幾句話，心裏受了一大感動，後來便影響了他半生的思想行事。」〔註 56〕毫不否認，每個時代都有優秀的人物和作品出現，但是並非每個智慧的思想都能以作品的方式傳承下來。佔有優勢「傳播媒介」的人們，無疑就優先佔有了那個時代的「話語權」。即便擁有話語權的人是個庸才，社會與歷史也會將錯就錯地做出自己的選擇，並不在意其倍增的影響是貽笑大方還是後患無窮。摩里士說：「歷史有時真像一椿鳥事接另一椿鳥事，一籮筐雞飛狗跳的天才與白癡、暴君與志士、詩人與盜賊，造就豐功偉業或滔天惡業。」〔註 57〕不管你我是否願意，人類社會就是「大我」之所在，「一切言語行事，無論大小好壞，一一都留下一些

〔註 54〕　（宋）蔡絛：《鐵圍山叢談》卷 6，馮惠民校點，中華書局 1983 年版，第 112頁。

〔註 55〕　夏其峰：《宋版古籍佚存書錄》，三晉出版社 2010 年版，第 217 頁。

〔註 56〕　胡適：《容忍與自由》，同心出版社 2012 年版，第 69 頁。

〔註 57〕　〔英〕伊安·摩里士：《西方憑什麼》，臺北雅言文化出版有限公司 2015 年版，第 24 頁。

影響在那個『大我』之中」〔註 58〕，而經世致用，解決現實問題才是古代經傳典籍得以流傳，重獲新鮮的王道。

至於談到「慣性」的存在，是由於書籍最初多被口傳、抄寫。在抄寫和傳播過程中，由口頭記錄成冊簡，再由簡牘冊版謄抄於紙張，人的局限致使抄寫準確或正確程度時常遭到質疑。宋本《文選·神女賦》曾有「楚襄王與宋玉遊於雲夢之浦，使玉賦高唐之事。其夜王寢，果夢與神女遇，其狀甚麗，王異之。明日，以白玉……」的記載。宋人起疑，洪邁認為，「若如所言，則王父子皆與此女荒淫，殆近於聚麀之醜矣」(《容齋三筆》卷3)。范晞文則說：「詳其所賦，則神女初幸於懷，再幸於襄，其誣衊亦甚矣。流傳未泯，凡此山之片雲滴雨，皆受可疑之謗。神果有知，則亦抱不平於沉冥恍惚之間也。」(《對床夜語》卷 5) 此事經宋代姚寬考證，認為問題出現在文本傳抄時誤將「玉」寫成了「王」，原本應是「其夜玉寢，果夢與神女遇」，夢遇神女的應是宋玉，而非楚襄王。因為宋代以前的古樂府有「惟有楚懷王，曾言夢相識」、李商隱又有「襄王枕上元無夢，莫枉陽臺一片雲」，這些都證實宋代以前的人都認為夢見神女的是楚懷王，而非楚襄王。〔註 59〕抄本傳播之誤由此可窺一斑。上世紀初，胡適模擬了這樣的錯誤過程，其描述說：「古書被人人抄寫刻印，很難免去錯抄錯刻的弊病。譬如我做了一篇一百字的文章，寫好之後，我自己校看一遍，沒有錯字。這個原稿可叫做『甲』。我的書記重抄一篇，送登《北京大學月刊》。因為『甲』是用草字寫的，抄本『乙』誤認了一個字，遂抄錯了一個字。這篇『乙』稿拿去排印，商務印書館的排工又排錯了一字；這個印本，可叫做『丙』。這三個本子的『可靠性』有如下的比例：『甲』本，100；『乙』本，99；『丙』本，97.02。這一個本子，只經過三手，已比原本減少 2.98 的可靠性了。何況古代的著作，經過了一兩千年的傳抄翻印，那能保得住沒有錯誤呢。」(《清代學者的治學方法》)〔註60〕

要說寫本傳承之盛，無過敦煌古代文獻的近代發現。敦煌遺書自二十世紀初重現人間，王國維、羅振玉等人先後在敦煌遺書中發現有韋莊的《秦婦

〔註58〕 胡適：《容忍與自由》，同心出版社 2012 年版，第 70 頁。

〔註59〕 （宋）姚寬：《西溪叢語》卷上，中華書局 1993 年版，第 26 頁。

〔註60〕 胡適：《胡適學術代表作》下卷，嚴雲受主編，安徽教育出版社 2007 年版，第 88 頁。

吟》寫卷，其中有天復五年（905）敦煌郡金光明寺學仕張龜寫本（伯3381卷）、貞明五年（919）金光明寺學仕郎安友盛寫本（伯3953卷）、顯德四年（957）學士郎馬富德寫本（伯3780卷）以及太平興國四年（979）學郎陰奴兒寫本（伯3910卷）等共十種抄本。王國維認爲《秦婦吟》在當時曾經風行一時，只是由於韋莊入蜀，身份尊貴以後，「諱言此詩，故弟藹編《浣花集》不以入集，遂不傳於世」〔註61〕。這些敦煌本子的抄寫時間從晚唐至北宋，有近百年的時間跨度。敦煌所出的十種寫本中，每本《秦婦吟》因所抄時間不同，抄寫人不同，其詩文內容均有差異。〔註62〕此類抄寫所導致的內容出入，幾乎體現在所有敦煌寫本之中。所謂「綿歷歲月，傳寫失眞」〔註63〕，寫本間的出入直到印本出現，標準確立後才有所改善。

　　書寫時代之初，私塾先生還可以「聖人之言」從自己口出。這樣口頭傳播的知識是一種封閉自足的、停滯和僵化的知識，並不能有效地幫助人們尋找眞理、征服自然。由此，傳授知識的人易於成爲偶像而被崇拜爲「絕對的惟一」。此也應證了培根所說，這樣的知識傳承只是「師徒間的傳承，而不是發明者與進一步改善發明者的繼承」〔註64〕。

　　隨著竹帛紙筆的發明，傳播開始進入到書寫傳播時代。這一時期，書寫通過竹帛等載體固化下來，其傳播、保存可以更爲久遠，傳播空間也較口語傳播更爲廣泛。某種知識或思想因爲書寫固化了的緣故而變得相對確定，而傳播又使得它們在時間上流傳更久長，在空間上更寬泛。熹平四年春三月，皇帝詔蔡邕等諸儒正《五經》文字，刻石立於太學門外。此事在傳播史上有典型意義。東漢王朝詔令石刻《五經》的目的，一則是要確立下正確無誤的儒家經典，使之流傳久遠。因爲石頭笨重而耐久，更加適合知識在時間上的縱向傳播，不利於橫向流傳。儒家經典刻在石頭上，不易破壞，可以保存得更爲長久。二則石刻《五經》立於太學門口，讓士庶人等抄寫、默誦，部份

〔註61〕 王國維：《王國維全集》第8卷《唐寫本韋莊〈秦婦吟〉殘詩跋》，浙江教育
　　　　 出版社2010年版，第521頁。
〔註62〕 據徐俊纂輯《敦煌詩集殘卷輯考》所錄，敦煌《秦婦吟》寫本新增有《俄藏
　　　　 敦煌文獻》第11冊Дх.4568（右）《秦婦吟》殘片，是已知的第十一個《秦婦
　　　　 吟》寫本。按：敦煌發現十一種《秦婦吟》寫本，抄寫內容彼此並不完全相
　　　　 同，文字亦多有出入。詳見徐俊纂輯：《敦煌詩集殘卷輯考》，中華書局2000
　　　　 年版，230～252頁。
〔註63〕 《全唐文》卷865《請令張昭田敏等校勘經典釋文狀》。
〔註64〕 《西方哲學原著選讀》上卷，商務印書館1981年版，第357、340頁。

彌補了橫向流傳的局限，便於儒家經典的廣泛傳播。「及碑始立，其觀視及摹寫者，車乘日千餘兩，填塞街陌。」（《後漢書》卷60下）的史書記載，也證明了傳播的效果。

在這一記載中，「刻碑」與「摹寫」預示了未來傳播的轉向。「碑」是舊式傳播媒介的代表，一方面它滿足了思想和知識固化傳播的需求；另一方面它與其他舊式媒介一樣，仍不便於攜帶且並不廉價。傳播便捷的需要，呼喚另一種新媒介的誕生。於是，「傳播過程由於一種新媒介的出現而加快了。這種媒介就是來自中國的紙。公元 2 世紀的初期，中國發明用碎布造紙。中國還發明了用毛筆劃畫寫字，用燈煙造墨。所有這些發明，都標誌著一個文字傳統的開始，也標誌著一個讀書階級的興起」〔註65〕。人們用紙張筆墨，通過抄寫，力求實現更大範圍的知識傳播。范祖禹也說：「漢之時，以竹簡寫書，在天下者至少，非秘府不能備。非如後世以紙傳寫，流布天下，所在皆有也。」（《續資治通鑑長編》卷465，以下簡稱《長編》）

自有紙張書籍出現，舊有的知識壟斷被打破，不得不重新組合。普通人更有可能接觸並閱讀到紙張傳播的信息，因爲紙張相比於過去的竹帛來說，更爲廉價，也更有利於輕便地書寫。愛德華·克洛德（Edward Clodd）說：「用筆而不是用舌頭使彼此不能通話的人能夠交流。」〔註66〕我認爲，這段話包含有兩層意思：淺層含義是識字的啞巴能夠通過書寫文字與人們交流；深層含義是——與「易散」的聲音不同，一個人的思想情感可以通過書寫固化，非現實地與遠處的人們進行跨越時空的交流。作爲傳播的媒介來說，「中國人發明了用碎布造紙，用毛筆寫字，完善了一套象形文字約四五千字，用以滿足一般的需要」〔註67〕。漢代的碎布其實是麻類織物，正是早期紙張的主要原料之一。但是，東漢蔡倫能將樹皮、破布、麻頭和魚網等這類廉價之物用於造紙，這本身就是一件了不起的成就。從此，口頭被書寫取代，傳播在時空裏得以廣延，變得更爲久遠和寬闊。熹平石經立於太學門外被廣泛「摹寫」的事實，證實了書寫傳統對於口頭傳統的替代趨勢。然而，儘管書寫固化傳

〔註65〕〔加〕哈羅德·伊尼斯：《傳播的偏向》，中國人民大學出版社2003年版，第14頁。

〔註66〕The Story of the Alphabet〔New York，1913〕，p.182。轉引自〔加〕哈羅德·伊尼斯：《傳播的偏向》，中國人民大學出版社2003年版，第40頁。

〔註67〕〔加〕哈羅德·伊尼斯：《傳播的偏向》，中國人民大學出版社2003年版，第40頁。

播的效果要強於口頭傳授，但是人們有限的抄寫能力以及抄寫時的錯漏，在很大程度上還是制約了思想和知識的傳播。我以爲當年熹平刻石經的兩個目的，用石頭刻經，確立標準儒家經典的目的達到了，但是「將儒家經典傳播開來」的願望，卻遠未達到。原因很明顯，石經立於太學門口，人們就必須親自跑到京城觀瞻、背誦或抄寫。路途遙遠，時間耗費，困難重重。我們可以設想，儘管有熹平石經，儘管有眾多抄寫石經的士人學子，抄寫下來的石經還是難免不出現錯漏。而且能夠前來抄寫石經的士子人數畢竟有限，加上石碑僅立於京城，傳播仍然難以抵達京城以外的地區。對於儒學經典，雖然有少量抄本流傳，但是國內其他地區的多數學人自然是只能耳聞，難以目睹。最終結果是，相對正確的儒家經典知識仍然在京畿徘徊，或壟斷在少數握有石經抄本的士人手裏。用筆抄寫經典的效果，仍與人們對於傳播的理想相距尚遠。

此後，熹平石經歷經滄桑，北齊曾「遷石經於鄴都，至河濱，岸崩，石沒於水者幾半。隋開皇中，又自鄴運入長安，尋兵亂廢棄。唐初，魏鄭公鳩集所餘，十不獲一，而傳拓之本，猶存秘府。」據宋人姚寬所說，「唐秘書省有蔡邕石經數十段」，至宋代則已然不存。〔註68〕此外，由於「在石頭上雕的字，隨你鑿得多麼深，年代久了，總要模糊銷減」〔註69〕。因此，以石碑的穩固厚實依然難以承擔傳播的重任，經典傳承尤靠抄寫、拓印延續。碑刻的目的只是爲了長久保存，並無積極傳的意願，故以拓本複製方式進行傳播，一則受限於碑版大小不一，還有季節、乾濕等條件的限制，不能隨時進行拓印；二則拓本主要目的是原封不變地保留碑刻文字的原樣，而不是爲了普及碑刻的內容。

關於拓本出現的時間，《晉書・趙至傳》（卷 92）記載，趙至「年十四詣洛陽，遊太學，遇嵇康於學寫石經。」《晉書・石季龍載記》（卷 106）則有「季龍雖昏虐無道而頗慕經學，遣國子博士詣洛陽寫《石經》」的記載。按這兩則史料，說明晉朝只是抄寫《石經》，並沒有使用拓印方式。而《隋書・經籍志》卻有《尚書》九卷、《春秋》三卷的魏石經拓本。儘管「拓石之事，未識始於何時」，然而根據「六朝舊拓，唐中葉後蓋已無存，偶有殘拓，珍重與鍾、王眞跡等」、「唐初修《隋志》時現存之拓本，至中、睿以後頗已散

〔註68〕（宋）姚寬：《西溪叢語》卷上，中華書局 1993 年版，第 34、35 頁。
〔註69〕錢鍾書：《宋詩選注・序》，生活・讀書・新知三聯書店 2007 年版，第 4 頁。

佚」的兩條證據。〔註70〕王國維判定，拓本出現的時間應在東晉至六朝期間，而拓本散佚的情況也說明拓本複製傳播的效果並不太好。從當年巫師裝神弄鬼地解釋詭異的文字，直到經歷抄本與較不成熟的拓本傳播實踐，社會傳播的渴求再次打破知識壟斷，人們需要另一種更便於保存思想、獲取知識的新媒介。這個新媒介現在看起來產生於唐五代時期，就是通過雕版印刷產生的印刷文本。

第二節　印本時代：「疑古」對於傳統的突破

　　當然，就抄本和印本的關係而言，印本的出現對於抄本，也不意味著末日的來臨，它僅是表明了「一個由新媒體統治的新世界的開始」〔註71〕。曹之認為，「宋代是印本和抄本並行的時代，無論官私藏書，抄本均居多數。……今天我們所看到的許多古籍，大多是以宋代抄本作為底本傳抄付印的」〔註72〕。事實上，抄本與印本從表面上看，差別並沒有那麼巨大。印本相比於抄本，僅是固定了冊頁、裝幀、文字和字體等，減少了因多次傳抄所產生的內容錯漏和歧義，但是卻獲得了意想不到的傳播優勢和效率。

　　首先，經過校勘複製，固定的印本可以形成多個內容統一的傳播源，同時向外輻射傳播。其次，隨著社會接受程度的加深，抄本、印本對比所形成的價格、質量、效率優勢逐漸為大眾所認可。此外，類似國子監出版的這類標準化、精美化的印本為眾人寶有，也在客觀上推起一股印本和品牌尊崇的流行風尚。最後，抄本轉向印本，導致文本的冊頁裝幀也發生了變化。其中，最為重要的是閱讀方式的改變。讀者對於抄本的閱讀多有單頁方式，而印本則更便於書籍成冊的閱讀。據《碧溪詩話》(卷5)記載：「牧之《贈阿宜》：『一日讀十紙，一月讀十箱。』古人讀書以紙計。范雲就袁叔明讀《毛詩》，日誦九紙。又袁峻家貧無書，每從人假借，必皆鈔寫，自課日五十紙。」從這段記載，我們至少可以判斷杜牧以前的文人，皆以紙張計算閱讀及抄寫的數量。這樣以紙張單頁抄寫或閱讀文本，客觀上極易造成冊頁的顛倒與丟失，並不

〔註70〕 王國維：《王國維全集》第 8 卷《魏石經考四》，浙江教育出版社 2010 年版，第 490、491 頁。

〔註71〕 〔美〕希利斯・米勒：《文學死了嗎》，秦立彥譯，廣西師範大學出版社 2007 年版，第 17、18 頁。

〔註72〕 曹之：《宋代抄書考略》，《黑龍江圖書館》1989 年第 5 期，第 74 頁。

利於文本的保存與流傳。所以，印本的出現，改變的不僅是文本的樣式，更與閱讀與傳播的效率有關。

晚唐五代以來，從後唐、後蜀官方於天成元年、天福八年、廣政十四年先後雕印《六經》、《五經》、《九經》等儒家經典的史實〔註73〕，可以看到印本書籍的出現，又進一步打破了過去較爲狹隘的知識壟斷。其重新組合的結果是塾師與印本書籍共同配合，構建起新的知識來源和壟斷權威。〔註74〕這種重新構建的知識壟斷不同於以往的狹隘壟斷，因爲「新壟斷」的特質是：凡有能力購買或有渠道獲得印本書籍，且又有能力閱讀這樣書籍的人，就有可能享用書籍裏的思想和知識。這樣，他們對於在此範圍之外的人士，即構成壟斷。隨著規模化刻印書籍的格局形成，印本價格的逐步降低，讀書風氣的濃鬱提升，以及識字人數的增加，人們可以用金錢購回原本抄寫耗費的時間，換來更多的印本閱讀，以獲得自己成長完善所需的知識，社會也由此擴大識字階層的人數。

十四世紀末，印刷術經由中亞傳入西方〔註75〕，歐洲出現了用木版雕印的紙牌、聖像和學生用的拉丁文課本。「到了十五世紀，印刷術輸進英國，所印的書多用這『中部土話』，國語的標準更確定了」（《建設的文學革命論》）〔註76〕。由於印刷書籍以及其他印刷形式（如報紙、雜誌、各種報刊）的普及，美國學者希利斯・米勒認爲，「西方逐漸實現了幾乎人人識字的局面」，同時也「慢慢發展出了比較普及的教育，並使國民擁有了獲取出版物與出版新書的權利」。因此，「即便在今天最自由的民主國家中，各種形式的審查仍限制著印刷機的力量。但沒有哪項技術像印刷機一樣，如此有力地打破了權力的階級劃分」〔註77〕。如此一來，這樣的壟斷也就漸漸不成其爲壟斷了。

印刷術誕生後的發展情形，充分證實了知識壟斷被逐步打破的事實。到了北宋，隨著書籍刊刻成本的降低，平民出身的士人也獲得了閱讀印本書籍的權利。因此，蘇軾《李氏山房藏書記》記載：

〔註73〕 蘇勇強：《北宋書籍刊刻與古文運動》，浙江大學出版社 2010 年版，第 34、35 頁。
〔註74〕 〔加〕哈羅德・伊尼斯：《傳播的偏向》，中國人民大學出版社 2003 年，第 2 頁。
〔註75〕 西方學者認爲，「歐州則要等到 1375 年左右才引進木版印刷（也可能是自主發明），活字印刷則要等到 1430 年左右。」詳見（英）伊安・摩里士：《西方憑什麼》，臺北雅言文化有限公司 2015 年版，第 318 頁。
〔註76〕 胡適：《胡適學術代表作》上卷，安徽教育出版社 2007 版，第 27 頁。
〔註77〕 〔美〕希利斯・米勒：《文學死了嗎》，廣西師範大學出版社 2007 年版，第 9 頁。

自孔子聖人，其學必始於觀書。當是時，惟周之柱下史老聃爲多書。韓宣子適魯，然後見《易象》與《魯春秋》。季札聘於上國，然後得聞《詩》之風、雅、頌。而楚獨有左史倚相，能讀《三墳》、《五典》、《八索》、《九丘》。士之生於是時，得見《六經》者蓋無幾，其學可謂難矣。而皆習於禮樂，深於道德，非後世君子所及。自秦、漢以來，作者益眾，紙與字畫日趨於簡便，而書益多，士莫不有，然學者益以苟簡，何哉？余猶及見老儒先生，自言其少時欲求《史記》、《漢書》而不可得，幸而得之，皆手自書，日夜誦讀，惟恐不及。近歲，市人轉相摹刻諸子百家之書，日傳萬紙，學者之於書，多且易致如此，其文辭學術當倍蓰於昔人。〔註 78〕

武漢大學曹之教授根據《李氏山房藏書記》的寫作時間推算，認爲「在宋代建國 100 週年的時候，雕板印刷還不甚發達，連《史記》、《漢書》印本都不易買到。學者爲了學習，皆手自書」〔註 79〕。而蘇軾的記載則說明，至熙寧前後，印刷成本降低使得「市人轉相摹刻諸子百家之書，日傳萬紙」，更多的書本知識普及於市井，在北宋中期遂成事實。有了紙張與印刷的幫助，北宋理學與十六世紀以後的西方都曾以「搭橋連通古今，讓古智慧重獲新生，讓人類臻於完善」〔註 80〕，然而「文藝復興」眞實發生在西方，而文化創新卻一直與中國無緣。

晚唐五代是書寫逐漸轉向印本傳播的關鍵時期，這一時期對於傳播的革命性貢獻至今仍爲學界所重視。這一過渡期的研究意義在於，它呈現了書寫時代與印刷時代交接轉換的特色。無論在傳播的途徑，或是傳播方式，晚唐五代都奠定了未來印刷時代的基礎。

在印刷發明之前，人們得到書籍的途徑之一即是依靠購買。由於抄寫艱難，書籍總量有限，抄本書籍價格往往高昂。所以，唐人曾有「黃金都散盡，收得鄴侯書」（《題朱慶餘閒居四首》）的感慨；而杜荀鶴也有「賣卻屋邊三畝地，添成窗下一床書」（《書齋即事》）的詩句。除了購買，這一時期獲取書籍的另一

〔註 78〕（宋）蘇軾：《蘇軾文集》卷 11，中華書局 1986 年，第 359 頁。

〔註 79〕曹之：《宋代抄書考略》，1989 年第 5 期《黑龍江圖書館》，第 60 頁。按：《李氏山房藏書記》確切寫於熙寧九年（1076），蘇軾當時知任密州。此時距離北宋建國，已近百年。

〔註 80〕〔英〕伊安・摩里士：《西方憑什麼》，臺北雅言文化有限公司 2015 年版，第 336 頁。

個重要途徑就是靠手抄。唐朝杜牧、陸龜蒙、徐修矩等人抄書就曾達到萬卷之多。蘇軾所謂老儒先生「自言少時欲求《史記》、《漢書》而不可得，幸而得之，皆手自書」，也印證了這一實情。

　　敦煌有《妙法蓮華經》寫經一卷，卷尾題識云：「咸亨二年十月十日經生郭德寫，用紙二十一張，裝潢手解善集裝，初校郭德，再校西明寺僧法顯，三校西明寺僧普定，詳閱太原寺……。」當時抄經的工價也有注明，如《藥師經》一卷，1 弔；《法華經》七卷，10 弔；《大涅槃經》四十卷，30 弔。由此推測，唐代抄書費用大約是每卷 1 弔，即一千文。〔註 81〕由於存在相當的利潤空間，直到北宋初年，抄書仍是一件可以維持生計的職業。《東軒筆錄》（佚文）記載：

> 杜祁公衍，越州人，父早卒，遺腹生公，其祖愛公。……其母改適河陽錢氏。……乃詣河陽，歸其母，繼父不之容，往來孟、洛間，貧甚，傭書（注：抄書）以自資。嘗至濟源，富民相里氏奇之，妻以女，由是資用稍給。〔註 82〕

面對書籍獲取的艱難，人們不禁會反問：無關飲食、日用，書籍的價值何在？伊尼斯說：「書籍是長期思考的成果，具有穩定的影響。」〔註 83〕而我卻認為，書籍的形成代表著思想和知識逐漸積累的過程。最初是思想的火花以及材料和知識的原始搜集和積累，接著有人將這樣的火花和積累記錄成書，形成的書籍傳播後進一步開啟他人，又或在此基礎上形成新的構思和新的書籍。這樣的模式，才形成了延續至今的書籍繁榮。作為書籍本身來說，原本是思想和知識最為值錢，紙張油墨不過是形成書籍的工具與手段。然而在抄寫時代，由於客觀條件的限制，供不應求，本末倒置了。由此，造成獲取書籍是件困難的事情。制約書籍製成的因素很多，其中成本是其關鍵。在印本出現之前，書籍抄寫的成本，有相關記載如下：

　　魏晉時期的抄寫價格〔註 84〕：

　　（1）《雲笈七籤》（卷 107）引陶翊《華陽隱居先生本起錄》云：「詡從叔隱

〔註 81〕 GDCM《妙法蓮華經》卷尾題識，見《敦煌寶藏》，第 1 冊，新 984 號；按：寫經工價，詳見臺靜農《談寫經生》，《大陸雜誌》第 1 卷第 9 期。

〔註 82〕 （宋）魏泰：《東軒筆錄》，李裕民校點，中華書局 1983 年 10 月版，第 181 頁。

〔註 83〕 〔加〕哈羅德·伊尼斯：《傳播的偏向》，中國人民大學出版社 2003 年版，第 64 頁。

〔註 84〕 王仲犖：《金泥玉屑叢考》，鄭宜秀整理，中華書局 1998 年 8 月版，第 90 頁。

居先生，諱弘景，丹陽人也。父諱貞寶，善稿隸書，家貧，以寫經爲業，一紙直價四十。」按我的理解，這裡所謂「直價四十」，或許應是每抄一張紙價值 40 文。

（2）《法苑珠林》（卷 113）引《梁高僧傳》載：「宋京師瓦官寺有釋慧果，得錢三千文，爲造《法華》一部。」

（3）《魏書·劉芳傳》載：「北徙爲平齊民。芳常爲諸僧傭寫經論，筆跡稱善，捲入以一縑，歲中能入百餘匹，如此數十年，賴以頗振。」

唐五代時期的抄寫價格〔註85〕：

（1）《太平廣記》（卷 109）引《冥祥記》云：「唐冀州頓丘縣有老母姓李，貞觀年中，擬作《法華經》已付經一千文與隱師。」

（2）《法苑珠林》（卷 71）載：「唐龍朔三年（663），劉公信妻陳氏母先亡，有一經生將一部新寫《法華》，未裝潢，向趙師子處質二百錢。此經向直一千錢，陳夫將四百錢贖得，裝潢周訖，在家爲母供養。」

（3）圓仁《入唐求法巡禮行記》載：「開成三年（839）十一月二日，買《維摩關中疏》四卷，價四百五十文。」

（4）《宣和書譜》記載：「吳彩鸞，太和中進士文蕭妻。蕭拙於爲生，彩鸞以小楷書《唐韻》一部，市五千錢，爲糊口計。錢囊羞澀，復書之，且所市不過前日之數。由是彩鸞《唐韻》，世多傳之。」吳彩鸞所抄《唐韻》，至宋時猶有存本。黃庭堅《跋張持義所藏吳彩鸞唐韻》載曰：「右仙人吳彩鸞書孫愐《唐韻》，凡三十七葉，此唐人所謂『葉子』者也。按彩鸞隱居在鍾陵西山下。所書《唐韻》，民間多有，余所見凡六本。此一本二十九葉，彩鸞書其八葉。後人所補，氣韻肥濁，不相入也。」

（5）羅袞《請置官買書疏》記載：「臣伏念秘閣四部，三館圖書，亂離已來，散失都盡，一爲墜闕，二十餘年。今伏請陛下出內庫財，於都下置官買書，凡可取者，一皆市之。部帙俱全，則價有差等，至於零落雜小，每卷不過百錢，率不費千緡，可獲萬卷。」

（6）敦煌《秦婦吟》有題記：貞明五年（919）乙卯歲四月敦煌金光明寺學仕郎安友盛。此外，還附打油詩一首：「今日寫書了，合得五斗（升）米，高升不可得，環（還）是自身災。」

〔註85〕王仲犖：《金泥玉屑叢考》，鄭宜秀整理，中華書局 1998 年 8 月版，第 147、148 頁。

　　根據相關記載，勉強可以比較的是《法華經》的抄寫價格。《法苑珠林》（卷113）記載，南朝劉宋朝瓦官寺有釋慧果，為造《法華》一部，得錢三千文。而據《法苑珠林》（卷71）和《太平廣記》（卷109）的記載，唐代抄寫一部《法華經》的價格一般是一千文錢。從南朝至唐代，三千文到一千文，抄寫價格有所降低。儘管如此，然由於抄寫價格依然昂貴，導致書寫時代的書籍相對來說還是比較缺乏。這直接表現為抄寫時代的藏書家數量遠沒有印刷時代的藏書家多，且藏書量亦不如後者。據相關資料統計，中國私家藏書史上，宋代三百年中，藏書家就達七百人，是此前周至唐五代千年左右藏書家總合的近三倍。〔註86〕由此，范鳳書將漢至唐五代定義為「書籍以手抄傳寫的私家藏書緩慢興起時期」。在這一時期裏，由於書籍抄寫積累比較困難，對於藏書家的「藏書數量要求」相對也比較低。范鳳書認為，「漢代以前，只要收藏數百卷圖書即可稱為藏書家，而魏至唐代，應達千卷以上，宋至清代，應達數千卷，甚至萬卷以上」〔註87〕。

　　書籍昂貴的情況到雕版印刷出現，才有徹底改變。結果，除了蘇軾所說的「日傳萬紙，學者之於書，多且易致」以外，（明）胡應麟也說：「凡書市之中，無刻本則鈔本價十倍。刻本一出，則鈔本咸廢不售矣。」〔註88〕印刷術發明之後，由於雕版印刷速度快，效率高，差錯少，印本價格也相比以往要低了許多。

　　宋代印本價格有如下記載〔註89〕：

　　（1）《長編》（卷220）載：熙寧四年（1071）二月戊寅注：民間或更印小曆，每本直一二錢，至是，盡禁小曆，官自印賣大曆，每本值錢數百，以收其利。

　　（2）東京內閣文庫所藏宋刻本《淮海集》（1173）記錄有印書的費用。該書共用印版449版，紙500張，每部售價為五百文。

　　（3）《書林清話》（卷6）有《宋監本書許人自印並定價出售》記載：南宋刻林鉞漢雋，有淳熙十年（1183）楊王休記，後云，象山縣學《漢雋》，每部二冊，見賣錢六百文足，印造用紙一百六十幅，碧紙二幅，賃板錢二百文足，工墨裝背，錢一百六十文足。

〔註86〕　范鳳書：《中國私家藏書史》，大象出版社2001年7月版，第60頁。
〔註87〕　同上，第7頁。
〔註88〕　（明）胡應麟：《少室山房筆叢》卷4，中華書局1958年版，第59頁。
〔註89〕　王仲犖：《金泥玉屑叢考》，中華書局1998年8月版，392～394頁。

（4）淳熙三年（1176）舒州公使庫，刻本州軍兼管內功課營田屯田事，曾種《大易粹言》壹部，計貳拾冊，合用紙數印工墨錢下項，紙，副耗共壹仟三百張，裝背饒青紙，三拾張，背青白紙三拾張，棱墨糊葉，印背匠工食等錢，共壹貫伍百文足，賃版錢壹貫貳百文足，庫本印造見成出賣，每部價錢捌貫文足。

（5）明仿宋施宿等《會稽志》，前有言引，紹興府今刊《會稽志》一部二十卷，用印書紙八百幅，古經紙一十幅，副葉紙二十幅，背古經紙平表一十幅，工墨錢八百文，每冊裝背□□文。

（6）又舊鈔本宋孔平仲《續世說》十三卷，前有記二則，其一云，沅州公使庫重修整雕補到《續世說》壹部，壹拾貳卷壹百伍拾捌板，用紙三百壹拾陸張……。其一云，今具造《續世說》一部計火食等錢如後：一、印造紙墨工食錢共五百三十四文足，大紙一百六十五張，計錢三十文足，工墨計錢二百四文足，一褾褙表紙物料工食錢共二百八十一文足，大青白紙共九張，計錢六十六文足，面蠟工錢計二百一十五文足，以上供用錢八百一十五文足。

（7）明影宋紹興十七年刻王黃州《小畜集》三十集一部，共捌冊計肆佰三拾貳版，合用紙墨工價下印書紙並副板肆佰拾捌張，表背碧青紙壹拾壹張，大紙捌張，共錢貳佰陸拾文足，賃板擦墨錢伍百文足，裝印工食錢肆佰三拾文足，除印書紙外，共計壹貫壹百三拾陸文足，見成出賣，每部價錢五貫文省。

宋代印本價格與唐五代以前的抄本價格相比，雖然缺乏同一參照對比，但是相對來說，由於印版書是大批量複製，不同於過去費時費力，一次僅能手抄一部書籍，已是節省很多。以前述唐代《法華經》抄寫價格從「三千文」至「一千文」的變化，對應宋代《續世說》、《小畜集》、《會稽志》的雕版製作工錢，分別為「八百文」、「八百一十五文」以及「壹貫壹百三拾陸文」不等，但考慮到雕版可以多次刷印成書，其單本售價顯然會大大低於同樣的抄本書籍。故以同一售賣單位相比，宋代印刷一部書的價格應大大低於過去抄寫一部書的價格。美國學者錢存訓撰文，認為「晚唐時期，專業抄書手的工價約為每卷書一千文，一卷書通常有5000至1萬字，即抄工是一文錢5字到10字。敦煌發現的佛經抄本，有些在跋文中提到抄寫工價，也大約如此。……如果真是這樣，印本的每卷平均售價為一百文，也就是說印本和抄本的價錢約為1：10」〔註90〕。除此以外，為了保證經書印本價格便於生員購買使用，

〔註90〕 〔美〕錢存訓：《中國紙和印刷文化史》，廣西師範大學出版社2004年版，第353頁。

天禧元年九月，北宋官方頒《國子監經書更不增價詔》，「冀傳函夏，用廣師儒。期於向方，固靡言利，將使庠序之下，日集於青襟」〔註91〕。

對比唐宋印刷前後的變化，南宋《羅氏拾遺》（卷1）載曰：

> 《易》更四聖而始備；《書》歷二千餘年，存者僅存十八篇；《詩》之剛也，夫子十取其一；……韓柳未出，歐陽公得韓文六卷於漢東李堯輔敝篋中，脫落顛倒無次序，乞歸，讀之。後官洛陽，與尹師魯補綴方成全書。……蔡氏云：古書自篆籀變而為隸，竹簡變而為縑素，縑素變而為紙，紙變而為摹印。摹印便而書益輕，後生童子習見以為常，與器物等藏之者，只觀美而已。余謂書少而世不知讀，固可恨。書多而世不知重，尤可恨也。唐末年猶未有摹印，多是傳寫，故古人書不多而精審，作冊亦不解線縫，只疊紙成卷，後以幅紙概黏之。（猶今佛老經）其後稍作冊子，後唐明宗長興二年宰相馮道、李愚始令國子監田敏校六經，板行之，世方知鏤甚便。

而南宋葉夢得也評價說：

> 唐以前，凡書籍皆寫本，未有模印之法，人以藏書為貴。人不多有，而藏者精於讎對，故往往皆有善本。學者以傳錄之艱，故其誦讀亦精詳。五代時，馮道始奏請官鏤《六經》板印行。國朝淳化中，復以《史記》《前後漢》付有司摹印，自是書籍刊鏤者益多，士大夫不復以藏書為意。〔註92〕

印本價格的低廉，在客觀上造成人們藏書數量和品種的增加，使得藏書家數量也陡然多了起來。西方某漢學家考查了宋代的書籍出版狀況之後，評價當時的盛況，說道：「從中唐到宋中期，書價大約降低到從前的1／10。〔註93〕儒、釋、道經典全部出版。但它們並不是惟一的暢銷書：此外還有許許多多

〔註91〕　《宋大詔令集》，中華書局1962年版，第556頁。

〔註92〕　（宋）葉夢得：《石林燕語》卷8，中華書局1984年版，第116頁。

〔註93〕　按：東京內閣文庫所藏宋刻本《淮海集》（1173年）記錄有印書的費用。該書共用印版449版，紙500張，每部售價為五百文。錢存訓認為，「晚唐時期，專業抄書手的工價約為每卷書一千文，一卷書通常有5000至1萬字，即抄工是一文錢5字到10字。敦煌發現的佛經抄本，有些在跋文中提到抄寫工價，也大約如此。女書法家吳彩鸞的抄本《唐韻》，售價也在這個平均價位。約在同時，日僧圓仁入唐求法，在838年以五百四十文購得一部四卷本佛經。價錢遠比抄本便宜，一般認為極可能是一部印本。如果真是這樣，印本的每卷平均售價為一百文，也就是說印本和抄本的價錢約為1：10。」詳見〔美〕錢存訓：《中國紙和印刷文化史》，廣西師範大學出版社2004年版，第353頁。

農業、醫藥和占卜專用書，筆記小說、別集、宗教經文和小冊子，供地方行政官、科舉考生以及任何希望撰寫美文的人使用的類書。」〔註94〕國內學者范鳳書製表統計，相比於書籍抄寫時代，宋代私家藏書僅萬卷以上的大藏書家就有214人，約占宋代藏書家總數的三分之一左右。〔註95〕

　　印本引發的閱讀成本降低，在物質條件上催生了新一輪儒學復興。伊尼斯說：「中文里保留著象形文字，雖然大多數的漢字還是形聲字，大約靠有限的1500個漢字，中國的文字就能夠以非凡的能力，成為表現許多方言的媒介。但是，其複雜性突出了讀書人的重要地位，輿論的有限影響、政治宗教制度的持久性，也突顯出來。儒學和經典至為重要，人們崇拜文字，準確地再生產書籍的印刷術隨之發明。」〔註96〕乾隆時期，造訪天朝的英國使臣巴羅認為，「除了語音的細微變化外，中文並不難學，但文字對視覺和記憶來說都是極其深奧和複雜的。中國人往往需要相當長的時間努力學習，加強記憶，才能認識不多的中文字，對工藝和科學的進步，這是嚴重的障礙，但對政府保持穩定卻是有利的」〔註97〕。

　　自有儒學印本以來，官方國子監最早壟斷了儒家知識的評判和印本規範的標準。書籍的規範性和正確性得到了國家的保證，加之印本價格和數量上的優勢，導致書籍的傳播更廣，閱讀獲益的人員更多。於是，即便是私塾先生口中說出，人們也逐漸養成了用書本尋找正確答案的習慣。相較於抄本，印本最顯著的特點是「文字落定後的無法改易」，使得書籍傳播的思想或知識即便是錯的，從此也有了一個全國性的統一標準。例如端拱元年（988），太宗皇帝令孔維、李覽等校正孔穎達《五經正義》，後由國子監鏤版印行。殊不知，孔穎達所編的《五經正義》本身正確性就沒有保證。以《五經正義》中的《尚書》為例。唐初孔穎達編《五經正義》時，不加分析地將今文《尚書》和古文《尚書》合而為一。事後證明，古文《尚書》多是晉人偽造的，而今文《尚書》也未必全真。然而，就是這些偽錯的《五經》，也成了北宋

〔註94〕詳見崔瑞德《中世紀中國的印刷和出版》；埃格倫《南宋杭州的印刷業》。轉引自〔美〕伊沛霞：《內闈──宋代的婚姻和婦女生活·導言》，胡志宏譯，江蘇人民出版社2004年版，第3頁。

〔註95〕范鳳書：《中國私家藏書史》，大象出版社2001年7月版，第82頁。

〔註96〕〔加〕哈羅德·伊尼斯：《傳播的偏向》，中國人民大學出版社2003年版，第14頁。

〔註97〕〔英〕約翰·巴羅《馬戛爾尼使團使華觀感》，何高濟、何毓寧譯，商務印書館2013年出版，第173頁。

科舉重要的考試用書，於是宋代理學的突破、變異就與印本的傳播有了直接關係。

自有印本傳播以來，除社會生活、私塾業師之外，人們還得到了獲取眞知的額外渠道。信息源頭多了，難免會有差異性的比對，這也導致一部份宋人對於書籍或業師所言說的經典或知識多了幾分警惕和質疑。因爲即便是國子監的印本都難保不會出現錯誤，所以讀者在閱讀接受時，自然會對書籍所載內容是否正確保持疑問，這種疑問啓發了宋人最初的「疑古」心理。在宋人看來，既然國子監的經書印本和業師解注經典時都會出現錯漏，儒家經書在更早的抄寫流傳過程中也就難以保證正確無誤。故葉夢得也說：「然板本初不校正，不無訛誤，世既一以板本爲正，而藏書日亡，其訛謬者遂不可正，甚可惜也。」（《石林燕語》卷 8）既然「藏書日亡，其訛謬者遂不可正」，與其「奴信」歧異的經典，不如借鑒多種文本，依靠廣泛的閱讀，理論聯繫實踐的理解、判斷，重新求證經典的本原正解。於是，「疑古」之風頓起，考證之氣盛行。

信息多元可以克服奴信與崇拜，文本多元則能促進思想多元。由於媒介和傳播方式的改變，信息由過去單一的口耳相傳演變爲視覺文字、書面抄印的傳播。信息多元所引發的首先是接受者必須要對多種信息進行甄別、篩選，並做出自己符合理性的判斷。這也成了「耳聽爲虛，眼見爲實」的最好注解。如此一來，也逐步開啓了北宋學術發明或改善發明的源頭。

其次，我們還要注意的是，宋代疑古風氣興起與經籍印本傳播在時間上有對應互動關係。周裕鍇說：「宋代的疑古之風興起於北宋仁宗慶曆年間（1041～1048 年），其中歐陽修的學術思想尤有代表性。他幾乎對所有儒家經典持懷疑眼光，……。他在慶曆、嘉祐年間作《策問十二首》，大多以疑經爲題，對當時的學風產生了很大影響。」〔註98〕或許，如尼采所言，眞理和錯誤都只是我們的虛構，

圖 6

〔註98〕　周裕鍇：《中國古代闡釋學研究》，上海人民出版社 2003 年 11 月版，第 209 頁。

真理就是某種如果離開它某種生物便不能活的錯誤。蘇格拉底說：「在任何研究中，你對某個對象越關注，你所獲得的關於這個對象的知識也就越準確，你也就越能理解這個對象本身。」（《斐多篇》）〔註99〕然而，無論王陽明如何努力地「格物」，直覺穿過竹子，然後再回到王陽明心裏。作爲朱熹所謂的「竹子之理」，卻很難觀察出來，更別說那種貫通萬物的絕對真理。如程頤所說：「此道須是，今日格一件，明日又格一件，積習既多，然後脫然有貫通處」（《二程遺書》卷18）。因爲在所有的觀察情形中，我們與對象既無直接管道溝通，又無徹底融合，都沒有「感知到物質事物」，或者都在「感知一些不真實的或非物質的事物」，而「我們的感官並不告訴我們任何事情，不管是真是假」。凡是我們「有所『感知』，那裡就總有某種中介物，爲另外一些東西提供消息——問題只在於我們能還是不能相信它所說的」〔註100〕。直至英國哲學家洛克將主客體分爲「存在於物體中的性質（第一性的質）」，以及「心中產生任何觀念的能力，實際上並不是存在於對象本身中的東西（第二性的質）」〔註101〕，這種困惑才得到合乎邏輯的解釋。由於歐洲社會各學科整體的推進，洛克得以借鑒他人並跨越王陽明由「格物致知」所產生的物我困惑——即我們對物體的觀念產生的疑惑。洛克認爲，觀念是「由不可見的微粒作用於我們的感官而產生的」〔註102〕——即這些不可見的微粒在做「某種運動」〔註103〕，作用於我們的感官。

　　無論如何，鑒於存在各種情況的感官欺騙，「誤讀、誤聽、弗洛依德式疏忽」，「事情可能以多種多樣不同的方式出錯」〔註104〕，感官的感知需要人類

〔註99〕 柏拉圖：《柏拉圖全集》第1卷，人民出版社2002年版，第63頁。
〔註100〕 〔英〕J.L.奧斯汀：《感覺與可感物》，商務印書館2011年版，第13～15頁。
〔註101〕 〔英〕以賽亞・伯林：《啓蒙的時代：十八世紀哲學家》，譯林出版社 2012年版，第35頁。
〔註102〕 同上，第36頁。
〔註103〕 洛克說：「那顯然一定是因爲有某種來自那些東西的運動，通過我們的神經或『生命精氣』，通過我們身體的某些部份，把它傳到我們關於那些東西的特殊觀念。」轉引自〔英〕以賽亞・伯林：《啓蒙的時代：十八世紀哲學家》，譯林出版社2012年版，第36頁。按筆者理解，或許是翻譯的原故，洛克想說的是物體的「某種運動」，通過我們的神經或生命精氣，即刺激到我們身體感官有所感應，然後傳到我們的大腦形成知覺概念等。當時他所能想到的合理解釋是，從甲到乙，一定有某種可見的存在刺激到人的感官，才有可能形成心靈上的觀念。但是，這種可見的存在是什麼呢？洛克最後的結論可表示如下：原物體——（微粒運動）——感官——感覺、知覺——大腦心靈的觀念。
〔註104〕 〔英〕J.L.奧斯汀：《感覺與可感物》，商務印書館2011年版，第13～15頁。

思維做出判斷。由於事物都處在不斷流變中，人們對於事物認知的固化，所謂「真理」性的認識都是值得懷疑的。判斷事物正確與否的關鍵，只是這樣的真理性認識是否對現實有效。〔註105〕

　　「六經者，聖人述道而傳之者也」（《淨德集》卷20《議官下》），面對「六經」成為經典傳承後的僵化，北宋蘇軾指出，「自仲尼之亡，六經之道，遂散而不可解。蓋其患在於責其義之太深，而求其法之太切。」最後，他得出切合時代世情的結論——「夫六經之道，惟其近於人情，是以久傳而不廢」〔註106〕。對於《詩經》的流傳，歐陽修懷疑其內容包羅萬象，「孰能無失於其間哉？」。又說：「毛、鄭之失既多，然不敢輕為改易者，意其為說不止於箋、傳，而恨不已不得盡見二家之書，未能遍通其旨」（《歐陽文忠公集》卷41《詩譜補亡後序》）。北宋人之所以對以往儒家經典中的某些「真理性」認識有了懷疑，正是因為這些「古代真理」與自己所生活的現實世界有了出入。雖然這樣的出入不至於大到翻天覆地，但是卻也引起了知識階層的關注。而抄印本的多種傳播，更促使宋人開始懷疑經典流傳過程中「乖謬」的產生。書籍刊行的廣博所營造的社會環境氛圍，如胡適所言「宋、明的理學家所以富於理解，全因為六朝、唐以後佛家與道士的學說彌漫空中，宋、明的理學家，有了這種比較研究的材料……。宋、明的人戴了佛書的眼鏡，望著《大學》、《中庸》，便覺得『明明德』『誠』『正心誠意』『率性之謂道』等等話頭都有哲學的意義了」（《〈國季學刊〉發刊宣言》）。當年，王安石正是因為披閱甚廣，才能做到「不為書本所束縛，能夠斷以己意，去抓住知識的真諦」〔註107〕。儘管集權管控下，思想輿論多元的願望尚屬渺然，但是能夠質疑前代經書，在沒有更多外在物質變化與新思想匯入之前，對於宋人而言已是了不起的成績。

　　由《北宋初期官方編撰集部書籍略表》（建隆初至元豐三年）和《北宋刊刻書目表》，我們發現許多重要的儒家經典在真宗年間都得以刊刻頒行於天下。據《長編》（卷60）記載，景德二年五月戊辰朔，真宗幸國子監閱書庫，問祭酒邢

〔註105〕尼采認為，我們明知道概念、名稱或語言不等於事物，但我們不能不用它們，否則我們就沒有辦法生活。邏輯規律也是這樣，我們之所以相信它們，不是因為它們有什麼超驗的、絕對的真理性，而是不信它們不行。詳見張汝倫：《現代哲學十五講》，北京大學出版社2003年版，第54頁。

〔註106〕（宋）蘇軾：《蘇軾文集》卷2《詩論》，中華書局1986年版，第55頁。

〔註107〕趙益：《月沉西子湖——大宋帝國的衰亡》，江蘇人民出版社1995年版，第59頁。

昺書板幾何。昺曰：「國初不及四千，今十餘萬，經史正義皆具。臣少時業儒，觀學徒能具經疏者百無一二，蓋傳寫不給。今板本大備，士庶家皆有之，斯乃儒者逢時之幸也。」上喜曰：「國家雖尚儒術，然非四方無事，何以及此。」從眞宗與邢昺這番對話中，我們也明確地知道眞宗朝的印本儒經傳播實則開啓了仁宗朝科舉選人的繁榮，也客觀地造就了歐陽修、蘇軾等北宋中期一代文人的發育成熟。據《宋史·張知白傳》記載，宋仁宗即位當年就有以《中庸》賞賜及第進士的史實。天聖八年，新及第的進士獲賜書籍又改成了《大學》。這一年的四月四日，《宋會要輯稿》記載，「賜新及第進士《大學》一篇。自後與《中庸》間賜，著爲例」。說明自宋仁宗開始，就有以儒家經書《大學》、《中庸》每年交替賜予進士的慣例。儒家《九經》、《十二經傳注》在景德二年就有國子監刻本。大中祥符七年，國子監又再次刻印這兩套經書。〔註108〕難以想像，眞宗、仁宗年間如果沒有大量的印本儒經在社會上流行，年輕舉子如何面對得以榮身仕進的科舉。沒有科舉的成功，歐陽修等人又如何有勇氣面對古人，提出那些對於經典注疏的疑問。

歐陽修曾說自己疑古是受到孟子的啓發。而《孟子》一書，早在大中祥符五年，眞宗皇帝就曾下詔，令國子監校勘。是年四月以進，並送本監鏤板（《宋會要·崇儒四》）。大中祥符七年，國子監就雕印完成了《孟子》及其音義（《玉海》卷43）。而到了景祐二年，張觀等又刊定《前漢書》、《孟子》，下國子監頒行（《麟臺故事》卷 2；《長編》卷 117）。這些充分說明至仁宗朝，類似《孟子》之類的儒家經典印本在社會上已是很普及的了。又，據《長編》（卷 198）載，嘉祐八年四月丙戌，「以國子監所印《九經》及正義《孟子》醫書賜夏國，從所乞也。」可見，仁宗年間，類似《孟子》、《九經》這樣的書籍，因爲印本普及，已經可以不受限制地輸出境外。有書可讀，歐陽修才有「孟子曰：『盡信書不如無書。』孟子豈好非六經者，黜其雜亂之說，所以尊經」〔註109〕這樣的話語。 此後，王安石之子王雱引古本《孟子》云：「盡信書不如無爲書。」由此連貫至南宋，姚寬說：「書安可無也，學者愼所取而已，不知愼所取，則不如勿學而已矣。」〔註110〕而張載也說：「在可疑而不疑者，不曾學。學則須疑」（《張子

〔註108〕 夏其峰：《宋版古籍佚存書錄》，三晉出版社 2010 年版，第 53 頁。

〔註109〕 （宋）歐陽修：《文忠集》卷 18，《文淵閣四庫全書》，上海古籍出版社 2003 年影印本，集部，1102，第 145 頁。

〔註110〕 （宋）姚寬：《西溪叢語》卷上，孔凡禮點校，中華書局 1993 年版，第 96 頁。

全書》卷7)。朱熹則言：「諸公所以讀書無長進，緣不會疑。某雖看至沒緊要底物事，亦須致疑。才疑，便須理會得徹頭」(《朱子語類》卷121)。這說明，從歐陽修到張載、朱熹等人所做的不是反對儒家學說，而是要摒棄那些偏離儒家思想體系的曲解和雜說，希望恢復儒家經典的原始本義，從中汲取精華。而隨著書籍傳播日益廣泛，這種意識逐漸也成了宋代社會的主流。

「疑古意識」事實上就如同今天我們治學中提倡的「問題意識」。只不過，宋人的「疑古」發生在抄印本文字舛誤後，(被動)對古籍提出懷疑，而今人的「問題意識」則是主動對所發現的問題提出疑問。「篤信」與「懷疑」往往就在一念之間，這類意識可以分爲「知識」和「精神」兩個層面。從知識接受的層面上考慮，疑古就是對古人思想學問的正確性有所懷疑；從精神層面上來看，它也逐漸培養出學問追求平等對話，敢於挑戰權威的治學精神——這是擺脫「奴信盲從」的開始。對於傳統習見的反思和質疑，可以促生新奇的思想。一味的奴信盲從，不可能有創造的智慧。

據沈括《夢溪筆談》(卷14)記載，北宋王聖美未知名時，曾謁一達官。「值其方與客談《孟子》，殊不顧聖美，聖美竊哂其所論。久之，忽顧聖美曰：『嘗讀《孟子》否？』聖美對曰：『生平愛之，但都不曉其義。』主人問：『不曉何義？』聖美曰：『從頭不曉。』主人曰：『如何從頭不曉？試言之。』聖美曰：『孟子見梁惠王，已不曉此語。』達官深訝之曰：『此有何奧義？』聖美曰：『既云孟子不見諸侯，因何見梁惠王？』其人愕然無對。」相比那位自詡通曉《孟子》的達官，王聖美其實更具學問反思和質疑精神。因爲他從根本上質疑「孟子不見諸侯」乃是故作姿態，實質是「待價而沽」。類似這樣質疑經典的故事，在有宋一朝時有記載。元豐八年，陸游祖父陸佃知貢舉，有考生焦蹈答策有曰：「論經不明，不如無經；論史不達，不如無史。」陸佃甚愛之，認爲此人有「揚子雲之風」〔註111〕。所謂「揚子雲之風」，按范仲淹的解釋，是那些能夠「講論六經，辯博明達，釋然見聖人之旨」的人。在范仲淹眼中，類似孟子、揚雄這樣的人，北宋尤以李覯最具代表性。〔註112〕

〔註111〕　（宋）陸游：《家世舊聞》卷上，孔凡禮點校，中華書局1993年版，第189頁。

〔註112〕　（宋）范仲淹：《范仲淹全集》上冊《范文正公文集》卷20《薦李覯並錄進禮論等狀》，李勇先、王蓉貴校點，四川大學出版社2007年版，第615頁。

關於宋人疑古，古文《尙書》作爲僞書被發現也是一個典型事例。最先對古文《尙書》產生疑問的人是南宋吳棫〔註113〕。隨後，朱熹比較今古文《尙書》文辭，疑惑「今文多艱澀，而古文反平易？」，「卻似晉宋間文章」，並書序亦恐非安國作也。〔註114〕朱熹的懷疑到了他的學生蔡沈那裡得到了明確。蔡沈爲此專門寫了《書集傳》，在《尙書》的每一篇目之下都注明了「今文古文皆有」或「今文無古文有」字樣。蔡沈秉承朱熹之意，將古今《尙書》區分開來。〔註115〕

正是這種特有的疑古心理，致使宋代的學術精神逐漸由「我注《六經》」過渡到了「《六經》注我」。「《六經》注我」不是簡單地脫離經典，任由自己隨意解釋經典，而是說面對經典中的疑點時，不要盲目奴信古人所云，應有自己的認識和判斷。〔註116〕事實上，這眞是宋代學人了不起的學問自覺。如胡適所言，「這種精神就是對於牽涉到經典的問題也有道德的勇氣去懷疑，就是對於一份虛心，對於不受成見影響的，冷靜的追求眞理，肯認眞堅持」（《中國哲學裏的科學精神與方法》）〔註117〕。因爲人們消極地活在世上與積極主動地「生存」是大不相同的。如丹麥學者克爾凱廓爾所說，這就好像一個人坐在馬車上，手裏雖挽著韁繩，但他睡著了，並沒有駕馭馬，馬只是沿著它習慣的路在走。另一個人則截然相反，積極地握著韁繩，駕馭馬車。在某種意義上，這兩個人都可以叫車夫，然就人生的意義而言，只有第二個人才是在駕車，才是有意識地「生存」。按照哲人的說法，生存就是自覺地擔當自己生命的責

〔註113〕吳棫（約 1100～1154），字才老，南宋建安人，官泉州通判，撰有《韻補》等，其對《古文尚書》的懷疑，見所撰《書稗傳》。該書已佚，（清）閻若璩《古文尚書疏證》（卷8）稱：「疑古文自吳才老始。」

〔註114〕魯迅：《魯迅全集》第9冊《漢文學史綱要》，人民文學出版社 2005 年版，第362頁。

〔註115〕錢穆：《中國史學名著》，三聯書店 2000 年版，第3、4頁。按：趙翼《陔餘叢考》有《宋儒疑〈古文尚書〉》一文。

〔註116〕通常，每個人都有感覺、想像力和判斷力。前兩者中先天的造就較爲明顯，一般人的差別也不甚大。但是判斷力是常常因人而異，而且要提高判斷力，多有賴後天的學習和訓練。如果我們學養不夠，又缺乏閱歷，就會失去判斷力，或者準確地說判斷力較差。我以爲這個方程序應該表示如下：在獨一無二的心靈主導下，感覺＋想像力＋學問＋經驗＝判斷力。其中比較大的變量是：思想心靈、學問、經驗，尤其是心靈的個體差異性極大。而心靈是則先天遺傳與後天培植共同構造的結果。

〔註117〕胡適：《胡適學術代表作》下卷，安徽教育出版社 2007 年版，第 245 頁。

任，就是通過個人生命的選擇體現自我的個體性。〔註118〕其實也就是依靠自己的生存經驗、思維判斷，進而獨立選擇自己的前進方向。

自坊牆在宋代倒塌之後，人們的交流無論在時間和空間上，還是交往的頻率上，都有了更大的慵裕度和自由度。酒肆斟酌、市井閒談，社會生活的活躍豐富，造成了人們思想和話語的雙重繁榮，這是唐宋社會除時間順序之外最大的區別。除了話語交流，我認為這樣「思想反思、學問自覺」的情況沒有出現在唐代，反而在宋代，重要原因之一正是大量印本經籍得以方便進入市場，進而落入廣大庶民手中的緣故。正如當今社會，「印刷的書還會在長時間內維持其文化力量，但它統治的時代顯然正在結束。新媒體正在日益取代它」〔註119〕。而那些更早掌握新媒體（微博等），準確地說是掌握載體的人們，就優先獲得了文明更新的准入機會。抄本、印本共同呈現的北宋，相比唐代容納了更多的思想和智慧。一則是多元思想的碰撞在印本載體上找到了更好的觸發點，因為印本正在日益成為社會傳播的時髦主流。隨著自主思維的恢復，某人的懷疑很快就會普及成眾人的質疑，傳統守舊愈發會感受到「愚民」的困難；二是相比於抄本，更容易成為百姓尋常物的印本，使得「思想反思、學問自覺」有了堅實的社會土壤。由於印本成本降低，高高在上如同神龕供奉的經典書籍，變得與普通人如此沒有距離。原先透著神聖的「崇高」，如今卻隨意擺放在街市書坊的貨櫃之上。於是，「理性」的懷疑也就與日俱增了。此結果恰如英國浪漫派詩人騷塞所言，「印刷術初期的效果之一就是：驕傲者認為它使人斯文掃地，因為它把學問送到了普通人的手裏」〔註120〕。由此，米勒也說：「沒有哪項技術像印刷機一樣，如此有力地打破了權力的階級劃分。」〔註121〕思想革命與行為革命相輔相承，思想可以轉化為行為，而思想上的革命更多源於教育、書籍普及、識字人群增加所帶來的彼此的思想比較、借鑒與參照。

如上所述，既然儒家經典都有可能出錯，那麼普通人著作的準確性也就難免讓人懷疑。《清波雜志》（卷9）載曰：

〔註118〕張汝倫：《現代哲學十五講》，北京大學出版社2003年版，第39、41頁。
〔註119〕〔美〕希利斯·米勒：《文學死了嗎》，廣西師範大學出版社2007年版，第17頁。
〔註120〕〔加〕哈羅德·伊尼斯：《傳播的偏向》，中國人民大學出版社2003年版，第19頁。
〔註121〕〔美〕希利斯·米勒：《文學死了嗎》，廣西師範大學出版社2007年版，第9頁。

> 張無垢貶南安，凡十有四日年，寓處僧舍，未嘗出門戶。其一話一言，舉足爲法，警悟後學宏矣。其甥于恕裒集《語錄》十二卷，既已刊行，其間《論語絕句》，讀者疑焉。蓋公自有《語解》，亦何假此發明奧義？嘗叩公門郎暐，暐云：「此非公之文也，《語錄》亦有附會者。」〔註122〕

在此段記載中，只需稍加思索，便可看出于恕搜集刊行張無垢《語錄》所隱含的緣由：一是因爲其語錄「警悟後學宏矣」，足以爲後學者效法學習；二是從以往抄本、印本在社會上的傳播效果加以選擇，于恕認爲印本更能廣泛、高效地傳播至後學者手中。最後刊行結果，讀者後學也確實不孚所望，認眞閱讀了《語錄》，所以才有對內容眞僞的質疑。正是由於印本的刊行，學者比對後才導致于恕所刊張九成《語錄》的問題得以暴露出來。由此我認爲，雕版印刷進一步的發展和普及所導致的書籍平民化、信息多元化，使得宋代學者對於傳播而來的學問有了更多理性的判斷和主見。印本傳播進一步放大了儒學的影響，同時也對儒學提出了更多的質疑。儒家經典從此以後，開始感到「遠古神聖」的困難。事實上，信息多元化所導致民眾思想的多元化，也同時蘊孕著審美的多元，並成爲諸多生活創意的源泉。

〔註122〕按：南宋張九成，字子韶，有《論語解》20卷。見《讀書附志經解類》及《直齋書錄解題》卷3《語孟類》。引自（宋）周煇：《清波雜志校注》卷9，劉永翔校注，中華書局1994年版，第378頁。

第二章　北宋印本書籍傳播

　　從理論上講，異度空間通常見識於異樣的感官，多一種感官必有多一度空間。由此，感覺不同的生物定然擁有不同於人類的感官與時空觀念。倘若真有「異度空間」並行存在，人類目前只能倚重名為「回憶」與「想像」的感覺。因此，一旦擁有足夠的「想像」，從某個異度時空透視歷史上那段名為「北宋」的朝代，我們理應可以看到雕版印刷在社會流布普及的情形。那時候，街頭、市井時有抄本印本售賣，印本閱讀一方面促發了宋人的「疑古」精神；另一方面也為官方的政令傳布、思想控制提供了便利的條件。原因是類似「四書五經」的印本與現代的影視、網絡一樣，既是人們彼此密切交流的工具，同時也會成為強人的思想箝制與壓迫的工具。其中的關鍵因素，除了自覺接受的侵入麻痺，官方一旦利用印本傳播達到話語控制或政治導向的目標，這樣的壓迫感往往就會出現。此外，印本的出現也使得傳播主體、傳播方式及渠道與抄本時代有了差異。

　　首先，印本的高效和利益所在，北宋印本製作和傳播主體開始呈現以官方國子監為主導，地方機構與民間刊刻主體多元參與的趨勢。其次，印本的生產製作，相比於抄本製作，如雕刻、刷印等環節容納了更多的專業技術人才和勞動力。此外，隨著規模的擴大，標準化確立的印刷相對於個體抄寫更具有發展成產業的可能。第三，印本的傳播方式和渠道也與抄寫時代單一宗教贈送、個體買賣有了不同，其多元化的趨勢也使得印本書籍傳播有了產業化、商業化的規模和態勢。

由此，蘇軾《李氏山房藏書記》所說，更像是描繪了一個印本傳播接受的流程效果圖。「市人轉相摹刻諸子百家之書，日傳萬紙」正是由於雕印技術和商人的介入，製作高效使得人們獲取書籍變得更為容易；「文辭學術倍蓰於昔人」應是印本傳播、閱讀接受之後的效果。而城市書坊的出現，也使得抄、印本製作與傳播之間有了一個固定的商業化結點。

第一節　北宋印本傳播：主體多元化、規模化

從寫本到印本，雖然抄本時代的傳播也有「主體多元」的特點，但那只是散點式一對一的傳播，如徐俊所說，「寫本時代，因為受客觀條件的限制，除了部份詩文集定本外，流傳更多更廣的是規模相對短小、從形式到內容均無定式的傳鈔本」〔註1〕。這樣的抄寫主體良莠不齊，標準化模式還遠未成形。當年王安石編撰《唐百家詩選》時，因宋次道「家多唐人詩集，荊公盡即其本擇善者籤帖其上，令吏抄之。吏厭書字多，輒移荊公所取長詩籤置所所取小詩上。荊公性忽略，不復更視，唐人眾詩集以經荊公去取皆廢」〔註2〕。此外，又因為抄寫數量有限，其傳播只能限定在某一特定範圍。例如，唐高宗曾以百卷絹素令當時的草書高手裴行儉抄寫《文選》一部，其結果僅是獨此一部的抄本留存皇室。〔註3〕這一時期，「輾轉傳鈔，甚至口耳相傳」〔註4〕是其主流傳播模式。至於印本傳播，我們如今已無法準確描述印本刊刻初期的歷史生態，但是從五代國子監的官刻程序來看，印本生產無疑吸引了大量的人才和資源參與其中，個體活動轉變成了群體製作，這使得社會有更多的人與印刷事業相關。《冊府元龜》（卷608）記載：

> （長興三年）四月，敕：「近以遍注石經雕刻印板委國學，每經差專知業博士儒徒五六人勘讀並注。今更於朝官內別差五人充詳勘官：太子賓客馬縞、太常丞陳觀、祠部員外郎兼太常博士段容、太常博士路航、屯田員外郎田敏等。朕以正經事大，不同諸書，雖已

〔註1〕徐俊：《敦煌詩集殘卷輯考・前言》，中華書局2000年版，第10頁。
〔註2〕（宋）邵博：《邵氏聞見後錄》，劉德權、李劍雄點校，中華書局1983年版，第147頁。
〔註3〕（後晉）劉昫：《舊唐書》卷84《裴行儉傳》，《文淵閣四庫全書》，史部，第270冊，第10頁。
〔註4〕徐俊：《敦煌詩集殘卷輯考・前言》，中華書局2000年版，第10頁。

委國學差官勘注，蓋緣文字極多，尚恐偶有差誤。馬縞已下，皆是
碩儒，各專經業，更令詳勘，貴必精研。兼宜委國子監於諸色選人
中，召能書人謹楷寫出，續付匠人雕刻。每五百紙與減一選，所減
等第優與選轉官資。」

　　長興三年，後唐皇帝充分認識到儒家經典的重要性，正式下旨取石經雕
成印板，特將馬縞、陳觀、段容、路航、田敏等有名的碩儒、文臣召集起來，
詳勘經典。按「每經差知業博士儒徒五六人勘讀並注」，以及「更於朝官內別
差五人充詳勘官」的記載，可知整部《九經》雕造完畢，若摒棄人員重複情
況，參與《九經》校勘的專業人才至少也有四、五十人，而書手、刻工人數
因為缺乏記載，則較難統計。這是此前由一人或數人抄寫全部的抄本所無法
比擬的。這段記載，也清楚地列出五代時期刻書形成的規範程序和標準。其
官方印書的標準範例如下：（1）國子監作為官方印書的權威機構，由它確定
所要模刻的書籍定本（範本）。（2）雕印的前期工作由選本、校勘、箋注、抄寫
等程序構成，這些均由國子監選派專門人才〔註5〕施行。（3）國子監選擇雇用
雕字匠人雕印書板。（4）儒家經書均以國子監所印版本為準，不得以雜本混
淆。

　　以上這些印書規範與標準對於後來北宋書籍印刷的發展、借鑒，起著至
關重要的作用。由這樣的官方雕印程序，我們看到社會參與印書的人數相比
抄書已大為增加，而且參與人員的專業水準也在穩步提高。這方面的人員構
成，除了選書、校勘、箋注人才，還包括上板寫手、刻工、刷印工人等技術
工匠。對於印刷工藝，盧前《書林別話》中歸納詳細，認定印書共有：選料、
寫樣、初校、改補、復校、上版、發刀、挑刀、打空、鋸邊、印樣、三校、
挖補、四校、印書等十五個步驟。〔註6〕

　　對於第一部份的校勘人員，在北宋初期官方選刻的書籍中，像李昉、徐
鉉、句中正等這樣一些熟識慣例、瞭解掌故的文臣起到了重要作用。此後，
北宋修撰刊刻《太平廣記》、《太平御覽》、《文苑英華》、《冊府元龜》四大部
書時，就有「李昉、扈蒙、李穆、湯悅、徐鉉、張洎、李克勤、宋白、陳鄂、

〔註5〕　《金石錄》（卷30）記載：「右《後唐汾陽王真堂記》，李鶚書。鶚五代時仕至
　　　　國子丞，《九經》印板多其所書。」
〔註6〕　原載《圖書印刷發展史論文集續編》。盧前：《書林別話》，《民國叢書》第二
　　　　編，上海書店1990版，第2頁。

徐用賓、吳淑、舒雅、李文沖、阮思道、賈黃中、呂蒙正、李至、李穆、楊徽之、李範、楊礪、吳淑、呂文仲、胡汀、戰貽慶、杜鎬、蘇易簡、王祐、范杲、宋湜、王欽若、楊億、錢惟演、刁衎、戚綸、李維、王希逸（或云王希哲）、陳彭年、姜嶼、陳越、宋貽序、陳從易、劉筠、查道、王曙（或云「王曉」）、夏竦、孫奭」等大批文人參與。這些人代表了那個時代最高的學術水準，也是北宋專門人才積極參與印書事業的最好證明。

《麟臺故事》（卷2）記載，前代經史原先都用紙素抄寫，「至五代，官始用墨版摹六經，誠欲一其文字，使學者不惑。至太宗朝，又摹印司馬遷、班固、范曄諸史，與六經皆傳，於是世之寫本悉不用。然墨版訛駁，初不是正，而後學者更無他本可以刊驗。」這些經驗教訓提醒北宋君臣，經史版本的校勘需要有更多高水平的學者加入。於是，北宋四大類書校定刊刻，各類經史書籍刊刻開始有更多專門人才匯入。

淳化五年七月，朝廷下詔選官分校《史記》、《前後漢書》。有「虞部員外郎崇文院檢討兼秘閣校理杜鎬、屯田員外郎秘閣校理舒雅、都官員外郎秘閣校理吳淑、膳部郎中直秘閣潘慎修校《史記》，度支郎中直秘閣朱昂再校；又命太常博士直昭文館陳充、國子博士史館檢討阮思道、著作佐郎直昭文館尹少連、著作佐郎直史館趙況、著作佐郎直集賢院趙安仁、將作監丞直史館孫何校《前後漢書》。既畢，遣內侍裴愈齎本就杭州鏤板。」咸平三年十月，朝廷又詔選官校勘《三國志》、《晉書》、《唐書》。以黃夷簡、錢惟演、劉蒙叟、杜鎬、宋皋、戚綸校《三國志》，「又命鎬、綸與虞部員外郎史館檢討董元亨、秘書丞直史館劉鍇詳校；兵部員外郎直昭文館許衮、刑部員外郎直昭文館陳充校《晉書》，黃夷簡續預焉，而鎬、綸、鍇詳校如前；金部郎中直昭文館安德裕、屯田郎中直昭文館句中正、主客員外郎直集賢院范貽永、殿中丞直史館王希逸洎董元亨、劉鍇同校勘《唐書》。宮苑使劉承珪領其事，內侍劉崇超同之。五年校畢，送國子監鏤版，校勘官賜銀帛有差，鍇特賜緋魚袋」〔註7〕。六部史書，前後共有二十三位官宦學者參與其中。

〔註7〕（宋）程俱：《麟臺故事校證》，張富祥校證，中華書局2000年版，第281、282頁。

至於第二部份的刻印人員構成，我們今天很難做出準確的數字統計。錢存訓曾說：「假定每卷書平均需雕版 15 塊，每部大藏需雕版約 6 萬至 8 萬塊。因此在雕印過程中必需募集書手、刻工、印工等各種技術湛熟的工人。」〔註 8〕而實際上，北宋開寶年間蜀雕的《大藏經》卻有十三萬餘板〔註 9〕，其容納的各類工匠人數由此可見。日本學者長澤規矩也《宋刊本刻工名表初稿》（1934 年日本書志學會《書志學》第 2 卷第 2 號）、何槐昌《宋元明刻工表》、張振鐸《古籍刻工名錄》、王肇文《古籍宋元刊工

圖 7

姓名索引》（上海古籍出版社 1990 版）、李國慶《宋版刻工表》（《四川圖書館學報》，1990 年第 6 期）、封思毅《宋本版心見知什記》（《國家圖書館館刊》九十四年第一期，2005.6）等論著中，均記載有大量宋代刻工的姓氏名錄。由於宋代刻工的人員構成多以家族、同鄉、親戚、鄰里爲主，以刻工營利，成本合算，流涉各地。故李國慶撰文說：

> 兩宋刻工作爲一個弱小階層，屬當時手工業者一部份，其從業組織形式，從印版題名中尚可窺視一斑，如一書印版由眾匠合力刊成者多，一人承雕者少；如兄弟、父子等同族與其他異姓刻工合作刊刻一書印版；如一組良工曾多次合作刊刻圖書印版；如異地刻工合作刊刻一書印版，等等，從不同程度上反映出了當時手工業生產組織情況。〔註 10〕

宋代刊本版心私記通常有刻工姓名，作爲工作品質考評、計量按酬工資的依據，其或以姓名、單字，或姓名、單字互相，又或冠以職銜（監生）、籍貫（長

〔註 8〕　錢存訓：《中國紙和印刷文化史》，廣西師大出版社 2004 年版，第 143 頁。
〔註 9〕　（元）釋念常：《佛祖歷代通載》卷 18，《文淵閣四庫全書》，子部，第 1054 冊，第 604 頁。
〔註 10〕　李國慶：《兩宋刻工說略》，《圖書館工作與研究》1990 年第 2 期，第 25 頁。

沙、舒州等），加上姓名、單字等。〔註11〕對此，冀叔英曾說：「雕版刻書的生產工具簡單，刻工隨時遷徙，一個刻工畢生的工作時間大約可延續三十年左右。」〔註12〕正是由於優良刻工的技藝傳承、流涉遷徙，宋代印刷業培養、容納了大量的工匠才人。例如，宋撫州刊本《周易》的刻工姓名，均與撫州本《禮記》刻工相同，又《周易》卷5第15頁板心記有「巴川鄒郁」，與《禮記》卷5第8頁及卷13第14頁板心記有「崇仁鄒郁」。王國維查證，北宋蜀人刻工有鄒郁等人流寓江右（《宋撫州本〈周易〉跋》）。〔註13〕而日本學者長澤規矩也編成《宋元刊本刻工名表初稿》，依據「日本靜嘉堂、圖書僚、金澤文庫、崇蘭館、成簣堂、足利學校、帝國圖書館等7處所藏的宋刊本130種（除去重複，為94種），共計收錄刻工名約1500個」〔註14〕。其中，「所收千餘名宋代刻工中，竟無一人刻書超逾十種」〔註15〕。若結合冀叔英所謂刻工畢生三十年左右的工作年限，可以判斷宋代多數刻工平均每三年刻了一種書，而且刻書收益至少應該能夠滿足其家庭同等時間的基本生活需求，否則他們也無法將這項專業性較強的工作堅持下去。

學者李國慶以南宋臨安監本「宋槧《七史》為據，摘錄《七史》所載刻工，共得674人，再選錄浙閩一帶及巴蜀地區所刊部份傳本，並將傳本所載刻工摘錄下來。」考證結果是「浙閩一帶所刊印本其所載刻工與《七史》刻工姓名互見者，有247人，占《七史》刻工總人數的三分之一。而巴蜀刊本中的刻工竟無一名與《七史》互見」〔註16〕。這從事實上說明，眉山本《七史》（紹興十四年刻本）與臨安本《七史》（紹興初年）分別屬於浙、蜀兩批刻工的傑作，其中臨安版《七史》的刻工至少有不止七百四十一人（247×3=741）。由此，李國慶認為「印版之成，功在刻工。兩宋從斯業者以數萬計，因咸屬臣下小民，史籍多不載其功，考其事蹟，惟據舊版題名」〔註17〕。曹

〔註11〕封思毅：《宋本版心見知什記》，《國家圖書館館刊》九十四年第一期（2005.6），第221～224頁。

〔註12〕冀叔英：《談談版刻中的刻工問題》，《文物》1959年第3期，第4頁。

〔註13〕王國維：《王國維全集》第14卷，浙江教育出版社2010年版，第449頁。

〔註14〕陳東輝、彭喜雙：《長澤規矩也與古籍刻工研究》，《上海高校圖書情報工作研究》2008年第4期，第47頁。

〔註15〕李國慶：《兩宋刻工說略》，《圖書館工作與研究》1990年第2期，第25頁。

〔註16〕李國慶：《兩宋刻工說略》，《圖書館工作與研究》1990年第2期，第27頁。

〔註17〕同上，第25頁。

之也說：「古籍刻本的成書過程，大致有定稿、校勘、書寫、刻版、印刷、裝訂等六個環節，其中最後四個環節，均由刻書工完成」，而且「大多數刻書人，既能寫版，又能刻版，甚至有能把寫、刻、裝、印四項工作，全部兼起來」〔註18〕。

　　按此說法，一是證明宋代印書業相比於抄書更加講究技藝師徒傳承；另一方面則說明，以宋代瑣細的印書程序，儘管刻書人能夠兼做寫、刻、裝、印四項工作，但在進行規模化印書時，實際卻需要容納更多的從業人員。以整個宋代所刻書籍的狀況，李國慶所謂的「兩宋從斯業者以數萬計」並不誇張。據遺存宋版書籍，張秀民統計，宋代刻工中有姓名可考者約有三千人左右〔註19〕；而李國慶則認爲「宋版傳本日稀，且傳本中又十之二、三不載姓名」。儘管如此，「兩宋刻工姓名可得五千」〔註20〕。

　　承上所述，印書事業進入北宋，社會繁榮，活計漸多，利益誘惑，導致從業人員日漸增多。這一時期，除了繼承五代以來的官方印書，社會長期穩定以及印本書籍逐漸升溫的社會需求，更刺激了印刷主體趨向多元。由此，單一的官方印業顯然無法滿足社會對於書籍、印本多元的售賣需求，也無法滿足社會從業人群迫切的就業需要，趨利的印刷業從此開始走向多元化和規模化。於是，北宋的印書事業有了特別突出的表現，出現了更多的從業主體。葉德輝也說：「書籍自唐時鏤版以來，至天水一朝，號爲極盛。而其間分三類，曰官刻本，曰私宅本，曰坊行本。當時士大夫言藏書者，即已視爲秘籍瑤函，爭相寶貴。觀於尤氏《遂初堂書目》，複收衆本之多。岳氏刻《九經三傳沿革例》，折衷各本之善，則當時之風尙，概可知矣。」〔註21〕因此總體上說，宋代刻書分爲官刻、家刻（葉德輝所謂「私宅本」）和坊刻三大類，北宋書籍的印刷製作與傳播主體也自然地可以分爲「官家」和「私家」兩大類。

〔註18〕曹之：《中國古籍版本學》，武漢大學出版社 1992 年 5 月版，第 467、468 頁。

〔註19〕張秀民：《宋元的印工和裝背工》，第 10 輯《文獻》，書目文獻出版社 1981 年版。

〔註20〕李國慶：《兩宋刻工說略》，《圖書館工作與研究》1990 年第 2 期，第 24、25 頁。

〔註21〕葉德輝：《書林清話・自敘》，中華書局 1957 年 1 月第 1 版，第 1 頁。

一、北宋官家刊刻

北宋時期，尤其是早期和中期，書籍印刷主要以官刻為盛。所謂官刻，政府各機關刻印的書籍稱之為官刻本。北宋中央機關刻書的有國子監、崇文院、秘書監、司天監等；地方刻書的有地方各路安撫、提刑、轉運、茶鹽司及州（府、軍）縣機關、學校等。毫無疑問，北宋時期，國子監刻書佔官刻書籍的主流。而到了南宋，國子監無力雕印書籍，地方官府

我國古代雕刻木版的作坊
圖 8

及官學刻書遂成為官刻書的主體。由於國力衰弱，南宋朝廷也已無力編纂、刻印像《太平廣記》、《冊府元龜》、《文苑英華》等那樣超大部帙的類書、叢書。這一時期，反而是家刻本和坊刻本異常繁榮起來。

現在看起來，北宋最大規模的印刷、傳播主體主要還是官方，至於當時民間印書遠未達到其鼎盛時代。原因在於，首先官方擁有較為雄厚的印刷實力和經驗累積，其集權體制能夠集中較為優秀的專家學者、書手刻工投入到書籍刊印事業之中。魯迅說：「因為在宋初，天下統一，國內太平，因招海內名士，厚其稟餼，使他們修書，當時成就了《文苑英華》，《太平御覽》和《太平廣記》。此在政府的目的，不過利用這事業，收養名人，以圖減其對於政治上之反動而已，固未嘗有意於文藝；但在無意中，卻替我們留下了古小說的林藪來。」〔註22〕此種「穩定政治和人心」的分析，可謂切中肯綮。魯迅這種說法，宋人早有斷言。（宋）李心傳《舊聞證誤》（卷 1）載，「朱希真云，太平興國中，諸降王死，其舊臣或宣怨言，太宗盡收用之，寘之館閣，使修群書。如《冊府元龜》、《文苑英華》、《太平廣記》之類，廣其卷帙，厚其廩祿贍給，以役其心，多卒老於文字之間。」宋朝後來的統治者，學習精髓，或通過科舉，或由朝廷設立課題、獎項，將評價的標準牢牢抓在手中，極力將學問思想納入政權控制的範疇，這是一種事關生存優給的評價和控制。這種控制的結果，導致文人的命運早在宋代就已注定，無人能夠逃脫。北宋時期，

〔註22〕 魯迅：《魯迅全集》第 9 冊《中國小說的歷史的變遷》，人民文學出版社 2005 年版，第 329 頁。此說又見《文獻通考》卷 248。

中央集權強化下的文人命運，要麼進入體制，接受名利的誘惑與安排，「供使令奔走以爲寵榮」〔註23〕；要麼就會像林逋和魏野那樣，成爲貌似「閒雲野鶴」的傳說。由此，我們看到宋代四大類書的編纂刊刻都是在北宋中期完成的，而幾次較大規模的佛藏、道藏編纂刊刻也均完成於北宋。

其次，五代變亂的教訓以及中央集權的需要，讓北宋朝廷對於書籍印刷有許多禁忌，時代風尙、個人喜好、黨派鬥爭等對書籍印刷的禁錮也鉗制著官私印書業的發展。《長編》（卷71）記載，大中祥符二年正月，因爲楊億、錢惟演、劉筠唱和《宣曲詩》，言詞浮靡且涉及前代掖庭事，御史因此彈劾。眞宗皇帝說：「詞臣，學者宗師也，安可不戒其流宕！」乃下詔風勵學者：「自今有屬詞浮靡，不遵典式者，當加嚴譴。其雕印文集，令轉運使擇部內官看詳，以可者錄奏。」（小注：江休復云：「上在南衙，嘗召散樂伶丁香畫承恩倖，楊、劉在禁林作《宣曲詩》。王欽若密奏以爲寓諷，遂著令戒僻文字。今但從《國史》。）在此種氛圍之下，可以看出官方的審查措施對於文臣的作品印製預先設定了禁忌。

文人大臣對於文集的印製無非事關影響和名聲，有朝廷「俸祿」這樣的金飯碗，不讓印就不印，也沒什麼要緊的。在張詠刻印《薛許昌詩集》、穆修刻印韓柳文集之前，張泊《張師黯集》、柳開《河東柳仲塗先生集》、楊億《楊文公武夷新集》，以及王禹偁《小畜集》等著作都沒有得到官方刻印。〔註24〕張詠刻印《薛許昌詩集》，主要是因爲「歲稔民和，公中事簡」，所以才能利用空餘時間，請太常博士張好古、太子中允乞伏矩、節度推官韋宿參與校書（《乖崖集》卷8《許昌詩集序》）。〔註25〕然而，印書禁令對於民間書籍印製的影響卻大有不同。因爲書坊印刷往往關係坊間老闆、書手刻工和商賈等這些與印本相關人等的生計，因此禁令的多次頒發對於民間的震懾影響顯然要大於官方。《長編》（卷119）載，景祐三年秋七月丁亥，「工部郎中王軫直秘閣。軫上所撰《五朝春秋》二十五卷，特擢之。禁民間私寫編敕刑書及毋得鏤版。」又因爲民間印刷的資金來源都依靠自己，一旦受到限制，失去了自由選擇書籍刊刻品種和數量的權力，其市場銷售前景必然大受影響。而在官方允許刊刻的書籍種類當中，又存在著官私之間印品的競爭。官方從穩定政權考慮，一方面優先考慮利於教化、國計民生的（經史子類）書籍印本；另一方面，依靠政府

〔註23〕魯迅：《魯迅全集》第9冊《中國小說史略》，人民文學出版社2005年版，第288頁。
〔註24〕夏其峰：《宋版古籍佚存書錄》，三晉出版社2010年版，第36～42頁。
〔註25〕吳文治：《宋詩話全編》第1冊，鳳凰出版社1998年版，第54頁。

雄厚實力，其出版書籍往往不計成本，或許質優價廉，或者銷售價格完全不遵循市場規律。《長編》（卷223）載，熙寧四年五月壬寅，詔自今朝省及都水監、司農寺等處，凡下條貫，並令進奏院摹印，頒降諸路，歲給錢千緡爲鏤板紙墨之費。〔註26〕雍熙三年，朝廷令國子監將徐鉉校訂的《說文解字》刻版完畢，並依九經例許人納墨錢收贖。國子監這種允許臣民納墨錢印書的方式，使得官版書籍價格更加低廉。元祐三年，國子監刻印《仲景全書》四種。其中有元祐三年牒文：「國子監准尚書禮部元祐三年八月八日符：『元祐三年八月七日酉時准都督送下當月六日敕：中書省勘會：下項醫冊數重大，紙墨價高，民間難以買置。內有浙路小字本者，令所屬官司校對，別無差錯，即摹印雕版，並候了日廣行印造，只收官紙工墨本價，許民間請買，仍送諸路出賣。奉敕如右，牒到奉行。前批八月七日未時付禮部施行』續准禮部符：『元祐三年九月二十日準都省送下當月十七日敕：中書省、尚書省送到國子監狀，據書庫狀，准朝旨雕印小字傷寒論等醫書出賣，契勘工錢，約支五千餘貫，未委於是何官錢支給應副使用。本監比欲依雕四子等體例，於書庫賣書錢內借支，又緣所降朝旨，候雕造了日只數官紙工墨本價，即別不收息，慮日後難以撥還，欲乞朝廷特賜應副上件錢數支使。候指揮。尚書省勘當：欲用本監見在賣書錢，候將來成書出賣每部只收息一分，餘依無降指揮。奉旨言：依。』國子監主者一依敕命指揮施行。」〔註27〕

當然，北宋官方印本書籍的確也是可以作爲商品出售的。葉德輝《書林清話》（卷6）說，當時「凡官刻書，亦有定價出售」，然而官方書籍刊刻往往忽略成本和贏利。《續通鑒》（卷33）記載，「天禧元年，上封者言：『國子監所鬻書，其直甚輕，望令增定。』帝曰：『此固非爲利，正欲文籍流布爾。』不許。」於是，天禧元年九月，國家頒發《國子監經書更不增價詔》。〔註28〕官私雙方若在同種類印本書籍的競爭，其結果可想而知，必然是資財雄厚，有國家賦稅作保，不計成本的官本大獲全勝。大觀二年蘇栻進言說，諸子百家因爲道不純，所以禁之。而今天的學者程文多被鬻書之人「高立標目，鏤版誇新，傳之四方」，而後生晚輩亦不分辨義理，「爭售編誦，以備文場剽竊之用」。最後，他希望皇帝「降旨國子監並諸路學事司鏤版頒行，餘悉斷絕禁棄，

〔註26〕 按：政府各部門頒下的管理條文，由進奏院摹印頒到全國各地，而國家負責有關印刷的全部費用。
〔註27〕 夏其峰：《宋版古籍佚存書錄》，三晉出版社2010年版，第146、147頁。
〔註28〕 《宋大詔令集》，中華書局1962年10月版，第556頁。

不得擅自買賣收藏」〔註29〕。由此，私坊印刷業主為求生存必然要另闢蹊徑，有時甚至不惜鋌而走險，突破官方劃定的所謂「紅線」，出版一些當時的暢銷書或官方所謂的「禁書」。然而，禁令畢竟始終存在，這也使得膽顫心驚的民間出版在生產規模上難以擴大，不可能有較大的發展。因此，歷史體現出來的北宋書籍刊刻狀況，當然是官方印刷業的主線、明線強於民間書籍印刷的副線和暗線。

北宋官刻中以國子監刻書為重要代表，此外還有崇文院、秘書監、司天監和各地學校刻書和公使庫刻書。國子監作為國家刻書的主要機構，負責校勘刊刻群書，頒布經典，是宋代對於五代官方刊刻製度的主要繼承者。起初，國子監中負責刻書的機構叫「印書錢物所」，後因大臣李至奏稱此名不雅，才於淳化五年改為「國子監書庫官」。《宋史》（卷165）載，淳化五年「始置書庫監官，以京朝官充，掌印經史群書，以備朝廷宣索賜予之用，及出鬻而收其直，以上於官。」可見，這個機構及其所設監官，主要負責國子監印刷經史，而且有權出售這些書籍印本。

北宋國子監刻書主要集中在經史和醫書方面。經書方面，從端拱元年太宗皇帝令孔維、李覽等校正孔穎達《五經正義》，由國子監鏤版印行。之後，淳化五年，兼判國子監李至又上言：「五經書疏已經印行，惟二傳、二禮、孝經、論語、爾雅七經疏義未備，豈付仁君垂訓之意，今直講崔頤正、孫奭、崔偓皆勵精於學，博通精義，望令垂加讎校，以備刊刻」。由此著手進行儒典校勘刊刻工程，至真宗咸平四年，國子監終於完成了這七部經書注疏的刻印。對此，夏其峰評價說：「先是有唐長興中雕九經板本而正義傳寫舛駁，太宗命校刊雕印，而四經未畢，上遣直講王渙就杭州鏤板，至是皆備。」〔註30〕王國維的案語則是：「宋初淳化中，國子監刊五經正義，不知命何地鏤板，至咸平中，七經正義則刊於杭州。」〔註31〕至少，兩人都認為「七經正義」的刊刻工作從太宗至真宗，延續了相當一段時間，且最後都雕刻完成於杭州。至咸平四年，最遲至景德二年為止，北宋國子監已將十二部儒家經典的經、傳全部出齊。

〔註29〕　《宋會要輯稿》刑法二，中華書局1957年版，第165冊，第6519頁。
〔註30〕　夏其峰：《宋版古籍佚存書錄》，三晉出版社2010年版，第39頁。
〔註31〕　王國維：《王國維全集》第7卷，浙江教育出版社2010年版，第6頁。

夏其峰《宋版古籍佚存書目·經部》（官刻）　　　　　　　　　　表1

年　代	著　者	書　名	事　由	備　註
建隆三年	（宋）陳鄂等	《禮記釋文》	又校訂《孝經釋文》、《論語釋文》，詔並刻板頒行。	
乾德三年	（唐）陸德明	《經典釋文》三十卷	國子監刊本。	
開寶二年	（唐）陸德明	《經典釋文》三十卷	開寶二年國子監、崇文閣官刊書。至明文淵閣傳藏。	今在故宮圖書館。
開寶四年	（宋）劉溫叟、永齡	《開寶通禮》二百卷	開寶四年五月，命劉溫叟等人以開元禮重加損益成此書。	
雍熙二年	（唐）孔穎達	《五經正義》	雍熙二年國子監刻本。	
端拱元年		《五經正義》即周易、尚書、毛詩、儀禮，春秋左傳	雍熙二年國子監刻五經正義。端拱元年國子監司業孔維等奉敕校勘孔穎達《五經正義》一百八十卷，詔國子監次第鏤板，至淳化五年全部板成。	
端拱元年	（唐）孔穎達	《尚書正義》二十卷	北宋刻，半葉十五行，行二十四字。	日本楓山官庫藏。
端拱元年	（唐）孔穎達	《毛詩正義》四十四卷	端拱元年，國子監奉敕校刊九經三傳正義等書，到咸平四年完成。《毛詩正義》是群經義疏方面有刻本之始。北宋原刻本已不傳，惟有南宋初的單疏本傳世。	江陰北宋瑞昌縣君孫四娘墓出土。
淳化元年	（唐）孔穎達	《春秋左傳正義》三十六卷	王炳、胡迪校，邵世隆再校，迨五年以獻。洛陽趙安仁善楷書之刻板。竹汀日記稱：朱文遊所藏爲淳化本，蓋淳化庚寅官本。	
淳化三年		《儒行中庸編》	淳化三年，崇文院刻。	
淳化五年		《七經正義》	即周禮、禮記、春秋公羊傳、春秋穀梁傳、論語、孝經、爾雅。淳化五年至咸平四年國子監刻本，其中《禮記正義》七十卷，日本昭和五年東方文化學院影印宋淳化本。	

咸平元年	（唐）孔穎達	《尙書正義》二十卷	咸平元年國子監刻本。	
咸平二年	（唐）孔穎達	《禮記正義》七十卷	咸平二年國子監刻。卷末銜名孔維校，紀自成再校，李說詳校勘，李至詳定。咸平二年邢昺上新印本。	
咸平四年	（唐）賈公彥等	《周禮疏》五十卷、《儀禮疏》五十卷、《春秋公羊傳疏》三十卷、《春秋穀梁傳疏》十二卷、《孝經正義》三卷、《論語正義》十卷、《爾雅疏》十卷	宋咸平四年（1001）國子監刻本。……四年九月丁亥以獻，十月九日命杭州刻板。又景德二年六月庚寅國子監上新刻公、穀、周禮、儀禮正義印板。先是有唐長興中雕九經板本而正義傳寫舛駁，太宗命校刊雕印，而四經未畢，上遣直講王渙就杭州鏤板，至是皆備。	王國維案：宋初淳化中國子監刊五經正義，不知命何地鏤板，至咸平中七經正義則刊於杭州。
景德二年		《九經》	景德二年，國子監刻本。	
景德二年		《十二經傳注》	宋景德二年國子監刻本。	
景德二年	（唐）賈公彥	《儀禮疏》五十卷	景德二年國子監刻。杭州雕造，王渙校定。	
大中祥符七年		《九經》	國子監刻本。	
大中祥符七年		《十二經傳注》	國子監刻本。	
大中祥符七年	（宋）孫奭	《孟子章句》十四卷、《音義》二卷。	國子監刻本。有張鎰、丁公著二家撰錄。今採眾家之長爲音義。	
天禧五年		《九經》	天禧五年，國子監重刻經書印板，賜諸路印本九經。	
天禧五年		《十二經傳注》	天禧五年國子監刻本。	
天聖九年	唐玄宗注	《孝經注》一卷	天聖明道間刻本。……是以爲天聖明道間刻本。	日本帝室圖書僚藏書。
慶曆二年	（唐）李鼎祚撰	《周易集解》十七卷	慶曆二年計用章刻本。……爲宋末俞石澗所藏。此書海內孤本。	官刻存疑
慶曆八年	（漢）韓英撰	《韓詩外傳》十卷	慶曆八年李用章刻於杭州。《容齋續筆》八：韓詩今惟存外傳十卷，慶曆	

			中將作監主簿李用章序之，命工刊刻於杭。其末又題云蒙文相公改正三千餘字，予家有其書。宋慶曆將作監主簿李用章刻，被稱爲慶曆杭州本。	
慶曆八年	（唐）陸淳撰	《春秋集傳纂例》十卷	慶曆八年國子監刻本。	
慶曆八年	（唐）陸淳撰	《春秋集傳辨疑》十卷	慶曆八年吳興朱臨刻本。	
皇祐二年		《石室十三經》	孟昶所鏤，故周易後有廣政十四年，唯三傳至皇祐初方畢，故公羊傳後有大宋皇祐元年歲次己丑九月十五日工畢。……	
治平四年	（晉）杜預撰	《春秋經傳集解》三十卷	宋治平刻本。	官刻存疑
熙寧八年	（宋）王雱撰	《新經尚書》十三卷	宋熙寧八年國子監刻本。《咸淳臨安志》：熙寧八年七月詔以新修經義付杭州鏤板。	
熙寧八年		《新經詩義》三十卷	宋熙寧八年國子監刻本。《咸淳臨安志》：熙寧八年七月詔以新修經義付杭州鏤板。	
熙寧八年		《周禮新義》二十二卷	熙寧八年國子監刻本。《咸淳臨安志》：熙寧八年七月詔以新修經義付杭州鏤板。	
元豐八年	（唐）楊倞注	《荀子注》十六卷	宋元豐間國子監刻本。	
元祐五年	（宋）孫諤詳定	《禮部韻略》五卷	宋元祐五年國子監刻本。此爲元祐五年孫諤等詳定本。現存卷第一、第三、第五，凡三卷。卷首題「禮部韻略」，平聲上第，末附元祐庚午禮部條制，貢院條制名諱及景祐四年六月牒。此本比之紹興增修本體式迥異，惜殘缺不完。	
元祐七年	（魏）王弼注	《周易注》十卷	宋元祐七年刻本。半葉十行。版心有「壬申重刊」等字。最佳。壬申爲元祐七年。	官刻存疑

元祐八年	（宋）劉敞撰	《春秋傳》十五卷、《春秋權衡》十七卷、《春秋意林》二卷、《春秋說例》一卷	宋元祐間被旨刊行。	
北宋無年代刻書	（漢）鄭玄注（唐）賈公彥疏、陸德明釋文	《周禮疏》五十卷	北宋國子監杭州鏤板。	
北宋無年代刻書		《禮記疏》	北宋國子監杭州鏤板。	
北宋無年代刻書	（漢）何休（唐）徐彥撰（唐）陸德明音義	《春秋公羊傳疏》二十八卷	北宋國子監杭州鏤板。	
北宋無年代刻書	（晉）范甯集解（唐）楊士勳疏，陸德明釋	《春秋穀梁傳疏》二十卷	北宋國子監杭州鏤板。	
北宋無年代刻書		《論語正義》十卷	北宋國子監杭州鏤板	

在史學方面著作，從淳化五年到咸平二年，國子監校刻了《史記》、《漢書》、《後漢書》；另，從咸平三年至天聖元年國子監校刻《三國志》、《晉書》。治平二年，北宋國子監又擬刻《宋書》一百卷、《南齊書》五十九卷、《梁書》五十六卷、《陳書》三十六卷、《魏書》一百十四卷、《北齊書》五十卷、《周書》五十卷，總稱「七史」。《南齊書》有治平二年牒文曰：「崇文院嘉祐六年八月十一日敕，節文：《宋書》《齊書》《梁書》《陳書》《後魏書》《北齊書》《後周書》見今國子監並未有印本，宜令三館秘閣見編校書籍官員精加校勘，同典管勾使臣選擇楷書如法書寫板樣。如《唐書》例逐旋封送杭州開板。治平二年六月　？日」。治平二年付刊，至政和中始皆畢，頒之學宮。民間流傳尚少。〔註32〕此外，官方還校印了《南史》、《北史》、《隋書》、《新唐書》、《新五代史》。整個北宋期間，前代的正史全部由國子監印刷出齊了。

至於醫書及其他方面書籍，國子監先後校刻了《太平聖惠方》、《黃帝內經素問》、《難經》、《千金翼方》、《黃帝針經》、《金匱要略》、《補注本草》等

〔註32〕夏其峰：《宋版古籍佚存書錄》，三晉出版社 2010 年版，第 114 頁。

古代以來的重要醫學成果。太宗雍熙三年，中書門下敕令國子監雕印了《說文解字》，仁宗慶曆三年，又雕版《群經音辨》。此外，諸子百家書有《荀子》、《文中子》、《孫子》、《衛僚子》、《六韜》等也刻版印刷。〔註33〕

最初，國子監雕印經史圖書，印好之後，按例都要先送「諸王輔臣」一本，然後公開售賣。而國子監刻書售賣的收入歸自己支配，不需要上繳國庫。北宋國子監靠印書牟利，本是源於五代時的傳統。因為長興三年二月，後唐政府即「令國子監校定《九經》，雕印賣之」〔註34〕。南宋羅璧《羅氏拾遺》（卷1）載：「後唐明宗長興二年宰相馮道、李愚始令國子監田敏校六經，板行之，世方知鐫甚便。宋興治平以前，猶禁擅鐫，必須申請國子監。熙寧後方是盡弛此禁。然則士生於後者，何其幸也！」當然，這也與北宋初年官吏俸祿微薄且鮮有現錢有關係。

《燕翼詒謀錄》（卷2）載曰：「國初，士大夫俸入甚微，簿、尉月給三貫五百七十而已，縣令不滿十千，而三分之二又復折支茶、鹽、酒等，所入能幾何。所幸物價甚廉，粗給妻孥，未至凍餒，然艱窘甚矣。」《墨客揮犀》（卷1）載：「舊制：三班奉職，月俸錢七百驛券，肉半斤。祥符中，有人為題詩所在驛舍門，曰：『三班奉職實堪悲，卑賤孤寒即可知。七百料錢何日富，半斤羊肉幾時肥。』朝廷聞之，曰：『如此何以責廉隅！』遂議增月俸。」同書另載一事，曰：「嘗有一名公，初任縣尉，有舉人投書索米，戲為詩答之，曰：『五貫五百九十俸，虛錢請作足錢用。妻兒尚未厭糟糠，僮僕豈免遭饑凍。贖典贖解不曾休，吃酒吃肉何曾夢。為報江南癡秀才，更來謁索覓甚甕。』熙寧中，例增選人俸錢，不復有五貫九百俸者，此實養廉隅之本也。」

當年范仲淹在睢陽掌管學政時，曾力勸一位秀才就學職，其開出的誘惑條件即是「月可得三千以供養」。《東軒筆錄》（卷14）載曰：

範文正公在睢陽掌學，有孫秀才者索遊上謁，文正贈錢一千。
明年，孫生復道睢陽謁文正，又贈一千，因問：「何為汲汲於道路？」
孫秀才戚然動色曰：「老母無以養，若日得百錢，則甘旨足矣。」文
正曰：「吾觀子辭氣，非乞客也，二年僕僕，所得幾何，而廢學多矣。

〔註33〕 張樹棟、龐多益、鄭如斯：《中華印刷通史》，印刷工業出版社1999年版，第117頁。
〔註34〕 （宋）司馬光《資治通鑑》（卷277）有「小注」，曰：「印賣九經始此」。

> 吾今補子爲學職，月可得三千以供養，子能安於爲學乎？」孫生再
> 拜大喜。於是授以《春秋》，而孫生篤學不捨晝夜，行復修謹，文正
> 甚愛之。明年，文正去睢陽，孫亦辭歸。後十年，聞泰山下有孫明
> 復先生以《春秋》教授學者，道德高邁，朝廷召至太學，乃昔日索
> 遊孫秀才也。文正歎曰：「貧之爲累亦大矣，倘因循索米至老，則雖
> 人才如孫明復者，猶將汩沒而不見也。」

范仲淹資助的這位孫秀才，就是後來號稱「宋初儒學三先生」之一的泰山先生孫復。由上述兩例，北宋初年地方學職收入不過三千，縣令也不過十千。收入的三分之二又以茶、鹽、酒等支取，而這些收入還要養家糊口。如果按孫明復所云「老母無以養，若日得百錢，則甘旨足矣」，那麼孫明復每月也須費錢（30×100 錢=3000 錢）至少三千。假若其中三分之二又以茶、鹽、酒等充用，那麼孫明復每月或許只得現錢一千左右。這樣的收入，即便是當時物價低廉，而孫明復又勤儉養家，也只是應了《燕翼詒謀錄》（卷 2）所云的「粗給妻孥，未至凍餒，然艱窘甚矣」。一般官吏和學職的收入菲薄，由此可窺一斑。在這樣的狀況之下，各類機構另尋收入來源就符合情理了。從史料上看，當時國子監賣書彌補收入不足，也確實得到了官方的認可。

《宋會要輯稿》（冊 75《職官》28）載，太宗雍熙四年詔曰：「詔國子監應賣書，價錢依舊置帳，本監支用，三司不得管係。」

《宋史》（卷 16）載：「元豐三年夏四月辛酉，增國子監歲賜錢六千緡。」

《長編》（卷 221）載：「熙寧四年三月，庚寅，詔：『諸路置學官，州給十頃爲學糧，元有學田不及者益之，多者聽如故。仍置小學教授，凡在學有職事，以學糧優定請給。』」

《長編》（卷 279）載，熙寧九年十一月，知諫院黃履言：「國子監歲賜錢萬有四千貫，而本監有編敕經義充監三等錢，存者亦及萬貫，請並創置房廊莊課，候將來置及歲賜錢，仍別樁管充監用，則歲賜錢可罷。」從之。

以上史料即是國子監有編敕經書的收入證據。此外，從這些記載也可看出，當時國子監的收入來源主要有學田、買賣經書、歲賜等三個方面。此後，隨著印賣書籍數量的增加，國家也看到了印書的巨大利益。於是，在英宗治平年間，國家取消了國子監對賣書錢的支配，將賣書錢盡納左藏庫，國子監賣書收入亦納入國庫。至於其他中央機構的刻書狀況，可參看書末附錄中的北宋刻書表格，此不贅述。

北宋的官方刻書單位之中，還有各州、府、軍、縣政府機構及其所設的學校。這些官辦學校因爲有國家賜予的田產等收益支持，因此它們往往既培養士子，也從事刻書，而各路使司刻書在宋代也頗有影響。據《宋史·地理志》載：

> 宋太宗至道三年（997）分天下爲十五路，天聖析爲十八，元豐析爲二十三：京東東、西，京西南、北，河北東、西，永興，秦風，河東，淮南東，兩浙，兩淮，江南東、西，荊湖南、北，成都，樟，利，夔，福建，廣南東、西。

國家在全國各路都設置了官署，茶鹽司、安撫司、轉運司、提刑司等機構，負責地方的諸項具體事務。這些機構，大都掌握了各地方的政治經濟命脈，有較爲雄厚的經濟實力和便利條件，因此它們也競相參與書籍的刻印。宋代的公使庫本是招待來往官吏的單位，往往掌握大量錢款。慶曆三年五月，韓琦、范仲淹諫言曰：「臣竊見朝旨下陝西省，罷同、解、乾、耀等九州軍公使錢，共一千八百貫。切以國家逐處置公使錢者，蓋爲士大夫出入及使命往還，有行役之勞，故令郡國饋以酒食，或加宴勞，蓋養賢之禮，不可廢也。」韓、范二公希望朝廷勿「顧小利而廢大體」，減省公使錢，其實是因爲「今減省得公用錢一千八百貫，只養得兵士一十八人。以一十八人之資，廢十餘郡之禮，是朝廷未思之甚也。」（《長編》卷 141）由於公使庫擁有經濟實力，它往往也成了宋代的主要刻書機構。元符元年（1098），蘇州公使庫刻朱長文《吳郡圖經續記》三卷。宣和四年（1122），吉州公使庫刻《歐陽文忠六一居士集》五卷，續刻五十卷。〔註35〕

北宋時期，我們以淮南路刻書相對冷落的揚州、徽州等地爲例。據王澄《揚州刻書考》記載：「揚州爲江左大鎮，淮右名都，唐時繁華甲天下，宋時先後爲淮南道、淮南路、淮南東路治所，刻書業本應興盛。然而，現存版刻資料表明，宋代揚州刻書不及江南、福建、四川等地發達。究其原因，揚州在唐末至宋初，尤其是宋室南渡以後，屢遭兵禍，很長時間不能安然刻書。」〔註36〕然而，即便是在北宋，揚州、徽州也還是有一些官方刻書。按照王澄的統計，已知揚州一地的北宋官刻書大致有以下二種：（1）雍熙二年（985）有

〔註35〕葉德輝：《書林清話》卷 3，中華書局 1957 年版，第 64 頁。
〔註36〕王澄：《揚州刻書考》，廣陵書社 2003 年版，第 1 頁。

高郵軍署刻本《金剛般若波羅密經》3 卷，附有《說法圖》扉頁，封底繪「變相圖」〔註37〕；（2）宣和七年（1125）有淮南路轉運使司刻本陸佃所撰《埤雅》20 卷。

　　淮南另一重地徽州，在北宋的官刻書可考的以《祥符（徽州）圖經》爲最早。其餘有景祐間（1034～1037）通守李淳纂刻的《黃山圖經》和元符三年歙縣縣尉周某纂刻的《黃山圖經》。〔註38〕夏其峰認爲，元符三年的《黃山圖經》乃佚名者輯，除《圖經》1 卷，還有《後集》1 卷。〔註39〕北宋時安徽的大江南北均有刻書，只是現在已無實物存世。但是在《宋史》、王象之《輿地紀勝》以及羅願的《新安志》仍可見到當時所刻書目的記錄。

　　至於其他官刻書籍，僅據夏其峰先生《宋版古籍佚存書錄》，就可以看到這些印本廣泛涉及「佛道儒」三家典籍，以及刑法、醫學、史學、文學、地理、農業等諸多領域，其中包括官刻《開寶大藏經》、崇文院雕造《唐律》《宋律》、以及北宋江寧府刻《花間集》等等。這些官刻書籍雖然名目種類繁多，但是從穩定政權的角度，從信仰和教化，以及涉及國計民生的角度考慮，就可以大致判明相關書籍印本得以雕印的理由。關於北宋官刻書籍的詳細情形，請參看本書附錄中的相關表格。

二、北宋私家刊刻

　　至於北宋的民間私家刻書，主要以家刻、坊刻爲主。所謂坊刻者，實則牽涉到古代書肆的源流。葉德輝云：「揚子《法言吾子》二，『好書而不要諸仲尼，書肆也。好說而不要諸仲尼，說鈴也。此『書肆』二字見於文士著述之始。」〔註40〕《後漢書・王充傳》（卷 79）記載，東漢王充年輕時離家遠赴洛陽求學求仕，「常遊洛陽市肆，閱所賣書，一見輒能誦憶，遂博通眾流百家之言」。據此可知，東漢時洛陽這樣的城市裏就已經有了書肆，而且書肆裏的書籍已有相當種類和數量，以致於王充能「博通眾流百家之言」。到了隋唐時期，書肆又有發展。《大唐新語》（卷 12）記載：「開皇七年

〔註37〕〔日〕冢本善隆：《奝然請到日本的釋迦佛像胎內的北宋文物》，《現代佛學》1957 年第 11 期，第 17 頁。

〔註38〕劉尚恒：《徽州刻書與藏書》，廣陵書社 2003 年版，第 17、18 頁。

〔註39〕夏其峰：《宋版古籍佚存書錄》，三晉出版社 2010 年版，第 146 頁。

〔註40〕葉德輝：《書林清話》卷 2，中華書局 1957 年版，第 32 頁。

（587）前後，後梁滅亡之時，徐文遠『江陵被虜至長安，家貧，無以自給』」。
其兄徐林，「鬻書爲事」，成了一名書賈。而徐文遠借其兄「鬻書」之便利，
「每閱書肆，不避寒暑，遂通五經，尤精《左氏》。仕隋國子博士，越王侗
以爲祭酒。」

　　由上述事例，證明從東漢至隋唐，當時書肆還僅是售賣書籍的場所，與
書籍生產的聯繫還沒有後來那麼緊密。到了晚唐，唐僖宗逃至四川，柳玭逛
蜀地書肆，「有字書、小學，率雕板印紙，浸染不可盡曉。」〔註41〕此時的書
肆才與雕板印刷有了些關聯。由此，印刷術的產生使得書籍產銷聯繫更爲緊
密，書坊、書肆的商業性質更爲突出，它與印本書籍的售賣傳播才有了更爲
緊密的聯繫。姚瀛艇對此界定說：

　　　　坊肆，是指書坊和書肆，即經營刻書和賣書的作坊，或者稱爲
　　書林、書堂、書鋪、書棚、書籍鋪、經籍鋪，所刻印的書籍稱坊刻
　　本。書坊刻印書籍，以營利爲目的，是作爲商品生產的。〔註42〕
這些坊肆主人，他們自己擁有穩定的寫工、刻工和印工。於是，「書坊」逐漸
成爲雕版印刷技術廣泛運用，以個人經營、生產並銷售印本書爲主的手工業
作坊。

　　（宋）莊綽《雞肋編》（卷上）記載，北宋建中靖國年間，京師有開書鋪人
陳詢，字嘉言，「以貌像呼爲『蝦蟆』」。崇寧年間，黃庭堅貶宜州，曾書信告
知書友：「《蘭亭禊飲詩敘》二本，前一本是都下人家用定武舊石刻摹入木板
者，頗得筆意，亦可玩也。一本以門下蘇侍郎所藏唐人臨寫墨蹟刻之成都者，
中有數字，極瘦勁不凡，東坡謂此本乃絕倫也」（《跋與張載熙書卷尾》）。歐陽修
《論雕印文字劄子》請求開封府「訪求板本焚毀，及止絕書鋪」，以及「如有
不經官司詳定，妄行雕印文集，並不得貨賣。許書鋪及諸色人陳告」的說法，
也佐證了京師印坊書鋪的繁盛。

　　此外，據說在宋徽宗時期，著名畫家張擇端繪製的《清明上河圖》中，
就有一家書坊正在營業（圖9）。在繁華街市當中，一個寫有「書坊」的招牌掛
在一家店鋪屋簷之下。這家書坊裏有一店員正在與兩個前來購書的書生模樣
的客人答訕，而另一書生模樣的客人則剛剛離開。他一邊走一邊甩動著袖子，

〔註41〕　無名氏：《愛日齋叢抄》卷1，《文淵閣四庫全書》上海古籍出版社2003年影
　　　　印本，子部，第854冊，第616頁。
〔註42〕　姚瀛艇：《宋代文化史》，河南大學出版社1992年2月第1版，第75頁。

似乎是未能如願購得書籍而悵然離去。店內櫃閣碼放有若干部成冊書籍，旁側櫃架上似乎有印板堆放其上，又或是帛狀書籍卷軸，模糊不能確定。若這個畫面真的呈現在張擇端的畫上，即可證明當時東京城中，確有銷售書籍的行業。鄭士德《中國圖書發行史》考證該書坊名為集賢堂，門面上方高掛「兌客書坊」紅邊白布店招。然而，仔細察看北京故宮博物館藏張擇端《清明上河圖》原本，始終未能發現圖中有類似的書坊。若張擇端畫中果真沒有「兌客書坊」，那麼這條證據就有待考證了。

圖 9

　　至於「書坊」與雕板印刷及書籍售賣緊密關聯，即所謂產供銷一體，大概就迄見於北宋時期，而到南宋這樣的聯繫就更為顯明了。許道和依據《麻沙劉氏族譜》，描述南宋建陽劉氏三桂堂「曾聘有從事校勘加工工作的編輯，經部 8 人，史部 6 人，還雇有專事印刷的工人 16 人」〔註43〕。

　　北宋汴京是一個繁華的大都市，民間書籍買賣和刻書業相當興盛。據宋人沈晦介紹，北宋元符間京師就有柳宗元《河東先生集》小字三十卷本開行，「顛倒章什，補易句讀，訛正相半」（《四明新本河東先生集後序》）〔註44〕。當時，東京相國寺是一個書籍買賣的聚集地。《燕翼詒謀錄》（卷2）記載：「東京相國寺乃瓦市也，僧房散處，而中庭兩廡可容萬人，凡商旅交易，皆萃其中，四方趨京師以貨物求售轉售他物者，必由於此。」據說，當年穆修自刻韓愈、柳宗元集就是在相國寺售賣的。而黃庭堅也曾記載當年在相國寺買到了宋祁的《唐史》稿一冊，由此得以揣摩、學習宋祁的史家筆法。〔註45〕蘇軾的記

〔註43〕　許道和：《麻沙本》，《歷代刻書概況》，印刷工業出版社1991年版，第438頁。
〔註44〕　（唐）柳宗元：《柳宗元集》第 4 冊《附錄》，中華書局1979年版，第1445頁。
〔註45〕　關於相國寺書籍買賣的兩則故事，引自（宋）朱弁：《曲洧舊聞》卷 4，孔凡禮點校，中華書局2002年版，第142頁。

載是：「眉山任伯雨德公，喪其母呂夫人，六十四日號踴稍閒，欲從事於佛。或勸誦《金光明經》，具言世所傳本多誤，惟咸平六年刊行者最爲善本，又備載張居道再生事。德公欲訪此本而不可得」。蘇軾因此夢見自己到大相國寺東門，「有鬻書者云：『有此經。』夢中問曰：『非咸平六年本乎？』曰：『然。』『有《居道傳》乎？』曰：『然。』此大非夢也！」〔註46〕。

在歷史記載中，宋代市井社會裏多有印刷活躍的身影。《長編》（卷387）記載，司馬光卒，「京師之民皆罷市往弔，畫其像，刻印鬻之，家置一本，飲食必祝焉。四方皆遣人求之京師，時畫工有致富者。」蘇軾《司馬溫公行狀》亦載曰：「（司馬光）既沒，其家得遺奏八紙，上之，皆手箚論當世要務。京師民畫其像，刻印鬻之，家置一本，飲食必祝焉。四方皆遣人購之京師，時畫工有致富者。」〔註47〕這樣的情形，在當代社會恐怕只有文革領袖逝世時，畫像連夜加印的景象才會有過之無不及。

從上述記載看，司馬光死後，民眾哀慟異常，市井民間定有不止一家私坊在連夜趕印司馬光的畫像出售，然而結果仍然是供不應求，以致於當時有許多坊間靠此獲利倍於平時。這說明，北宋時期東京城內定有多家雕印私坊存在，而且書籍、像冊等印品售賣活躍。除此以外，以下幾則記載亦可證實這個判斷。

《長編》（卷449）記載，元祐五年九月，右正言劉唐老說：「伏聞知青州王安禮，在任污穢不法，人有仇之者，作賦以紀其事，詭用名氏，在京雕印，因茲流行，眾議甚洶。以安禮之事蹟，自當窮治斥責，然而造作語言中傷之事，此風亦非可長。若利害交惡之際，苟欲償怨，競爲匿書，如是則遞相傾危，臣恐人情之間，將有不安者矣。風俗所繫，於此至重，今日之漸，寧可啓之？臣今欲將王安禮事狀從臣僚上言盡理根治外，其作賦雕印之人，下開封府立賞告捉施行。」按劉唐老敘述，王安石的弟弟王安禮在青州任上有不法行爲，有人作賦紀其事，並將之在京師雕印散發。民眾由此議論紛紛，影響極壞。

《東京夢華錄》（卷3）記載，相國寺「每月五次開放，萬姓交易」，其「殿後資聖門前，皆書籍玩好圖畫」。每月有五次交易，平均五六天就有一次集市

〔註46〕 （宋）蘇軾《東坡志林》卷1《記夢》，王松齡點校，中華書局1981年9月版，第18頁。

〔註47〕 （宋）蘇軾：《蘇軾文集》卷16，中華書局1986年版，第475頁。

貿易，而且寺東門大街皆是賣襆頭、腰帶、書籍等店肆。由此可知，當時相國寺的熱鬧繁華。同書（卷3）又記載：「日供打香印者，則管定輔席、人家牌額，時節即印施佛像等。」說的是，每逢四時節令，東京街頭就有印製施送佛像等物。另外，到了中元節，東京城還有印製出售《尊勝目連經》的（《東京夢華錄》卷8）。

關於北宋私家書坊，東京相國寺還有一家名爲「榮六郎家」的書坊，據說是一家跨越兩宋的書坊，延續到南宋後仍在南宋都城臨安經營。今存宋刻《抱朴子·內篇》有紹興壬申歲（紹興22年，1152）且日牌記云：

> 舊日東京大相國寺東榮六郎家，見寄居臨安府中瓦南街東，開印輸經史書籍鋪，今將京師舊本抱朴子內篇校正刊行，的無一字差訛，請四方收書好事君子，幸賜藻鑒。

榮六郎家以舊本《抱朴子內篇》在臨安城中校正刊行，也印證了北宋坊間早有《抱朴子·內篇》印本的事實。這說明，榮六郎家原來就在東京相國寺附近經營書坊射利，南渡後到了臨安重操舊業。爲給自己產品樹立名聲，榮六郎家具有宋代私坊多年使用同一坊號、家族長期經營的特點。其證據即是，這本《抱朴子·內篇》在北宋時就曾由榮六郎書籍鋪刊刻出版過，到南宋時他們又將京師舊本重新刊行，並在牌記中予以特別說明。

其他書坊，在宋代著名的還有建安余仁仲的勤有堂。關於勤有堂，清人鍾音曾向皇帝奏稱：「余氏後人余廷勤等呈出族譜，載其先世自北宋建陽縣之書林，即以刊書爲業。彼時外省板少，余氏獨於他處購選紙料，印記『勤有』二字，紙板俱佳，是以建安書籍盛行。至勤有堂名相沿已久。」〔註48〕據葉德輝考證，南北朝時期，余祖煥始居福建；十四世徙居建安書林，習刻書業；二十五世余文興因舊有勤有堂之名，號勤有居士。由此看來，「勤有堂」書坊在北宋時就已存在，並有相當的規模了。此結論與現代學者的考證是一致的。一九八二年，蕭東發曾到福建建陽實地考察，從余氏後人余咸清家藏同治間新安堂所刻《書林余氏宗譜》以及光緒二十二年（1896）所刊的《書林余氏重修宗譜》循源查考，得到結論也是余氏刊書始於北宋。〔註49〕宋代是趙氏王朝，而在出版印刷的「王國」裏，也有屬於自己的「王朝」。建陽

〔註48〕 葉德輝：《書林清話》卷 2《宋建安余氏刻書》，中華書局 1957 年版，第 43頁。
〔註49〕 蕭東發：《建陽余氏刻書考略》（上），《文獻》1984 年總第 21 期，第 233 頁。

余氏所創立的印刷王朝，如果從余氏十四世余同祖北宋初年定居建陽算起，直至清初，因爲聯結家族文化傳承，且世代與謀生相關，其延續時間長達六百多年，遠比趙氏王朝壽命要長的多。活得夠久，一直就是我們引以爲傲的文化傳承。

北宋坊間刻書，除了余氏勤有堂刻書之外，還有宋徽宗政和八年（1118），朝奉郎提點洞霄宮朱肱重校正《南陽活人書》，委託杭州大隱坊鏤版作中字印行。〔註50〕杭州還有陳氏萬卷堂、晏家經坊、錢家經坊等私家書坊。其他書坊，分布各地。四川有廣都裴宅、費氏進修堂等。北宋長沙還有坊刻本《百家詞》127 卷，保存至今。值得注意的是，北宋長沙的坊刻書業就盛行於其書院興旺之時。嶽麓書院從創建到每次修復擴大，全是州府直接主持的。開寶九年（976）潭州知州朱洞始建嶽麓書院於嶽麓山抱黃洞下；咸平二年（999）潭州知州李允則「益崇大其規模，中開講堂，揭以書樓」。

北宋坊刻書籍略表　　　　　　　　　　　　　　　　　　　　表2

年 代	坊刊刻書名	坊 名	來 源
淳化三年	《史記集解》130 卷	杭州陳氏萬卷堂	《宋版古籍佚存書目》
天聖四年（1026）	《文選注》六十卷	四川書肆平昌孟氏刻	《宋版古籍佚存書目》
慶曆二年（1042）	《妙法蓮華經》	杭州晏家經坊刻	1968 年山東莘縣出土
皇祐五年	（唐）陸淳《春秋集傳纂例》十卷	蜀刻小字本。又春秋微旨三卷，爲皇祐間汴京本。此與春秋集傳辨疑版本不同，或單刻者。	《宋版古籍佚存書目》
至和二年（1055）前	《宋賢文集》20 卷	京師坊刻	《長編》卷 179
嘉祐五年（1060）	《妙法蓮華經》	杭州錢家經坊刻	1968 年山東莘縣出土
嘉祐八年（1063）	《古列女傳》附有圖 123 幅	建安勤有堂刻	《建安古版書》①
治平三年（1066）	邵雍《擊壤集》	建安蔡子文東塾刻	《楹書隅錄初編》
元祐八年	（漢）高誘訓解《呂氏春秋》二十六卷	宋元祐壬申後三年刻本。賀鑄跋：餘杭鏤	

〔註50〕詳見張金吾《愛日精廬藏書志》、瞿鏞編纂《鐵琴銅劍樓藏書目錄》。轉引自葉德輝：《書林清話》，中華書局 1957 年版，第 86 頁。又見黃鎮偉：《坊刻本》，江蘇古籍出版社 2002 年版，第 10 頁。

		本，亡三十篇，又有脫字漏句。注：壬申爲七年，後又三年應爲紹聖二年。	
紹聖元年	張舜民《甲戌使遼錄》	北宋紹聖元年范陽書坊刻本。宋哲宗元祐九年奉使遼國（實爲紹聖元年），有《甲戌使遼錄》，記沿途山川、井邑、道路、風俗等。范陽書坊刻印。	
大觀二年（1108）	佛經雕版實物一件	河北鉅鹿某經坊刻	美國紐約市圖書館藏
政和元年（1111）	《六臣注文選》	成都廣都裴宅	黃鎭偉《坊刻本》16 頁
政和七年	（宋）楊復《儀禮圖》十七卷《儀禮旁通圖》一卷	宋政和間建安余靖安勤有堂刻印。	《宋版古籍佚存書目》
政和七年	（宋）陳傅良《春秋後傳》十二卷	宋政和間建安余靖安刻印。	《宋版古籍佚存書目》
政和八年（1118）	朱肱重校正《南陽活人書》	杭州大隱書坊刻	張志、瞿目　②
北宋徽宗年間	龍爪本《資治通鑑》（大字本）	成都廣都費氏進修堂	陸心源皕宋樓藏 224 卷
北宋年間	《百家詞》127 卷	長沙坊刻	保存至今
北宋末年	《抱朴子內篇》（京師舊本）	榮六郎書籍鋪刊刻	其重刊本保存至今

附注：

① 周蕪等編《建安古版畫》，福建美術出版社 1999 年 12 月版。《百家詞》，有人認爲是南宋坊刻。闕疑。又，當時北宋文臣詩文集刊刻，大多爲坊間刻印流布。詳見後續《北宋刊刻書籍表》（集部）。

② 張金吾《愛日精廬藏書志》、瞿鏞《鐵琴銅劍樓藏書目錄》。

　　北宋熙寧以後，私刻、坊刻蔚然成風，有的私坊刻書鋪有刻工幾十人之多，宋朝雕版印刷由此進入興盛期。一方面，宋朝政府推廣印刷術，傳播諸如農業手冊和醫藥書籍等技術手冊。另一方面，爲了響應民眾的需求，大量的私人出版趨利而生，不僅傳播了知識，同時也改變了世界文明發展進程。宋哲宗時期，商人徐戩刻印《夾註華嚴經》等書，運往朝鮮等地販賣，獲利頗豐（《蘇軾文集》卷 30）。

蒙昧的時代裏，在眾多混沌迷離的眼睛中，總有幾雙微睜的眼睛在努力追求光明的洞見。慶曆年間，畢昇以匠人的智慧發明了活字印刷術。活字印刷本來可以進一步降低成本，發達私坊的印刷業務。遺憾的是，由於種種原因，活字印刷技術在北宋並未得到大規模的運用。儘管如此，活字印本的意義依然巨大。一九八九年，在甘肅武威考古發現了西夏文活字印本《維摩詰經》下卷殘本，專家鑒定為十二世紀早期的活字印本。〔註 51〕除此以外，在俄羅斯聖彼得堡東方研究所，還有十二世紀的西夏木活字印本《吉祥遍至口和本續》九冊。如果上述發現及鑒定屬實，那麼此為世界上現存最早的木活字印本，距畢昇發明泥活字的時間僅僅大約相差一百多年。〔註 52〕因此，西夏的活字印本就是活字印刷術的意義所在。其意義是，儘管早期的活字印刷，字體粗糙，技術工藝也不成熟，但是活字印刷術是將整塊印板分割成利於拆分的小塊單字，改進工藝，提高了印刷效率，更重要的是它指明了後世印刷技術的發展方向。

坊刻本，出自私人書坊。宋代的坊刻由於直接與銷售聯繫起來而勃興，其發展到後來，北宋官方也不得不給予特別的重視。徽宗崇寧間，官方有詔令「兩浙、成都府路有民間鏤版奇書，令漕司取索，上秘書省」〔註 53〕。反應迅速，效益直接，也使得這種「前店後坊」的經營模式一直延續到了後世，才有了南宋至元朝坊間刻書之盛。書坊，這一刻書機構在南宋最終成為經營刻書、印書、賣書的機構，甚至成為組織編寫以便印賣，具有商業營利性質的私人出版發行機構。宋代書坊林立，據說，現在有名可查者仍達 170 多處。

除坊刻之外，北宋時期還有家刻，有所謂的家刻本。家刻本，是指凡有私人出資，不以營利為目的而刻印的書籍，通稱家刻本，又稱家塾本或宅塾本。家刻本由於私家財力、人力有限，所刻書較少有大部頭的經史，而以子、集類書籍居多。主要可分為以下幾種情況：（1）刻印前代名人著作。如北宋有刻本《陶淵明集》10 卷，據說是東坡手寫刻本；〔註 54〕（2）子孫刻印先人著作；（3）刻印地方先賢、恩師著作；（4）刻印自己或朋友著作。

〔註 51〕詳見《北京圖書館館刊》1997 年第 1 期，第 72 頁。

〔註 52〕史金波、雅森・吾守爾：《中國活字印刷術的發明和早期傳播》，社會科學文獻出版社 2000 年版；牛達生《我國最早的木活字印刷品——西夏文佛經〈吉祥遍至口和本續〉》，《中國印刷》1994 年第 2 期，第 64～67 頁。

〔註 53〕（元）馬端臨：《文獻通考・經籍考》卷 1《總敘》，中華書局 1986 年版。

〔註 54〕（清）陳鱣：《簡莊隨筆》，1920 年版。又見《文物》1979 年第 11 期劉乾《淺談刻本》一文。

　　通常情況，書坊更看重的是經濟利益，他們深知民眾需求就是利益之所在。因此其所刻之書，一般是刻印經史子集、適用於科舉考試的參考書，如策論、律文、韻書、字書、類書等。再有就是通俗讀物、兒童啓蒙讀物、醫書、占卜星相、農工雜書、話本小說等等，市井需求廣泛的書籍。而家刻卻更多出於經濟利益以外的因素。譬如個人喜好，對於前輩、先人的崇敬以及朋友之間的情誼等等。北宋富弼治理青州時，曾對臨朐縣結茅隱居的劉概甚爲賞識。劉概一生有雜文和詩歌多篇，其子特意爲之版印發行。〔註55〕

　　這裡有一點需要說明的是，北宋的家刻一般採取兩種運作模式：一是「和雇」，即雇主從市場招募雕印良工，並與工匠自願達成雕印協議，進行家集雕印。二是委託坊間雕印。書坊作爲一個常年經營雕印售賣的專業工場，除了自己策劃編刊書籍，爲了追求更多的利益，也經常接受個人或家族委託的雕印業務。當然，有時候還有可能接受地方官府和中央朝廷的雕印業務。所以，坊刻本和家刻本有時候還是比較難以區分的。

　　談到北宋時期的私家刻書，相關史籍也有記載。譬如，安徽私家刻書的第一人，有史書記載是北宋的郭延澤（《宋史·郭延澤傳》）。此外，兩宋私家刻書最有名的有趙、韓、陳、岳、廖、余、汪等七家，其中汪家就是新安的汪綱（《天禄琳琅書目·茶晏詩》）。北宋時潭州私家刻書的有湘陰人鄧忠臣所著的《玉池集》。鄧忠臣以孝著稱鄉里，熙寧三年中進士，官大理寺卿、考工郎，因受牽連列入「元祐黨籍」。鄧忠臣對杜甫的詩深有研究，《玉池集》中有不少與此有關的文章，刻版成書後分別著錄於《宋史·藝文志》和南宋陳振孫的《直齋書錄解題》中。

北宋家塾私刻書籍略表　　　　　　　　　　　　　表3

年　代	書籍名稱	家主名稱	來　源
咸平六年	《許昌集》十卷	張詠刻本	《宋版古籍佚存書目》
寶元二年 （1039）	《姚鉉文粹》一百卷	臨安孟琪	《書林清話》

〔註55〕　（宋）姚寬：《西溪叢語》卷上，中華書局 1993 年版，第 60 頁。按：《溫公詩話》載：「劉概字孟節，青州人。喜爲詩，慷慨有氣節。舉進士及第，爲幕僚。一任不得志，棄官隱居冶原山，去人境四十里。好遊山，常獨挈飯一覽，窮探幽險，無所不至，夜則宿於岩石之下，或累日乃返，不畏虎豹蛇虺。富丞相甚禮重之……」。

慶曆六年（1046）	《詩品》三卷	京臺岳氏	《瞿目》
慶曆八年	陸淳《春秋集傳辨疑》十卷	慶曆八年吳興朱臨刻本	《宋版古籍佚存書目》
嘉祐二年（1057）	《史記索隱》三十卷 ①	建邑王氏世翰堂	《天祿琳琅後編》
治平三年（1066）	《邵子擊壤集》十五卷	建安蔡子文東塾	《楊錄》
熙寧三年（1070）	鄧忠臣《玉池集》	鄧忠臣家刻	《直齋書錄解題》
元豐五年	《古周易》一卷	呂汲刻於成都。	《宋版古籍佚存書目》
元豐五年	《古文尚書》三卷	石刻補敘云：汲郡呂大防得之於宋次道、王仲至家，乃元豐五年鏤板。	《宋版古籍佚存書目》
元祐二年	（宋）杜諤撰	《春秋會義》四十卷	宋元祐二年刻本。前有嘉祐壬寅夏六月日任貫序，江陽杜諤自序，又元祐丁卯（二年）秋季秋月江陽杜諤重序。序刊有元祐二年改正修刊。
宣和元年（1119）	《本草衍義》二十卷	寇約刻其叔宗奭。《訪古志》稱：卷首載政和六年十二月廿八日付寇宗奭箚子，又宣和元年口月本宅鏤板印造，侄宣教郎知解州縣丞寇約校勘。	《孫記》《陸續跋》《楊譜》
北宋年間	品種名稱不詳	郭廷澤家刻	《宋史·郭廷澤傳》
北宋年間	青州劉概有雜文及詩歌印本 ②	劉概之子印行	《西溪叢語》卷上
北宋年間	《雲笈七籤》《乘異記》等印本	張君房大字版印行	《默記》卷下③
北宋初年	劉熙古獻《切韻拾玉》書板	劉熙古私刻	《宋史·劉熙古傳》
北宋	《資治通鑑》二百九十四卷	蜀廣都費氏進修堂	《瞿目》《陸跋》
	（宋）劉熙古撰《切韻拾玉》	北宋劉熙古刻，並時書板獻呈。此為北宋初年私家刻書之一例。	《宋版古籍佚存書目》
	（宋）寇準《寇忠愍公詩集》三卷	宋知河陽軍范雍初刻於道州。	《宋版古籍佚存書目》

以下北宋印本，疑坊刻或私人家刻			
北宋無年代刻書	（宋）龔原撰《周易新講義》十卷	北宋刻本。……北宋槧中尤佳者，首有興學亭篆字朱印。	《宋版古籍佚存書目》
北宋無年代刻書	（漢）鄭玄注（唐）賈公彥疏《周禮注疏》四十二卷	袁寒雲藏有宋本。上六卷為婺州本，小字絕精，北宋刻本。下六卷為南宋刻，附釋文。	《宋版古籍佚存書目》
北宋無年代刻書	（漢）鄭玄注《儀禮注》十七卷《釋文》一卷（唐）陸德明撰	北宋汴京巾箱本。	《宋版古籍佚存書目》
北宋無年代刻書	（漢）鄭玄注《釋文》一卷（唐）陸德明撰	北宋杭州細字本。	《宋版古籍佚存書目》
北宋無年代刻書	（晉）杜預撰（唐）陸德明音義《春秋經傳集解》三十卷	北宋刻闞民字本，存二十、二十九兩卷。……版心有刻工陳元、孔溥、鄭遂。	《宋版古籍佚存書目》
北宋無年代刻書	（晉）杜預撰《春秋經傳集解》三十卷	北宋刻小字本。	《宋版古籍佚存書目》
北宋無年代刻書	（魏）何晏撰（宋）邢昺撰《論語注疏解經》二十卷	北宋刻本。此書不記版鋟年月，然撫刻極精，北宋槧本之佳者。	《宋版古籍佚存書目》
北宋無年代刻書	《論語音義》一卷	影寫北宋蜀大字本。……係毛氏汲古閣所藏，墨妙筆精，與宋刻真本無異。	
北宋無年代刻書	（漢）趙岐注，疏舊題宋孫奭撰《孟子正義》十四卷	北宋蜀刻大字本，附音義，最佳。宋刻本題孟子注疏解經。	
北宋無年代刻書	《孟子音義》二卷	影寫北宋蜀大字本。……精美無比。	
北宋無年代刻書	（宋）張九成撰《孟子傳》二十九卷	原本佚《盡心上》下篇，今存者二十九卷。北宋刻本。	
北宋無年代刻書	（唐）陸德明撰《經典釋文》三十卷	北宋蜀刻大字本。	
北宋無年代刻書	（宋）劉敞《七經小傳》三卷	北宋刻本。	《天祿琳琅書目後編》
北宋無年代刻書	（晉）郭璞注附音釋《爾雅》三卷	北宋仁宗時刻本，……間有南宋高宗時補刊。	
	（宋）唐慎微《政和經史證類備用本草》三十卷	北宋解人龐氏刻本。	《宋版古籍佚存書目》

附注：

① 《書林清話》所列舉的北宋建邑王氏世翰堂刻本《史記索隱》，出自《天祿琳琅書目後編》。此本現藏臺灣故宮博物院。程有慶、張麗娟撰書云：「經過考證，知此本即明慎獨齋刻本，建邑王氏世翰堂的刊記是書賈偽造的（昌彼得《清內府藏書中的偽本》，臺灣《故宮文物月刊》第 9 卷第 3 期）。」按：吾對此仍存疑惑，未見證據，尚不敢苟同。參見程有慶、張麗娟：《宋本》，江蘇古籍出版社 2002 年 12 月版。

② 姚寬《西溪叢語》（卷上）載：「青州有劉概，方富韓公守青時，遇之甚厚。因得臨朐縣西南官地曰冶源，結茅居之。有雜文及詩歌，其子印行。」按：富弼乃北宋大臣，生於 1004 年，卒於 1083 年。其守青州及臨朐縣，皆北宋中期之物事。劉概之子印其雜文、詩歌，當也在北宋年間。

③ 王銍《默記》（卷下）載：「張君房字允方，安陸人，仕至祠部郎中、集賢校理，年八十餘卒。平生喜著書，如《雲笈七籤》、《乘異記》、《麗情集》、《科名分定錄》、《潮說》、《脞說》之類甚眾。知杭州錢唐，多刊作大字版攜歸，印行於世。君房同年白積者，有俊聲，亦以文名世，蚤卒，有文集行於世。常輕君房為人，君房心銜之。及作《乘異記》，載白積死：其友行舟，夢積曰：『我死罰為黿，汝來日舟過，當見我矣。』如其言，行舟見人聚視，而烏鵲噪於岸，倚舟問之，乃漁人網得大黿。其友買而放之於江中。《乘異記》既行，君房一日朝退，出東華門外，忽有少年拽君房下馬奮擊，冠巾毀裂，流血被體，幾至委頓。乃白積之子也，問：『吾父安有是事？必死而後已！』觀者為釋解，且令君房毀其板，君房哀祈如約，乃得去。」

　　私人刻書當然主要出於對書的喜愛，然而也有其他目的。有些私人藏書家以刻書為榮，刻書為樂，為名而刻書的特點也十分顯明。有些藏書家為了補充家藏，往往通過購買，或者與其他藏書者訂立條約、互通有無、往來借抄，然而利用雕版印刷來擴充藏書，無疑也是途徑之一。而有些刊刻者為宣揚祖先而刻書；有的為搜羅秘書藏本，顯示學問而刻書；有的為彰顯門第而刻書；有的官場應酬，欲抬高身價而刻書，如此等等。南宋岳飛之孫岳珂，官至戶部侍郎、淮東總領兼制置使。為了宣揚祖父岳飛及顯示個人著述豐富，他刊刻了《桯史》、《金陀萃編》、《寶真齋法書贊》、《玉楮集》、《愧郯錄》等書。陸游之子陸子遹喜歡藏書、刻書，所刻主要是其父陸游的著作，如《劍南詩稿》、《渭南文集》、《老學庵筆記》等。這類私刻或家刻，其目的主要是為了收藏保存，其進入傳播流程的機率與次數都極為有限。

　　總而言之，無論是各級官家和私人書坊的刻書情況，北宋時期印本書籍的印刷主體已經呈現出多元化、專業化的趨勢。這從另一方面顯示印本書籍

的傳播在北宋也在朝向多元化、專業化的方向發展。因為印刷主體的多元化，其結果必然是銷售渠道、傳播渠道和方式的多元化。至於專業化「書坊」的出現，更體現出書籍印刷和銷售在北宋社會已經成為一個相當重要的行業。這種前店後坊名為「書坊」的工商行業出現，反過來又更進一步地推動了北宋社會印本書籍的生產、銷售，傳播與普及。

第二節　北宋「經史子集」書籍印本

　　談到中央和地方機構對於書籍印刷的貢獻，我們必須注意到北宋經、史、子、集四類書籍的印刷情況。國家層面主要以國子監和崇文院為主導，國子監作為中央印書機構，因為負有更多社會文化傳承教育的責任，其印刷主要以經、史方面書籍為主。崇文院是宋代貯藏圖書的官署。北宋沿襲唐代舊制，以汴京的昭文館、史館、集賢院為三館，稱為西館。太平興國三年，建三館書院，遷貯三館書籍，賜名崇文院。北宋崇文院刻書涉及較廣，除了類似《後漢書》、《吳志》、《晉書》等平常的經史之外，還有《唐律疏義》、《天聖編敕》（律法）、《簡要濟生方》（醫藥）、《齊民要術》（農書）以及《御製攻守衛圖》（工程守備）等類書籍。而地方機構印書也是經、史、子、集各類書籍多有涉獵，尤與中央機構所印書籍加以區別。此種情形與中國社會的文化慣性需求密切相關，由於中國社會自漢朝始就奠定了思想控制上「儒家獨尊，諸子輔佐拱衛」的集權格局。加上當時經濟又以農業立國，農書、醫書關係國計民生，從而也就導致了中國的經史子集書籍貫穿千年，流傳綿延不絕。其中情形，正應了錢穆所言：「文化不能與學術相分離，欲瞭解中國文化傳統，即不能不瞭解中國之學術傳統。」〔註 56〕因為中國學術傳統強大的推動力和延續力量來源於文字、紙張與雕版三者的歷史結合，沒有文字和載體的文明不可能有強大的生命力和影響力。

一、北宋經書子籍刊刻與「典籍中心主義」

　　談到北宋經史子籍刊刻，就不能避談中國學術一以貫之的傳統。什麼是中國學術的傳統呢？答案無疑是「經學」和「子學」。然而中國學術的此種傳承，依靠的卻是經書子籍的歷史累積和注疏支撐。魯迅說：「尊孔，崇儒，專

〔註 56〕錢穆：《中國學術通義》，臺灣蘭臺出版社 2000 年版，第 1 頁。

經，復古，由來已經很久了。」(《十四年的「讀經」》)而由來已久的，更表現為古代典籍的累積傳承。由此就隱含著一層深意：即中國學術講究的是典籍的連貫性，而非「主義」的連續性。或者說，中國學術自古貫穿的是以「典籍」為中心，而非以「問題」為中心的主義。一方面，中央集權制度認可的典籍支撐了中國學術的歷史主流。另一方面，以典籍為中心，紙張、書寫、印刷等技術更新又推動著學術的發展進步。

在抄寫時代，「文學子游、子夏」(《論語·先進》)〔註57〕說的是子游、子夏掌握典籍文獻最多。而孟子出於說理需要，也多引述《尚書》、《詩》、《論語》〔註58〕等典籍。自從某些儒家書籍在漢代成為官方經典，歷代儒經注疏的工作就一直在進行，此種情況在所謂的「王朝盛世」尤其普遍。這在客觀上造成了典籍及其疏證因政教的需要，得以不斷累積。最顯著的例子，就是歷代對儒學十三經的注疏。據前人統計「十三經」字數為147560個字。到清代阮元主持校刻時，其收錄漢至宋代經學家對「十三經」的注疏，總字數已有一千萬字，成為卷帙浩繁的巨著。而《老子》、《莊子》等子籍經過歷代學者如王弼、郭象等人的研讀闡釋，也出現了多家注本。歷代解經、注經的持續，中國學術才形成以典籍為中心的「經書子學」。對此，黑格爾也說：「中國人存有若干古代的典籍……中國人把這些文書都稱為『經』，做他們一切學術研究的基礎。……這些典籍便是中國歷史、風俗和法律的基礎。」〔註59〕這種根植於古代典籍的學問，其原創性、實踐致用性難免不受影響。由於中國傳統思維是主體以自身為對象的意向性思維，而不是以自然為對象的認知型思維。〔註60〕人們遵循「述而不作」的傳統，而非根植於現實恒常問題的自我生發和創造。加之，社會文明的初始階段，兼有文字載體簡陋，書寫困難，詞匯有限等客觀條件限制，也導致人們思想即便有所發明，亦不能詳盡闡述。故先秦以來，諸子百家撰述的著作相比於今天並不長篇浩繁。這些著作歷經「焚書坑儒」，口耳相傳，孔宅壞壁，其傳承之艱難，使後世學者對於殘存的

〔註57〕 孔子認為子游、子夏熟習文章博學。文學，與我們今天所講的文學不是一回事，主要指古代的文獻及禮儀制度。此言是指子游、子夏熟習古代的典籍文獻以及各種禮儀制度。

〔註58〕 《孟子》一書中，除了說不清楚的傳說，孟子引證文獻大多從《詩》、《尚書》、《論語》中引出。至於《論語》當時是否已經成書，或者孟子只是聽聞孔門弟子傳言，仍有待考察。

〔註59〕 〔德〕黑格爾：《歷史哲學》，上海書店出版社2001版，第118頁。

〔註60〕 張岱年、成中英：《中國思維偏向》，中國社會科學出版社1991年版，第27頁。

古籍累增崇敬。闡釋起來尚嫌不足，更遑論修正與發明。於是，歷代學者所關注的不再是現實人類所面臨的問題，而是固化在典籍中的疑惑，他們所做的工作僅是對流傳的「經典」予以注釋或闡發微言大義。具體到某個朝代的學者，其注解與前人不同的只是文字多寡及程度上的差異，彼此沒有本質性的區別。這就導致了春秋爭鳴以後，中國就少有自我生發的「主義」，缺少原創性的學術及思想。因此，關於「經書子學」，與其說是關於「經書子籍內容」的學問，毋寧說是一種「研究經書子學的歷史」。由此，（清）章學誠才提出「六經皆史」〔註61〕的觀點。

事實上，從周公、孔子直至秦漢，中國人的學問中就沒有「史學」這一類別概念。班固《漢書‧藝文志》將天下圖書分為「六藝」、「諸子」、「詩賦」等七略（類），並無「史略」。《春秋》這類史書由此被歸屬到「六藝略」中。由於班固是根據劉歆《七略》撰寫《藝文志》，將官方的「王官學」和民間的「百家言」嚴格區分，〔註62〕故學術也就此分為「經學」和「子學」兩類。自此以後，中國學術主體就是關於「經學」、「子學」兩類典籍的歷史性研究。隨著典籍及其注疏的歷代累積，這就逐漸形成中國學術的顯著特點——即典籍歷史化。對於這樣的學術，心存偏見的黑格爾遺憾地建議西方學者「用不著深入考究，因為這種歷史本身既然沒表現出有任何進展，只會阻礙我們歷史的進步」〔註63〕。

當然，僅是說明典籍注疏的歷史累積還不夠，我們還要看到此種「專經」學術的內在趨動力。究竟是什麼推動了「崇儒、專經」的學術傳統呢？自西漢以來，由於官方集權政治的需要，漢武帝發現了儒家學說對於皇權獨尊的肯定。於是，在「罷黜百家，獨尊儒術」的幌子下，漢武帝故意迫使士人進行「皓首窮經」的閱讀，抑制異端思想的產生，強化自己的集權

圖 10

〔註61〕　（清）章學誠：《文史通義校注》卷1，中華書局1985版，第1頁。
〔註62〕　錢穆：《中國史學名著》，三聯書店出版社2000年版，第22頁。
〔註63〕　〔德〕黑格爾：《歷史哲學》，上海書店出版社2001版，第119頁。

統治。一旦，研讀儒家典籍成爲士人仕宦當官，實現社會人生價值的重要途徑，學術研究的動機就更加遠離了「關注現實，解決問題」的初衷。由於長時間雷同制度下的社會存在，與換湯不換藥的朝代更替，中國社會長期保持原有的格局和面貌，因循守舊的環境已無法刺激人們更新自己的思維。讀書人對於社會、人生，沒有懷疑，沒有分析，也自然談不上批評與反叛。如此一來，漢朝皇帝就擺脫了秦人當初「焚百家言，以愚黔首」的簡單草率，更具有一種操控思想輿論導向的智慧。因爲長期研讀某一類典籍，對於思想所產生的抑制作用更甚於禁止讀書的「愚民」。北齊顏之推曾舉鄴下諺語，說：「博士買驢，書券三紙，未有驢字」（《顏氏家訓》卷3）。撰寫契約通篇都沒有「驢」字，如何買賣交易，藉以嘲笑儒生的迂腐。以此爲例，很能說明中國經學本源性的迷失。

自漢以來，儒家經典對於學術起著絕對標準的作用。因爲社會並無大變化，現有的學說尚且足夠應付現實，於是人們惟有通過對古代經典的學習，向古人求教如何解決今世的問題。面對如此的「崇儒、專經」，顏之推總結說：「學之興廢，隨世輕重。漢時賢俊，皆以一經弘聖人之道，上明天時，下該人事，用此致卿相者多矣。」（《顏氏家訓》卷3）這句話的意思是，學問的興廢，不同時代的重視程度有所不同。漢代學者只要掌握了某一種世人認可的所謂「聖人」經典，假聖以言就可陞官發財。此情況沿續到了宋代，名利誘惑之下，蘇軾認爲惟有人君才能做到「不在求名與求知，不爲章句科舉計也」〔註64〕。而世俗之人多是由習學「典籍」直接聯想到「卿相」。跨過了「聖人之道」，反而失去了學術原發的純粹目的。故宋人陳鵠也說：「學問當以《孝經》、《論語》、《孟子》、《中庸》、《大學》爲主。此數書既深曉，然後專治一經，以爲一生受用。」〔註65〕人們視「經典」高於一切，其晚生後學流俗氾濫的結果必是對名祿的極度追求。

面對此種問題，就要反思中國學問發生的本源。無疑，談到本源，任何學術最初都是因人而存在，是爲解決現實問題而源發的。假若不關注社會現實生活中的人的問題，學問也就沒有任何意義。然而，中國學術向來缺乏理

〔註64〕 （宋）李廌：《師友談記》，孔凡禮點校，中華書局2002年版，第11頁。
〔註65〕 （宋）陳鵠：《西塘集耆舊續聞》卷2，孔凡禮點校，中華書局2002年版，第305頁。

性和科學，其表現爲對於事物缺乏批判和懷疑的態度，集權統治下的學術主
體既無法養成獨立自主的人格，又以「宗聖、崇古、尊經」來否定，甚至是
閹割掉個體的懷疑和自信。因爲想像這種崇敬可以換來長治久安、太平盛世，
所以如羅素所言，「對於學者的尊敬從來不是出於眞知，而是因爲想像中他具
有的魔力」〔註66〕。

　　從「聖人」身份的確認，我們或可窺見中國學問的初衷。《周易》解釋道：
「雲從龍，風從虎，聖人作而萬物睹」。意謂聖人製作（創造）爲萬民所仰望。
《風俗通》有言：「聖者，聲也。言聞聲知情，故曰聖。」《洪範》說，「思曰
睿」，「睿作聖」。《說文》解釋，「聖，通也。」孔子評價所謂聖人者，其「德
合於天地，變通無方。窮萬事之終始，協庶品之自然，敷其大道而遂成情性。」
（《孔子家語‧五儀解》）緣此，馮友蘭認爲，「中國的聖人，不是高高在上，不問
世務底聖人。他的人格是所謂內聖外王底人格。內聖是就其修養的成就說，
外王是就其在社會上底功用說」〔註67〕。這些記載，一則說「聖人」通達事
理，具有較高智慧及思維能力；二則說聖人還能順應自然法則，掌握自然規
律，和順地影響其所處的世界且惠及他人。所以，聖人就應該是錢德洪「出
淤泥而不染」的後天煉就，而非王心齋的先天自然養成。馮友蘭認爲對「聖
人」的崇拜，原是人們傾向於認爲聖人「知周乎萬物」〔註68〕，具有關於現
實世界最廣闊的知識和控制世界的最大能力。譬如，對於遠古時代，只要某
人通過觀察世界，積累了相當的學問知識，知道梅雨季節必然會下雨，逆天
無益。只需順天應命，發明製作一把類似油紙傘的東西，不僅遮蔽了自身，
而且通過傳授製傘技藝，惠及他人，這就是遠古的聖人。自古以來，神農氏、
燧人氏、伏羲氏、軒轅氏無不因此超凡入聖。故韓愈《原道》說：「有聖人者
立，然後教之以相生養之道。爲之君，爲之師，驅其蟲蛇禽獸而處之中土。」
〔註69〕

〔註66〕　王小波：《王小波全集》第1卷《文化之爭》，雲南人民出版社2006年版，第
　　　　　67頁。
〔註67〕　馮友蘭：《新原道‧緒論》，生活‧讀書‧新知三聯書店2007年版，第4頁。
〔註68〕　馮友蘭：《新原道》，生活‧讀書‧新知 三聯書店2007年版，第80頁。
〔註69〕　（唐）韓愈：《韓愈文集校注》，馬其昶校注，馬茂元整理，上海古籍出版社
　　　　　1986年版，第15頁。

按古人的認識，要想成爲聖人，除了天賦異稟之外，更重要是學習總結前人留下的經驗教訓，並用之以實踐。故孔子說：「夫不讀《詩》、《書》、《易》、《春秋》，則不知聖人之心，又無以別堯舜之禪、湯武之伐也。」（《孔叢子·論書》），自稱已從《尚書》中的《堯典》、《舜典》看到了堯、舜的聖道。然而，普通民眾畢竟大多目不識丁，更不能知曉古代文獻的奧義。《易》曰：「觀乎天文以察時變，觀乎人文以化成天下。」由此，北宋李復說：「夫所謂人文者，禮樂法度之謂也。上古之法，至堯而成，故孔

圖 11

子曰：『煥乎其所以文章。』周之德，至文王而純，故《傳》稱曰：『經緯天地曰文。』此聖人之文也。後世有一善可取，亦有謂之文者。……以載籍考之，若《書》之《典謨》、《訓誥》、《誓命》，皆治身、治人、治天下之法」（《潏水集》卷 5《答人論文書》）。按此說法，在「天地人」（圖 11）三才之間的關係中，聖人通常以天之象（天象）觀察地之理（時變），以自己掌握、通曉的天地法度規矩（人文）來約束、教化人類，促其以美的方式表達眞善。雖然不能確切知道上古之法是否是「至堯而成」，然而根據河南漯河賈湖墓葬考古，發現有公元前 7000 年至 6000 年之間的三十多根骨笛（由丹頂鶴翼骨所製，有六孔、七孔、甚至八孔樣式），同時還找到具有早期文字特點的龜甲刻符。〔註 70〕這些發現，都證明符號及禮樂文化最早是爲祭祀而存在。那時，巫師不僅掌控與神鬼溝通的權力，還掌控著神秘文字的解釋，神秘則帶來敬畏。賈湖遺址的發現，同時也證明禮樂文明在比周朝更早的賈湖時期就已有雛形。

通常，儒家的禮，也是對於人的行爲舉止的規範，也是對於人的情感和欲望進行約束的方式，其核心是人類行爲之禮對於事物之理的順應。而文學則是通過語言文字的審美表達，對人的情慾有所控制，它在「控制」情感這

〔註 70〕 〔英〕伊安·摩里士：《西方憑什麼》，臺北雅言文化有限公司 2015 年版，第 103 頁。

一點上和「禮」有了連結點。這一切就構成了所謂以「人文化成天下」。而這些治身、治人、治天下之法往往載於典籍文獻才得以傳承。如此，掌握文獻的「聖人」逐漸被賦予「神」的色彩。所以，「聖人之道」本應和我們生活的這個世界聯繫在一起的，是爲解決實際問題而產生的。只是在沒有實證思想方法的古代，聖人之言作爲過去經驗的總結，自然被視作「眞理（神喻）」，成爲推證的前提，證明的論據或作爲思維活動的結論。〔註71〕

蘇軾觀孔子的言語文章，認爲其「循循莫不有規矩，亦不敢放言高論，言必稱先王」〔註72〕。所謂「必則古昔，稱先王」(《禮記‧曲禮》)。於是，學術步入了權威崇拜和信仰的歧途，「唯聖」的思維方式和習慣開始左右或壓抑人們的創見，因爲跪拜的朝聖者從不敢質疑，更無法從高處窺見並揭穿「聖人」的神秘。

對於學術的用途，《顏氏家訓》(卷3)曾說：「古之學者爲己，以補不足也；今之學者爲人，但能說之也。古之學者爲人，行道以利世也；今之學者爲己，修身以求進也。」我們來到這個世界，不是消極的，無意識地「活著」，而是積極思考地「去存在」〔註73〕。上帝照著自己的模樣造了世間的男女，在眾多生物中，人是上帝最寵愛的，地位也是最高的。所以上帝在賜予我們靈魂的同時，也賜給了我們一副由無數交感神經編織起來的肉身。若不積極去感覺快樂與痛苦，我們怎麼對得起這般豐富的賜予呢？世人皆知，人生是一個有待實現、完善的過程，如果學術不關心現實問題，僅作爲書籍本身而存在，必然難以有針對性地解決問題。胡適、魯迅等人在新文化運動中取得的學術聲望，只因爲他們探討的是「白話文學」、「貞操問題」等時代關注的問題。即如胡適所說：「在個人的歷史上，這件事本身的方面有許多是偶然的。……不過廣義的看，不是完全偶然的。比方講白話，不是胡適之創出來的呀！不是陳獨秀胡適之創出來的呀！白話是什麼？是我們老祖宗的話，是我們活的語言，人人說的話，你們說的話，我們說的話，大家說的話，我們做小孩子時都說的話」，而「我們當初所以能夠成功，所以能夠引起大家注

〔註71〕張岱年、成中英：《中國思維偏向》，中國社會科學出版社1991年版，第36頁。
〔註72〕（宋）蘇軾：《蘇軾文集》卷4《荀卿論》，孔凡禮點校，中華書局1986年版，第100頁。
〔註73〕克爾凱郭爾、尼采、海德格爾等學者均強調，眞實的世界是流動和生成的，人生也同樣是一個有待實現的過程。有鑑於此，無論是「畏」，還是「去存在」，都是提醒我們要獨立踏入自己前途未卜的未來人生。

意，就是我們那時認清楚了，這個文學的革命最重要的是文體解放，把死的
文字放棄了，採用活的文字」，「所以我們採用一個很簡單的口號，叫『寫白
話』。再說詳細一點，可以用五個字，叫做『漢字寫白話』。」胡適還說：「那
個時候，我們完全是私人、個人、無權、無勢、無錢的作家」，之所以可以
提倡一種東西，全都是「因爲白話是活的語言，是大家的語言」（《中國文藝復
興》）〔註74〕。顯然，正是因爲適應了時代人群的迫切需要，新文化運動才誕
生了諸多大家與學者。

　　除此以外，舊時學術脫離現實更爲切要的理由，則是先秦至唐宋，社會
進步變化並不像後來所謂「資產階級工業革命」那般巨大，其面對仍然是春
秋以來「富國」、「強兵」、「崇德」、「守禮」等因循老舊的問題，社會既沒有
高效低成本的經濟需求，也沒有形成胡適等人推廣「民主」、「自由」的緊迫。
儒家經典只要稍加發揮闡釋，便足以應付眼前的一切，所以沉溺於古籍乃時
代使然，不能完全怪罪於古人。然而，宋代科舉所造成的後果依然不容忽視。
相比於唐代需要經過禮部、吏部兩次考試才能授官，宋代進士往往可以直接
授予官職，客觀上造成宋代科舉與仕途聯繫更爲緊密。由此反饋呈現的結果
往往是：人們明明走在學問（經驗）曲折的路上，就已迷失了人生踐行的目的。
加上書籍數量稀少，知識階層局限在少數特殊人群之中，那麼在「擁抱無用
之美」的極少數人群中，「反芻回流」的學術也就失去了「明德」、「親民」的
本源價值和意義了。

　　因爲學術典籍固化流傳千年，沒有突破、質疑的結果，必然是失去其原
生的活力。雖然學術以「問題」爲中心，問題儘管有其恒常性，但是人們對
於問題的關注，更應體現爲人類在不同的歷史生存語境下的深化、發展或變
形。然而，中國學術奉行的「典籍中心主義」，使得學術本身恰恰缺乏這樣的
變化和關注。〔註75〕即如黃庭堅所云「今夫六經之旨深矣，而有孟軻、荀況、
兩漢諸儒，及近世劉敞、王安石之書，讀之過半思過半矣」（黃庭堅《楊子建通神
論序》）。德國學者韋伯認爲造成此種情形的原因，主要是因爲「一個處於絕對
的權力地位，同時又壟斷官方祭司功能的世襲官僚階級，除了保持一種注重
典籍的傳統主義的心態之外，別無其他選擇。只有典籍的神聖性本身可保證
支撐官僚系統之地位的秩序的合法性。」於是，「官僚體系就必須限制它（典

〔註74〕 胡適：《容忍與自由》，同心出版社 2012 年版，第 282、293、286 頁。
〔註75〕 張汝倫：《現代西方哲學十五講·導論》，北京大學出版社 2003 年版，第 2 頁。

籍）本身的理性主義」〔註76〕。他們僅是希望天下士人對典籍奉若神明，沒有絲毫理性的質疑。此種情形發展到的宋代，由於印本傳播的繁盛發展，書籍壟斷被打破，情況有了些許變化。隨著閱讀人群擴大，人群中質疑的聲音也在持續發出，學術才恢復些許原生的活力。雖然如此，歷代的儒家經典教化仍然不斷強化著社會的孝親觀念，承襲儒家「孝親」觀念的社會內部結構由此變得穩定、沉重，這種強化導致在這樣的社會進行變革異乎尋常地艱難。加之，一貫以天朝正統自居，從不認真關注其他域外文明的發展動態，維持了長期歸然的古國心態。一七九三年，乾隆皇帝對遠道而來的馬戛爾尼爵士說：「中國從不貴奇巧，並更無需爾國置辦對象。」〔註77〕而《乾隆賜英吉利國王敕書》曰：「……天朝物產豐盈，無所不有。不藉外夷貨物以通有無。特因天朝所產茶葉瓷器絲斤，為西洋各國及爾國必需之物，是以加恩體恤，在澳門開設洋行，俾得日用有資，並沾餘潤。……」〔註78〕由此可知，周邊民族長期落後於中原的事實，始終麻痺著天朝上國安逸的神經，以致無法激發出變革的勇氣與決心。所以，媒介的改變雖然成為推動社會發展的積極因素，但不能過於誇大或指望它對社會變革起到決定性作用。印本的出現，其變革力量的強大源於傳播接受後的社會「合力」與「回力」。

無論如何，西方傳播學者伊尼斯始終認為中國是個儒學社會，儒學的興趣在於經典，經典是中國讀書人的重要文獻，而印刷術也是為了適應儒學的需要而出現的。〔註79〕由此看來，宋代作為經學發展的重要時期，原因應當與古代經學典籍在宋代得以廣泛印刷、傳播有關。這一時期，中央及地方印書機構對於經子書籍印刷尤其熱衷。北宋科舉雖屢經改革，但推崇經義和詩賦的主要格局並沒有變。這在客觀上也導致整個社會對於經書文獻有著廣泛的需求。所以，在印本誕生之初，這類書籍的印刷自然成為優先的重點。

首先，一旦決定對經典進行刊刻，遴選定本就會面臨不同抄本之間差謬訛誤的問題。只有對這些本子進行校勘，經籍印本才有可靠的質量保證。面對經典的慎重，宋人質疑古本（抄本）、懷疑傳抄錯誤的勇氣才能逐步建立起來了。

〔註76〕　〔德〕馬克思·韋伯：《儒教與道教》，商務印書館 1995 年版，第 214 頁。
〔註77〕　〔英〕伊安·摩里士：《西方憑什麼》，臺北雅言文化出版有限公司 2015 年版，第 387 頁。
〔註78〕　〔英〕馬戛爾尼：《乾隆英使觀見記》中卷，中華書局 1917 年 5 月，第 59 頁。
〔註79〕　〔加〕哈羅德·伊尼斯：《傳播的偏向》，中國人民大學出版社 2003 年版，第 14 頁。

其次，宋人質疑經典的勇氣還有可能源自對於印本的接受。由於經學的師徒相承雖然在形式上依然存在，但是印本經典的廣泛傳播，使得這樣的師徒關係遭到了嚴峻的挑戰。在傳統私塾教育中，口傳心授如此重要，以致於師傅的高度往往決定了學生的起點。然而，印本書籍普及接受卻有這樣的效果——師傅所說的並非是絕對正確，學生有更多的渠道獲取標準的典籍來驗證師傅解讀的對錯。據陸游記載，北宋實行三舍法時，有教官以《易義》出題，問為什麼「乾為為金，坤又為金」？有學生懷揣國子監版本的《易經》到老師面前，忐忑請教：「先生恐怕是看了福建的麻沙印本。如是監本，這句應是『坤為釜』。」教授對照監本後，惶恐愧謝學生（《老學庵筆記》卷7）。〔註80〕這個事例說明，普通學生若有經書印本在手，就可較為容易地發現教師的錯誤。由此，表面上似乎維護了典籍的尊嚴，實則是打破了典籍的權威，提升了晚生後輩「質疑經典」的勇氣。或者換一句話說更有趣，即在印本時代，宋人努力用「維護原典」的勇氣在質疑經典，最後不自覺地換來了難得的「問題意識」。因為典籍在流傳過程中，從寫本傳抄到多種印本的刷印，這樣的錯誤事實上是無法避免的。假若這類舛誤屢有發生，人們又該如何相信這類經典呢？如此一來，最終啟發的是宋人「問古疑經」的精神。故明末錢謙益說：「十三經之有傳注、箋解、義疏也，肇於漢、晉，粹於唐，而是正於宋。」〔註81〕錢謙益「正於宋」的說法，一是指宋代歐陽修、王安石、朱熹等人對十三經的懷疑和修正；另一個即是暗示儒學十三經在北宋均得以定本、版印成書，天下學人得以是正。於是，在沒有大規模外來文化匯入的宋代，印本傳播技術的進步卻意外地促動了宋人的思想。

二、北宋經子印本與「典籍中心」思想修正

學者黃亞平說：「從歷史的長河去觀照，『典籍』只是一個相對的範疇，『典籍』的概念在不同的時代，具有不同的內涵。在許慎的心目中，『典』是上古聖王傳下來的具有一定神性意味的書籍。……其後，隨著『私學』的

〔註80〕《老學庵筆記》（卷7）記載：「三舍法行時，有教官出《易義》題云：『乾為金，坤又為金。何邪？』諸生乃懷本至簾前請曰：『先生恐是看了麻沙本。若監本，則坤為釜也。』教授惶恐謝。又云：『今天下印書以杭州為上，蜀本次之，福建最下。』」

〔註81〕（清）錢謙益著，（清）錢曾箋注：《錢牧齋文集初學集》卷28《新刻十三經注疏序》，錢仲聯標校，上海古籍出版社2003年版，第850頁。

興起，教育流入民間，典籍的概念可以泛指各種圖書。這時候所謂的『典籍』，已經基本與現代意義上的典籍範疇雷同了」。「『典籍』表現出的教化功能在歷史階段最集中地呈現在所謂『經學』的研究上，在中國歷史上，經學一般是對儒家書籍研究的專稱，經學是典籍文化的代表和精華，是文化精英們精心選擇的結果」〔註82〕。故北宋孫復《答張洞書》以爲「《詩》《書》《禮》《大易》《春秋》之文也，總而謂之經者，以其終於孔子之手，尊而異之爾」（《孫明復小集》）。

　　現代意義上，「典籍」其實是個寬泛的概念，一直以來都在用，然而事實上我們並不能確切知道它所涵蓋的範圍究竟有多大。我們這裡所要談論的「典籍」，很明顯並不同於一般的作品、文章、文本等概念。因爲在中國傳統思維方式的形成和發展中，一直具有歷史的崇拜意識而缺乏懷疑、否定和批判精神〔註83〕，而「古代」是一個變動的時間概念，於是在中國古代，任何著述一旦屬於已經過去的時代（無論是否久遠），便自然地獲得了某種權威性，就會被人們視爲值得徵引的文獻典籍。一般而言，越是年代久遠的典籍，便越具有價值。先秦典籍在學術中的地位是至高無上的，儘管其中的一些都很難考證出確切的作者。只是對於宋人而言，他們或許更願意接受傳統的「五經」或者「六經」。宋初孫復之所以認可「《詩》、《書》、《禮》、《樂》、《易》、《春秋》」是經典，其標準就是「以其終於孔子之手，尊而異之爾」（《答張洞書》）。

　　由於古代典籍在中國古代有至高無上的地位，因此歷代的學術都圍繞著這些典籍而展開。然而，要開展屬於自己時代的學術，保證古代典籍得以正確的流傳就變成最首要的工作。我們知道，自有印刷技術後，經書子籍的傳播情形出現了重大變革。首先，只要刊刻無誤，印本載體就能保證典籍的正確流傳。在印本出現之前，經書傳播依靠人們的背誦、手抄。這樣的傳播方式，很難保證經書的準確無誤。東漢熹平年間，爲了維護儒家經典的正確流傳，蔡邕「自書丹於碑，使工鐫刻」，特地在太學門外立下石經。然而，這樣的典籍傳播仍需學子現場背誦摹寫，結果是「觀視及摹寫者，車乘日千餘輛，填塞街陌」（《後漢書・蔡邕傳》）。

〔註82〕黃亞平：《典籍符號與權力話語》，中國社會科學出版社 2004 年 9 月版，第 1 頁、第 318 頁。

〔註83〕張岱年、成中英等著《中國思維偏向》，中國社會科學出版社 1991 年 5 月版，第 31 頁。

　　古人云：「兼聽則明，偏信則暗」。因為信息和文化都是人類各個種族智慧的凝聚，信息多元、文化多元終會導致思想多元，這是人類社會的進步。然而當新媒介出現，類似西方「文藝復興」思潮沒能在北宋出現，當然有更複雜的原因。歸納起來，原因在於時人固守祖宗成法，整個宋代社會既沒有發現新大陸，沒有出現嶄新的問題，更沒有出現顛覆性的物質技術飛躍。與西方社會「一直從兩千年前的希臘羅馬去尋找大部份緊要問題的指引」一樣，宋代始終沒有出現「經典古籍已無法提供今人所需之答案」的嚴重情況。〔註84〕宋代以後，「儘管東方亦有草原新疆域，但比起渡洋發現新大陸，塞外這種疆域比起來就傳統多了，對新思維需求並不孔亟」〔註85〕。懷土、重情、守孝的中國人始終將自己的思想局限在傳統領域，王朝內部習慣以閱讀古籍，主觀臆想來面對現實。因為尊古，掌握舊材料的宋代知識階層沒有出現群體性認識突破，少數天才始終淹沒在保守的文化氛圍裏。儘管他們中的某些人擁有一流才智，由於沒有直接面對現實中那些可以提升社會生產進步的問題，缺少外部新奇刺激的思想難有更大的提升。如此種種，都是遲滯王朝文化創新的關鍵因素。

　　對於文化，英國詩人馬修‧阿諾德認為它「『永無止境地在智慧與美麗上成長』，藉此，『人類的精神才找到了理想』。在此我們發現文化是『一種不可或缺的輔助工具』，這也是文化的『真正價值』所在」〔註86〕。這個說法怎麼看都像是為印刷的出現提供了符合文化特質的佐證。當然，作為文明智慧的產物，在這之前更不可或缺的輔助工具——即成熟的文字以及足以記錄這些文字的載體。這一切都為文化創新提供了必要的物質和技術條件，然而起決定作用的還是人的變革因素。總之，晚唐五代有了雕版印刷之後，時空限制被打破了，傳統學問以師徒口耳相傳的界限也被打破了。人們可以通過各種方式獲取印本典籍，從而達到更為有效的知識傳播。北宋延續了五代以來的儒家經典刊刻和傳播的工作，並且更加卓有成效。

　　北宋國子監作為中央機構，負有更多社會文化傳承的責任，其印刷主要以經、史、醫等三方面書籍為主，而地方機構印書則是經、史、子、集多有

〔註84〕〔英〕伊安‧摩里士：《西方憑什麼》，臺北雅言文化出版有限公司2015年版，第375頁。

〔註85〕同上，第382頁。

〔註86〕David Walton：《文化研究入門》，駱盈伶譯，韋伯文化國際出版有限公司2010年版，第17頁。

涉獵，並與中央所印書籍加以區別。由於官方的書籍刊刻主要以經史書籍爲主，從《周易》、《周易正義》、《尚書》、《尚書正義》，《左傳》、《論語》、《孟子》等經傳注疏，以及輔助閱讀的《九經字樣》、《禮部韻略》、《經典釋文》等宋版的經類書籍中，我們可以察覺到經書刊刻對於宋代經學發展所起到的支撐作用。

北宋經部刊本表　　　　　　　　　　　　　　　　　　　表4

版本年代	北宋經籍印本名稱	經籍印本出處
五代國子監刊本	《九經三傳》	〔4〕上 1
北宋國子監刊本	唐唐元度《九經字樣》1 卷	〔4〕中 1
北宋刊本	魏王弼《周易》10 卷	〔3〕一上 1〔5〕後編二 1 〔9〕一上 13〔38〕圖 159
北宋國子監刊本	魏王弼《周易》9 卷《略例》1 卷	〔4〕中 1
北宋國子監刊本	唐孔穎達《周易正義》14 卷	〔4〕中 2
北宋刊本	龔原《周易新講義》10 卷	〔13〕一 13〔23〕下 4
北宋刊本	魏王弼《周易略義》1 卷	〔3〕佚文 5
北宋國子監刊本	漢孔安國《尚書》13 卷	〔4〕中 1
北宋刊本	孔穎達《尚書正義》20 卷	〔13〕一 17〔23〕下 53〔43〕一 3
北宋國子監刊本	孔穎達《尚書正義》20 卷	〔4〕中 2
北宋國子監刊本	漢毛亨《毛詩》20 卷	〔4〕中 1
北宋國子監刊本	唐孔穎達《毛詩正義》40 卷	〔4〕中 2
北宋蜀刊大字本	唐陸德明《論語音義》1 卷（影抄）	〔14〕38〔23〕上 27
北宋國子監刊本	魏何晏《論語正義》10 卷	〔4〕中 7
北宋刊本	魏何晏《論語正義》20 卷	〔13〕二 20
北宋國子監刊本	魏何晏《論語集解》10 卷	〔4〕中 1
北宋國子監刊本	晉杜預《春秋經傳集解》30 卷	〔4〕中 1
北宋國子監刊本	晉杜預《春秋左傳注疏》36 卷	〔4〕中 2
北宋國子監刊本	晉范甯《春秋穀梁傳》12 卷	〔4〕中 1
北宋國子監刊本	唐楊士勳《春秋穀梁傳疏》12 卷	〔4〕中 6
北宋國子監刊本	唐徐彥《春秋公羊傳疏》30 卷	〔4〕中 6
北宋國子監刊本	漢何休《春秋公羊傳解詁》12 卷	〔4〕中 1
北宋刊本	漢何休《春秋公羊傳解詁》12 卷	〔3〕一上 22，附唐陸德明《釋文》1 卷

北宋國子監刊本	晉郭璞《爾雅注》3 卷	〔4〕中 1
重翻北宋本	晉郭璞《爾雅注》3 卷	〔43〕三 29
北宋刊本	邢昺《爾雅疏》10 卷	〔7〕十二 1〔27〕2〔41〕圖版 11
北宋國子監刊本	邢昺《爾雅疏》10 卷	〔4〕中 7
北宋國子監刊本	孟軻《孟子》14 卷	〔4〕中 2
影抄北宋蜀大字本	孟軻《孟子》14 卷	〔14〕43
北宋國子監刊本	漢鄭玄《周禮》12 卷	〔4〕中 1
北宋國子監刊本	唐賈公彥《周禮疏》50 卷	〔4〕中 6
北宋國子監刊本	王安石《周禮新義》22 卷	〔4〕中 10
北宋刊本	漢鄭玄《儀禮》17 卷	〔34〕經 20
北宋國子監刊本	漢鄭玄《儀禮》17 卷	〔4〕中 1
北宋國子監刊本	唐賈公彥《儀禮疏》50 卷	〔4〕中 6
北宋刊本	唐賈公彥《儀禮疏》50 卷	〔52〕一 9
北宋景德刊本	唐賈公彥《儀禮疏》50 卷	〔23〕下 54〔45〕七 1、2
北宋國子監刊本	漢鄭玄《禮記》20 卷	〔4〕中 1
北宋國子監刊本	漢鄭玄《禮記注疏》70 卷	〔4〕中 2
北宋刊本	丁度《禮部韻略》3 卷	〔13〕二 42〔23〕下 36
北宋國子監刊本	丁度《禮部韻略》5 卷	〔4〕中 17、18
影宋元祐刊本	《禮部韻略》5 卷	〔43〕四 46
北宋國子監刊本	唐玄宗《孝經》1 卷	〔4〕中 1
北宋刊本	唐玄宗《孝經》1 卷	〔13〕二 13〔23〕下 53
翻北宋宋本	唐玄宗天寶《重注孝經》1 卷	〔43〕二 26
北宋國子監刊本	邢昺《孝經正義》3 卷	〔4〕中 7
北宋國子監刊本	唐張參《五經文字》3 卷	〔4〕中 1
五代監本	唐陸德明《經典釋文》30 卷	〔4〕上 5
北宋國子監刊本	唐陸德明《經典釋文》30 卷	〔4〕中 10
北宋國子監刊本	王安石《新經詩義》30 卷	〔4〕中 10

注：文獻出處代碼，請查附錄 2：《北宋刊本查考書目編號表》。

　　根據《五代兩宋監本考》、《讀書敏求記》、《皕宋樓藏書志》、《經籍訪古志》、《日本訪書志》等書籍記載的宋版書籍，可以看到北宋官方幾乎出齊《詩》、《書》、《禮》、《易》、《春秋》在內，歷代所有經書子籍及其注疏刊本。據說，宋人刻印書籍約有數萬部，雖然歷經千年，頻遇戰火，十亡七八。統

計下來，幸存至今，僅署名宋人的著作仍有 4855 種〔註87〕，這還不包括那些從先秦流傳下來、歷朝歷代不斷增添的典籍。就目前所看的北宋經部印本書籍，也僅僅是當年大量經籍印刷的九牛一毛。

北宋科舉與印本典籍的平民化普及，客觀上也導致「治學」若沒有經學書籍徵引，文章引文沒有出處，在宋人看來成了一件不可想像的事情。《石林燕語》（卷 8）記載蘇軾當年參加省試時，「梅聖俞作考官，得其《刑賞忠厚之至論》，以爲似《孟子》。」然蘇軾文章中，「引皋陶曰『殺之三』，堯曰『宥之三』，事不見所據」。等到放榜，蘇軾中了第二名。梅堯臣終以所疑問之。蘇軾回答卻是：「想當然耳，何必須要有出處？」梅堯臣大駭，然人已無不服其雄俊。〔註88〕

梅堯臣「大駭」的原因，當然是蘇軾策論引述的內容居然沒有出處，全憑自己「想當然」。這則事例，一則說明當時由於科舉與印本書籍的普及，以致於梅、歐等人見到蘇軾文章所引用內容時，首先考慮到的是典籍中必定有。如果沒有，除了所看版本不同外，還有可能是自家看書時不夠仔細。所以待到考試結束後，歐、梅等人馬上去問蘇軾「典出何處？」。因爲《尚書》漢代以來有「今文尚書」和「古文尚書」兩種流傳體系，而《尚書》中惟有《舜典》、《皋陶謨》、《大禹謨》提到皋陶，不過在這些文章中與皋陶對話是舜帝和大禹，而非堯帝，何況也沒有所謂「殺之三」、「宥之三」的記載。類似的事情，後來也同樣發生在蘇軾身上。據載，元祐中，省試題目爲《舜不窮其民論》。劉棠以其警句「桀紂以淫虐窮，幽以貪殘窮，厲以監謗窮，戰國以侵伐窮，秦皇以督責窮，漢武以奢侈窮，晉以夷狄窮，隋以巡幸窮，明皇以隱戶剩田窮，德宗以閒架稅屋窮」，得主考官蘇軾歡賞其不類時文。然而，這有可能是因爲蘇軾沒有看過孫樵《與賈秀才書》有「揚雄以《法言》、《太玄》窮，元結以《浯溪碣》窮，陳拾遺以《感遇》詩窮，王勃以《宣尼廟碑》窮，玉川子以《月蝕》詩窮，杜甫、李白、王江寧皆相望於窮者也」（《憂古堂詩話》）的類似文字。這說明孫樵這樣的書信，並非眾人所能看到。

〔註87〕 劉琳、沈治宏編著：《現存宋人著述總錄・前言》，巴蜀書社 1995 年版，第 2 頁。
〔註88〕 《誠齋詩話》記載略有不同，乃歐陽修問其出處。其載：「坡曰：『事在《三國志・孔融傳注》。』歐退而閱之，無有。」，他日再問坡，坡云：『曹操滅袁紹，以袁熙妻賜其子丕。』孔融曰：『昔武王伐紂，以妲己賜周公。』操驚問何經見，融曰：『以今日之事觀之，意其如此。』」。蘇軾因此認爲，「堯皋陶之事，某亦意其如此。」

　　事實上，蘇軾所引例證出自《禮記・王制》〔註89〕、《禮記・文王世子》。文中記載對於犯大辟罪的公族中人，諸侯國君採取審慎的態度，刑官三次報告刑殺，國君三次提出寬宥處理的理由。〔註 90〕蘇軾臨考時，誤記爲唐堯的事。實際上，這一制度源於更早的周朝。據《漢書》卷23《刑法志》記載：「《周官》有五聽、八議、三刺、三宥、三赦之法。……三宥：一曰弗識，二曰過失，三曰遺忘。三赦：一曰幼弱，二曰老眊，三曰蠢愚。」〔註91〕由此可見，歐陽修、梅堯臣等人「大駭」的原因，大概有二：一是他們不能確定自己讀書的精細程度，擔心漏看這段記載；二是擔心《尚書》另有逸出的文章，或許蘇軾在古文風氣盛行的蜀中看到過，而自己在中原內地反而沒能看到。

　　以上事例，雖然是蘇軾錯用了典故，借堯帝仁德寬宥來說明賞罰制度貴在忠厚，但是從另一側面也透露出，北宋科舉與典籍平民化導致以蘇軾爲代表的創新派人物對於典籍的態度開始有所轉變。這種轉變是──典籍固然重要，然而疑問必不可少。尤其重要的還是不拘泥於典籍，而是它在具體實踐中的「經世致用」。如此轉變，也驗證了北宋湧現出二程、張載、邵雍、周敦頤等儒學大師（北宋五子）並非偶然。

〔註89〕　《禮記・王制》載：「大司寇以獄之成告於王；王命三公參聽之，三公以獄之成告於王；王三又，然後制刑。」引自楊天宇：《禮記譯注》，上海古籍出版社 1997 年版，第 218 頁。

〔註90〕　《禮記・文王世子》載：「其刑罪，則曰：『某之罪在小辟。』公曰：『宥之。』有司又曰：『在辟。』公又曰：『宥之。』有司又曰：『在辟。』及三宥，不對，走出，致刑於甸人。公又使人追之曰：『雖然，必赦之。』有司對曰：『無及。』」引自楊天宇：《禮記譯注》，上海古籍出版社 1997 年版，第 354 頁。

〔註91〕　《周官》中有「五聽」、「八議」、「三刺」、「三宥」、「三赦」的判案斷刑的方法體系。「五聽」：第一種是觀察受審者說話態度，第二種是觀察受審者的面色，第三種是觀察受審者的氣息，第四種是觀察受審者的聽覺，第五種是觀察受審者的眼神。「八議」：第一種是考慮（受審者是否）是皇室一定範圍的親屬，第二種是考慮（受審者是否）是皇帝的某些故舊，第三種是考慮（受審者是否）是朝廷認爲「有大德行」的賢人君子，第四種是考慮（受審者是否）是有「大才業」，能整軍旅、蒞政事，爲帝王之輔佐、人倫之師範者，第五種是考慮（受審者是否）是「有大功勳」者，第六種是考慮（受審者是否）是職事官三品以上、散官二品以上及爵一品者，第七種是考慮（受審者是否）是「有大勤勞」者，第八種是考慮（受審者是否）是「承先代之後爲國賓者」。「三刺」：（要判死刑或者其他重刑的疑案）第一要詢問群臣的意見，第二要詢問群吏的意見，第三要詢問萬民的意見。「三宥」：第一對沒意識的犯罪行爲寬大處理，第二對過失造成的犯罪行爲寬大處理，第三對健忘造成的犯罪行爲寬大處理。「三赦」：一赦免幼小，二赦免老人，三赦免智力不健全的人。

據記載，當年「蘇季明嘗以治經爲傳道居業之實，居常講習，只是空言無益，質之兩先生（二程）。」正叔先生（程頤）曰：「治經，實學也。『譬諸草木，區以別矣。』道之在經，大小遠近，高下精粗，森列於其中。譬諸日月在上，有人不見者，一人指之，不如眾人指之自見也。如《中庸》一卷書，自至理便推之於事。如國家有九經，及歷代聖人之跡，莫非實學也。如登九層之臺，自下而上者爲是。人患居常講習空言無實者，蓋不自得也。爲學，治經最好。苟不自得，則盡治《五經》，亦是空言。今有人心得識達，所得多矣。有雖好讀書，卻患在空虛者，未免此弊。」〔註92〕

程頤與弟子蘇季明的答問，一則說明北宋治經被稱爲實學，爲當時學術之首要；二則蘇季明發現每天講習經書，未切要實際問題，只是空言無益。而程頤的回答卻是「苟不自得，則盡治《五經》，亦是空言。」此語何意？按程頤的看法，「治經」的確是實學，這是勿庸置疑的，只是「治經」要方法得當。所謂「方法得當」，即是「自至理便推於事」——意思是要從經書中發現其理（道理）而推及於事（實際問題）。因爲「道」，本來就在經書之中，只是有人可見，有人看不見而已，重要的是自己要極力窮究，自見其理。這個說法後來被朱熹推衍爲「格物致知」。蘇、程二人的對話恰可說明，經籍在北宋傳播甚廣，使得相關學問在當時得到很大的提升，所謂「道之在經，大小遠近，高下精粗，森列於其中。譬諸日月在上，有人不見者，一人指之，不如眾人指之自見也。」

按程頤的說法，僅僅「致知見理」還不夠，「窮經，將以致用也。……今世之號爲窮經者，果能達於政事專對之問乎？則其所謂窮經者，章句之末耳，此學者之大患也」（《二程集·遺書》卷第 4）。二程等人正是基於這樣的典籍普及程度，才跳出了「典籍中心主義」的窠臼，從經籍中見他人所未見，得他人所未得，脫穎而出，成爲宋代儒學大師。總之，北宋由於印本的普及，科舉平民化的追求，使得士人多有機會和條件得以廣泛研習經籍。《石林燕語》（卷8）載：「熙寧以前，以詩賦取士，學者無不先遍讀《五經》。余見前輩，雖無科名人，亦多能雜舉《五經》，蓋自幼學時習之爾，故終老不忘。」典籍「閱讀門檻」和「科考門檻」的降低，致使北宋官方擁有如邢昺、歐陽修、司馬光等飽學之臣，民間則出現了二程、張載、邵雍等鴻儒大師。

承上所說，我認爲印本經籍的廣泛傳播最大的益處是，它在時間上和空間上挑戰了傳統私塾式「口耳相傳」的師徒傳承方式。由此，自有印本以來，

〔註92〕 （宋）程顥、程頤：《二程集》上冊，中華書局 2004 年版，第 2 頁。

學生除社會生活、私塾業師之外，得到了額外獲取眞知的渠道。由於媒介和傳播方式的改變，導致信息由過去單一的口耳相傳變爲眼睛、文字、書面的傳播。信息多元所導致的是接受者必須對信息進行甄別、篩選，並做出自己符合理性的判斷。這也成了「耳聽爲虛，眼見爲實」的最好注解。如此一來，也逐步開啓了北宋學術發明或改善發明的源頭。所謂「半畝方塘一鑒開，天光雲影共徘徊。爲渠哪得清如許？爲有源頭活水來。」（朱熹《觀書有感二首》）

王小波曾說，人的痛苦包括「沒有書看、沒有合適的談話夥伴」，只有「在我們之前，生活過無數的大智者，比方說，羅素、牛頓、莎士比亞，他們的思想和著述可以使我們免於這種痛苦，⋯⋯一個人倘若需要從思想中得到快樂，那麼他的第一個欲望就是學習」（《思想的樂趣》）〔註93〕。朱熹生活在一個繼往開來的時代，這個時代主要憑藉印本傳播來學習學術，改善思想，所以他深知源頭活水對於學問的重要意義。應該說，朱熹及王陽明窮究事物之理，在一定程度上就是當時中國人的「科學」。至少，宋人當時追求的「科學」就是理，即對外物的求知與認識。只是由於典籍擺放在那裡，宋人忽略了實際的驗證，而更強調經書的隱奧神聖，而局限了他們的發現與質疑的勇氣。

按照培根的觀點，如果學術的傳承仍是傳統「師徒的傳承，而不是發明者與進一步改善發明者的繼承」〔註94〕。那麼，由此「流行的知識必然大多是只供爭辯和文飾之用的，停滯的、僵化的，如同偶像，只受人崇拜的知識，不能幫助人們尋求眞理、征服自然」〔註95〕。經學發展到宋代，其學術發展的確呈現出與前代異樣的特點。過去，漢儒講「章句之學」，特重「師法」，學生要遵守老師的傳授。宋儒則講「義理之學」，主張依個人的心得體會來解釋古代經典，力求從「聖經賢傳」中尋找立說的根據。〔註96〕《孟子》國子監印本的出現，預示著北宋經學範圍的擴大，以及宋人對於孟子思想有了進一步精深的研究。其中最突出的表現，即是因爲知識廣博所帶來的疑問，宋人繼承了孟子「民貴君輕」、晏嬰所謂「君令而不違，臣共而不貳」（《春秋左傳注疏》卷52）的觀點，更加相信君臣之間是一種共同治理國家的公共關係。如同柏拉圖對於城邦正義的描述，君臣之間原是各有分工。北宋曾肇說，「帝王

〔註93〕王小波：《王小波全集》第7卷，譯林出版社2012年版，第15頁。
〔註94〕《西方哲學原著選讀》上卷，商務印書館1981年版，第340頁。
〔註95〕章啓群：《新編西方美學史》，商務印書館2004年版，第234頁。
〔註96〕張岱年、成中英等著《中國思維偏向》，中國社會科學出版社1991年版，第15頁。

號令，務要簡大。若夫立法輕重，委曲關防，皆有司之職，非帝王之務」（《宋名臣奏議》卷23）。而朱熹也說：「上自人主以下，至於百執事，各有職業，不可相侵」（《晦庵集》卷14），這樣才有政治清明的王朝。所謂「君雖得以令臣，而不可違於理而妄作；臣雖所以共君，而不可貳於道而曲從」（《鶴林玉露》卷13）。君臣各有職事，各有責任，即所謂「天下爲公」。又所謂「天下者，中國之天下，祖宗之天下，群臣、萬姓、三軍之天下，非陛下之天下。」天下非君主私有，而爲天下人共有，宋人對於君臣之間關係的反思與革新可以說是這一時期的思想亮點。清代經學大師皮錫瑞曾說：「宋人不信注疏，馴至疑經；疑經不已，遂改經、刪經、移易經文以就己說，此不可爲訓者也。」又說：「且宋以後，非獨科舉文字蹈空而已。說經之書，亦多空衍義理，橫發議論，與漢、唐注疏全異。」〔註97〕因而，雖然宋代與漢唐相比，版圖和氣勢都遜色了許多，但作爲傳統的注解經書的工作卻是更爲出色了。

由於印本書籍在北宋的大量存在，造成北宋文人相比於唐代文人，一方面擁有更多的書本獲取途徑，其書籍閱讀的範圍也更爲廣博。客觀導致宋代擁有比唐代更爲普及的文人閱讀和創作群體。另一方面，因爲北宋科舉錄取人數、參與創作的文人數量遠超唐代，識字階層的擴大直接導致了宋代擁有豐富的讀者數量與層次，作者與讀者思想和審美情趣的嬗變其實正是唐宋兩次文學革新最大的區別。隨著讀者水平和數量的增長，某些追求原創、尋求超越的宋代學人開始質疑某些儒家經典內容的正確性及其章句的眞正含義，其出色之處正如劉子健所說：

> 同前代相比，宋儒將經作爲闡發自己理論的基礎，更加孜孜不倦地爲這些權威書籍講解作注。從總體上看，大部份北宋經學研究令人耳目一新，具有挑戰性和原創性。而到了南宋解經著作的質量開始下降，變得喜歡爭辯，過於關注細節，研究的範圍趨向狹窄，文字冗長囉唆，缺乏學術的多元性和創造性。〔註98〕

劉子健認爲，宋代經學儘管仍將經學作爲自己闡發的基礎，但是其經學有了挑戰性和原創性。「原創性」，這是一個了不起的評價，因爲那是基於經典的生發與創造。

〔註97〕（清）皮錫瑞：《經學歷史》，周子同注釋，中華書局出版社1959版，第264、274頁。

〔註98〕劉子健：《中國轉向內在——兩宋之際的文化內向》，江蘇人民出版社2002年版，第24頁。

實際上，由於經學典籍的廣泛印刷和傳播，經學發展到宋代，才有了「六經注我」的條件。這或許是信息傳播快捷，信息多元催生思想多元的一次成功範例，其原因當然並非僅是印刷術出現一種緣由。但是，印刷術的出現，所導致的儒學典籍的廣泛傳播，無疑對宋代經學的影響是巨大的。皮錫瑞考查了《唐書‧經籍志》，認為「唐人自爲之書二萬八千餘卷，《五經》義說著於錄者凡數十種，則亦未爲尠矣。而今所傳不及什一，由於其時刊本未出，傳鈔不易，一遇兵燹，蕩爲煨燼」，而「宋則刊刻已行，流傳甚易，宜其存多佚少。今所傳宋人文集說部皆十倍於唐人，非止經說。」因此，皮錫瑞總結說：「宋人說經之書傳於今者，比唐不止多出十倍，乃不以爲盛而以爲衰者，唐人猶守古義而宋人多矜新義也。唐人經說傳世絕少，此亦有故。……逮兩宋而刻本多。此宋以後之書所以多傳於今日也。」〔註99〕

自然，歷史上對於典籍的理解，還有一點需要瞭解。這就是「作爲儒家編著書籍通稱的『經』這一名詞的出現，應在戰國以後。而『經』的正式被中國封建專制政府『法定』爲『經典』，則應在漢武帝罷黜百家、獨尊儒術以後」〔註100〕。那些沒有得到官方認可的書籍儘管也可自稱爲「經」，但它只能在狹小的範圍內發揮一點作用，不可能對社會群體發生重大影響。故所謂「經學」概念中的「典籍」，只有在它具有法定地位，被官方認可後，才擁有法定性、權威性和適用性。「經」固然是具有法律涵義的文化表徵，但是「經」的地位並不是一成不變的。相反，「經」的地位和權威性會隨著時代的需要而不斷變遷。原先不是「經」的可以成爲經。比如《論語》、《孟子》，在宋代以前一直位列「諸子」之中，只是到了宋代才成爲科舉考試的重要經典。相反，原來位列經典的「五經」及其義疏，在宋以後則被長期束之高閣，雖然名義上仍然是「經」，但實際上已經無人問津，失去了經典的現世權威。〔註101〕此種情形與中國社會的文化慣性需求密切相關，由於中國社會自漢朝開始就奠定了「儒家獨尊，諸子拱衛」的思想格局，經子書籍貫穿千年，爲中國學術提供了基本的教材參照和思想基礎。

辯證地說，知書雖然能夠幫助明理，但是不讀書也未必不明理。每個人的造化不一，有人需要讀書萬卷才能覺悟，而有人憑藉生活閱歷就能祛魅醒

〔註99〕 （清）皮錫瑞：《經學歷史》，周予同注釋，中華書局出版社 1959 版，第 280 頁。

〔註100〕 黃亞平：《典籍符號與權力話語》，中國社會科學出版社 2004 年版，第 319 頁。

〔註101〕 同上，第 320 頁。

來。人類明理的目的是什麼，無非是超越動物，有品質地活在世間；無非是通過普遍提高人類自身的品質，創造更爲燦爛的文明。

作爲著名教育家，胡瑗與孫復、石介並稱爲「宋初三先生」，曾是北宋知書明理的典型。史載，胡瑗在景祐、皇祐年間兩次入朝校律，參照的是鄭玄《周禮注》及班固《漢書‧律曆志》，並且嚴格恪守周朝、漢朝以縱黍、累黍度量黃鍾的方法。由於熟悉鄭玄《周禮注》、班固《漢書‧律曆志》，能將先儒的記載變成實際的音律計算，所以朝廷分派給胡瑗的任務就是按古書音律鑄造鍾磬一架。客觀上看，《周禮注》、《漢書》這兩本書在咸平四年、景祐二年早有國子監印本傳播。胡瑗任職蘇州府學，由范仲淹引薦入朝，應該十分熟悉這兩種書。但是，由於實際用於音律度量的黍粒，其長度、大小等精度會隨著年成、品種的差異有所不同。由於客觀存在的學問與實際脫節的問題，胡瑗沒考慮到秬黍是不穩定的度量參照，仍然襲用古書記載的方法來確定黃鍾律，所以才導致胡瑗入京校律以失敗告終。〔註 102〕與之相反，後周王樸同樣也是博古好學，但是其所定音律卻一直獲得北宋朝野的認可。

據學者研究，胡瑗與王樸定律最大的不同在於胡瑗恪守古制，而王樸卻能根據實際情況，審時度勢，改進創新。(明)朱載堉對王樸制律評價道：「自漢京房至今，皆守往而不返之說。惟樸獨參透遂不用舊說，此豈他人所能及哉。」〔註 103〕同樣對待漢代樂律，王樸、胡瑗分別採用兩種不同的繼承方式。恪守鑽研古籍一直都是中國學者的局限，清代學者戴震雖然也曾提出類似於西方的自然運行學說，但是對於音韻之學，其所有論證仍然以古籍爲根據，不敢逾越雷池。因此，學者鄭榮達認爲，「王樸改律，重在俗樂的需要。從效果上看，使原爲不同音列之不同結構加以變通，使達到它們相互可以旋宮的目的，爲實現俗樂的多種調的直接旋宮鋪平了道路。王樸所創新法是史無前例的，他爲律學發展所作的功績應該給予肯定」〔註 104〕。

由此可見，事物總有其兩面性，典籍的存在與傳播也同樣有其弊端。不管是抄本或是印本，過份拘泥和依賴典籍，造成典籍的偶像化，不再質疑追

〔註 102〕 蘇勇強：《北宋胡瑗入朝校律考》，《黃鍾‧武漢音樂學院學報》2013 年第 1
　　　　　期，第 145 頁。

〔註 103〕 (明) 朱載堉：《樂律全書》卷 14《律呂精義外篇》，《文淵閣四庫全書》上
　　　　　海古籍出版社 2003 年影印本，經部，第 213 冊，第 432 頁。

〔註 104〕 鄭榮達：《王樸密率解》，《黃鍾‧武漢音樂學院學報》1989 年第 3 期，第 8
　　　　　頁。

問，會導致典籍在實際事務中喪失效能。從而，也導致人們對於自然界、社會和人自身的瞭解，始終停留在詩性意會的層面，缺少理性思考。以典籍爲中心，而不追求邏輯上的同一性，爲斷章取義地使用經典提供了方便。後人借用古代「概念」表達自己的意思，而不著力對概念進行辨析。典籍中的名篇多得益於修辭效果，而非內在思想和理路。由此造成的結果，往往是中國累積了浩瀚的古代典籍，卻找不到解決實際事務的有效辦法，對於世界的認識仍停留在維柯所謂主觀幻想的「詩性智慧」階段。人們將智慧心甘情願地貢獻給了幾千年前的文字故事，而對眼前出現的棘手問題束手無策。因爲，對古代典籍的考釋往往不能將思維引向現實，反增強了典籍的唯一合法性，成爲國家政權意識形態的一部份。此種「思維退化」與魏晉玄學發展變異的情形類似。葛兆光說，王弼以後，「玄學已經不再是一種處於原創階段的思想，而是一種浸透於上層文人生活觀念與策略，它常常被用於言談與寫作之中，作爲被表達的對象而不是被思考的內容，因爲它不再是被追問的問題，而只是現成的思想了」〔註105〕。美國漢學家衛三畏也認爲，造成中國古代社會思想僵化的原因，是「由於對經典的過份重視，學生的思想不能受到均衡的訓練，他們輕視那些同直接追求上述大目標（即官職和榮譽）無關的各種學問。……這樣的學習課程不能造就頭腦清醒的人才，不過爲國家提供未來的統治者，他們充分理解治理的原則和最高當局的政策，他們運用這些來鞏固自己的政權」〔註106〕。

當然，從原則上講，圍繞著注經，既可以發表個人的見解，也可以表達出新意，甚至還可以借題發揮，離經叛道，充分享受思想的樂趣。但由於以經典爲中心，採用注疏或類似注疏的方式（非專門論著），在形式上等於承認了典籍的權威。而對儒家經典而言，就是承認其絕對的權威。故雖有新意，也多被化爲無形。更何況所謂新意，不過偶一爲之，且爲隻言片語，分量幾乎可以忽略，僅當後人仔細查驗時，才會注意到。然而無論如何，宋代社會沒有出現特別的環境改變，既沒有特異的外來文化侵入，也沒有經濟實力的大幅提升，當時推動社會文明進步較大的變量也就是印刷的普及。因此，正是由於典籍在北宋的大量印刷、傳播，導致整體外部環境的改變，在客觀上修正了中國學術「典籍中心主義」的偏頗，使得宋學成爲中國學術發展進程中難得的亮點。

〔註105〕葛兆光：《中國思想史》第 1 冊，復旦大學出版社 2001 年版，第 339 頁。
〔註106〕〔美〕衛三畏：《中國總論》上冊，上海古籍出版社 2014 年版，第 521 頁。

三、北宋經子印本與文學——以子部書籍爲鑒

　　關於「子學」，錢穆以爲排除在王官學之外，分散在社會的「百家」即是諸子的緣起。當初，「百家中儒家最先，由孔子創始。墨家繼起，由墨子倡導。儒、墨講學，都喜引據《詩》、《書》古經籍，稱道上古，根據歷史經驗，來討論當前種種政治、社會、人生實際問題」〔註107〕。由此一來，子學與文學有了最初的關係交集，此種交集便是諸子借助文學的方式，形象生動地闡釋自己的思想和主張。從最早的《山海經》，及至《莊子》、《孟子》等著作，都有借神話、寓言幫助說理的企圖。此後，因緣際會，王官之學讓位於儒學主導的經學，子學成了經學之外的「百家」。因此，若論經子書籍印本與文學的關係，子籍通常容易湮沒在儒家經籍的光環之下，其主流所關注的領域也趨同於儒家。范仲淹深諳子書之旨味，認爲「扣諸子，獵群史，所以觀異同、質成敗，非求道於斯也」（《上時相議制舉書》〔註108〕。景德二年二月，國子監直講孫奭言：「諸子之書，老、莊稱首，其道清虛以自守，卑弱以自持，逍遙無爲，養生濟物，皆聖人南面之術也。故先儒論撰，以次諸經。」〔註109〕相較於子書，北宋文人由科舉入仕，長期浸潤在儒家典籍中，隨身就固化著從儒家傳統中繼承來的思想意識。如王禹偁詩中所說「吾生非不辰，吾志復不卑，致君望堯舜，學業根孔姬」（《吾志》）。然而經書之外，作爲「求同存異」的合法參照物，剔除讖言附會的子書，恰是舊時儒生、文臣們龐雜知識與異質思想的來源。

　　相比於儒家典籍，子籍種類龐雜，諸子、韻書、農書、醫書、天文、曆法等均屬子類。與作爲意識形態重要構成的經書直接左右文學不同，子書對於文學的影響往往呈現出深層多面的樣態。在經子書籍影響下的北宋文人，除了構建起古人關於天地宇宙、陰陽五行的意識概念，對文學的思想內容、擴充材料典故，以及詩詞音韻、辭彙的選擇等都有多重的影響。當然，經書子籍與文學的淵源關係尚不止於此。

　　首先，從《論語》、《孟子》等趨同儒學的子書在宋代的地位改變已可明瞭。〔註110〕由於歷代崇抑程度不同，經、子只是相對的概念，其本來並無明

〔註107〕　錢穆：《中國學術通義》，臺灣蘭臺出版社2000年版，第31頁。
〔註108〕　吳文治：《宋詩話全編》第1冊，鳳凰出版社1998年，第115頁。
〔註109〕　《宋會要輯稿》第55冊《崇儒四》，中華書局1957年第1版，第2231頁。
〔註110〕　黃亞平：《典籍符號與權力話語》，中國社會科學出版社2004年版，第319、320頁。

確界限。然而從源頭看，古代文人向來認可文學源於《五經》之說。《文心雕龍‧序志》：「唯文章之用，實經典枝條，五禮資之以成，六典因之致用，君臣所以炳煥，軍國所以昭明，詳其本源，莫非經典，而去聖久遠，文體解散」。充分肯定文章源出儒家經典，是經典的旁枝。

眾所周知，楚辭與《五經》其實相去甚遠，然而司馬遷認爲「屈平之作《離騷》，蓋自怨生也。《國風》好色而不淫，《小雅》怨誹而不亂。若《離騷》者，可謂兼之矣」（《史記‧屈原賈生列傳》）。東漢王逸也認爲「《離騷》之文，依託五經以立義焉」，具體例證就是，「帝高陽之苗裔，則『厥初生民，時惟姜嫄』也。『紉秋蘭以爲佩』，則『將翱將翔，佩玉瓊琚』也。『夕攬洲之宿莽』，則《易》『潛龍勿用』也。『駟玉虯而乘鷖』，則『時乘六龍以御天』也。就『重華而陳詞』，則《尚書》《咎繇》之謀謨也。登崑崙而涉流沙，則《禹貢》之敷土也。」南朝劉勰則認爲，像《離騷》這樣的楚辭作品，在內容上效法《尚書》、《詩經》，又夾雜著戰國的風氣，比起《雅》、《頌》來顯得低微，卻是辭賦的傑作。所謂「自《風》、《雅》寢聲，莫或抽緒，奇文鬱起，其《離騷》哉！……固知《楚辭》者，體憲於三代，而風雜於戰國，乃《雅》、《頌》之博徒，而詞賦之英傑也。」（《文心雕龍‧辨騷》）北朝顏之推更具體地說：「夫文章者，原出《五經》；詔命策檄，生於《書》者也；序述論議，生於《易》者也；歌詠賦頌，生於《詩》者也。祭祀哀誄，生於《禮》者也；書奏箴銘，生於《春秋》者也。朝廷憲章，軍旅誓誥，敷顯仁義，發明功德，牧民建國，施用多途。至於陶冶性靈，從容諷諫，入其滋味，亦樂事也。行有餘力，則可習之」（《顏氏家訓》卷 4《文章九》）。按照顏之推的說法，詩賦與《詩經》關係密切，而文章則與《五經》皆有關係，他套用孔子的說法，認爲「行有餘力，則可習之」。

鑒於「屈原《離騷》讀之使人頭悶，然摘三句反覆味之，與《風》《雅》無異」〔註 111〕。歐陽修等人同樣認可「文學植根五經」的觀念。黃庭堅在教導外甥時說：「頗得暇治經否？此乃文章之根，治心養性之鑒，又當及少壯耐辛苦時，加鑽仰之勤耳。」（《與洪甥駒父》）又說：「所寄《釋權》一篇，詞筆縱橫，極見日新之效。更須治經，深其淵源，乃可到古人耳」（《答洪駒父書三首》）。依黃庭堅所說，若要寫好詩歌，「要是讀書數千卷，以忠義孝友爲根本，更取六經之義味灌漑之耳。」（《與韓純翁宣義二首》）宋代朱昂總結作文，也說：「古

〔註 111〕吳文治：《宋詩話全編》第 1 冊，鳳凰出版社 1998 年，第 332 頁。

人凡在文章之苑者，其下筆皆有所法，不苟作也。班固序傳，爲斟酌《六經》，參考眾論，然則文章自《六經》出者，上也。其次亦各有所祖，而因時爲變態。劉夢得與柳子厚論《平淮西碑文》：『若在我手，當學《左傳》。』蓋如左氏敘謀師事而爲之也。不有所法，不足以明文章。」〔註112〕

同樣，按照文學源出「經典」的觀念，黃庭堅、朱昂等人認爲，若要提高詩文水平，最切實可行的自然就是治學經典，深其淵源，然後才是讀書千卷，祖傳效法。所謂「不知所法，不足以名文章」。而范仲淹也認定，「文庠不振，師道久缺，爲學者不根乎經籍，從政者罕議乎教化。故文章柔靡，風俗巧僞」（《范文正公集》卷9《上時相議制舉書》）。及至南宋，嚴羽也說：「夫學詩者以識爲主：入門須正，立志須高……工夫須從上做下，不可從下做上。先須熟讀《楚詞》，朝夕諷詠，以爲之本」（《滄浪詩話·詩辨》）。

其次，自漢代崇儒以來，以經學爲主導的中國傳統學術，奉行的是「典籍中心主義」的學術精神和治學範式，這一傳統慣性對宋代文學有著重要的影響。換一種說法，如王小波所說，集權社會長期奉行的其實是「意識形態中心主義」（《〈他們的世界〉序》）〔註113〕，「典籍」只不過是「官方意識形態」的主流載體。經子典籍影響遍及宋代社會的各個方面，甚至有制誥表啓，私人祝賀聘問等應用文章，都普遍有借用經子史集字句的情況。如北宋翟汝文《賀蔡攸除少師啓》云：「朝廷無出其右，父子同升諸公。」，實乃《漢書》「在漢庭無出其右」（《高帝紀》），《論語》「與文子同升諸公」（《憲問篇》）的借用結合（《誠齋詩話》）。同樣，由於學術尊奉「典籍」，導致中國傳統文學無論從理論批評到文學創作，都更加強調以傳世名著、古代典籍作爲作品好壞優劣的衡量標準。自然地，北宋文學也在這樣的氛圍裏，將古代典籍及前人創作所建立的規範奉爲圭臬，如宋祁所言，「大抵近世之詩，多師祖前人。不丏奇博於少陵、蕭散於摩詰，則肖貌樂天、祖長江而摹許昌也」（《宋景文集·南陽集序》）。由於「通知古今在勤讀書，文章弘麗在筆墨追古。」（《與洪氏四甥書五》）那些所謂「用意不朽事，有秦漢間風味」（黃庭堅《晁君成墓誌銘》）的文章就可得到社會名望之輩的稱讚。或許，宋人尚不能明白，「即使是過去的意識的再現，當它被統一於現在的意識中，並成爲它的一個因素而得到新的意義時，就已經不能

〔註112〕　（元）陶宗儀：《説郛》卷29下《續骩骳説》，《文淵閣四庫全書》，上海古籍出版社2003年影印本，子部，第877冊，第600頁。

〔註113〕　王小波：《王小波全集》第8卷，譯林出版社2012年版，第46頁。

說它與過去的意識是同一的了」〔註114〕。循著不斷前行的時代以及個人難以壓抑的能動意識，如嚴羽所言，即便宋代文人有才學，善議論，慣作奇特解會，其詩文終非古人的筆墨矣（《滄浪詩話‧詩辨》）。

歷史上，魏晉時期向來被視作「有點異彩」的「文學自覺時代」（《魏晉風度及文章與藥及酒之關係》）。由於這一時期的文學「日益改變了為宣揚儒家政教而強寓訓勉的面貌，越來越多地被用來表現作家個人的思想感情和美的追求」〔註115〕。緣此，似乎文學是因為擺脫了經學的束縛，才迎來了異常的繁榮。而所謂「立身之道與文章異。立身先須謹重，文章且須放蕩」（《誡當陽公大心書》），的確是將「修身、齊家、治國、平天下」的儒家理念與文學做了區分。「詩賦欲麗」（《典論‧論文》）、「詩緣情綺靡」（《文賦》），以及「綺穀紛披，宮徵靡曼，唇吻遒會，情靈搖盪」（《金樓子‧立言》）等諸多言語口號，也更加應證了文學與經學劃界的判斷。其實，「文學自覺」是多種因素綜合影響的結果。一方面，由於漢家王朝的衰落，儒家思想傳統失去了統攝束縛人心的力量。士人以經書啟蒙，如今卻要面臨求仕不得，官場失位的窘境；另一方面，面對現實的巨變，社會問題頻出，懸空的儒家經典卻表現出前所未有的「無能為力」。

回到文學的理論層面分析，此種變化的實質卻是關於「文思」何出及材料來源的異見。傳統經學典籍主導下的文學創作，更注重儒家主流意識形態「正本清源」的作用，而主張內心不平、情靈搖盪的魏晉風度則更重視直接的情感經歷對於文學創作的影響。實際上，問題的根本是僵化閱讀（接受）經學書籍的人，才是儒學和文學陷入雙重萎頓的主要原因。因為書本總歸需要實踐的應證與提升，學以致用才是傳統經學的活力所在。王國維所謂「凡一代有一代之文學」（《宋元戲曲史‧序》），對於經學也同樣適用。宋代官方其實是希望通過「文之於化人」（李觀《上宋舍人書》）的方式，達到「文以載道」的目的。然而，若沒有經書，若只有那幾本經書，都不是活力文學渴求挹注的源頭。反過來，文學也無法達到輔助教化的目的。由此，在官府暫時沒有開放所有書本傳播閱讀之前，那些得到官方認可的子部書籍也就成為異彩紛呈的，可資文學借鑒的閱讀材料。

〔註114〕斯托：《分析的心理學》第 2 卷，第 45 頁。轉自〔日〕西田幾多郎：《善的研究》，商務印書館 2011 年版，第 5 頁。
〔註115〕章培恒、駱玉明主編《中國文學史》（上冊），復旦大學出版社 1996 年版，第 295 頁。

北宋李覯曾感慨道：「大抵天下治則文教盛，而賢人達；天下亂則文教衰，而賢人窮。欲觀國者，觀文而可矣」（《旴江集》卷27《上李舍人書》）。歷經漢魏及此後的隋唐，時代往復呈現出這樣一種現象和規律——即典籍混亂衰敗的時代，也就是儒學削弱的時代。盛朝光明需要以儒學典籍的整理恢復，以及典籍的大量複製作為證明憑據。唐朝盛世對於典籍的整理，尤其體現在對《五經》的整理與恢復方面。《舊唐書》（卷46）載：「貞觀中，令狐德棻、魏徵相次為秘書監，上言以籍亡逸，請行購募，並奏引學士校定。群書大備。」又，《舊唐書》（卷73）載：「太宗以經籍去聖久遠，文字訛謬，令師古於秘書省考定《五經》」。隨後，又以「儒學多門，章句繁雜」〔註116〕，詔令孔穎達、顏師古等人撰《五經正義》。北宋孔維言：「唐貞觀中，國子祭酒孔穎達，考前代之文，採眾家之善，隨經析理，去短從長，用功二十四五年，撰成一百八十卷。」（《校勘五經正義請雕版表》）〔註117〕實際上，《五經正義》經過多次刊定，至唐高宗永徽四年才最終完成。范文瀾說：「唐太宗令孔穎達纂《五經正義》，顏師古定《五經定本》，對儒學的影響，與漢武帝罷黜百家、獨尊儒術有同樣重大的意義。」〔註118〕

儘管當代學者普遍認為儒學在唐代並沒有獲得統治性地位，「儒學也沒有獲得真正的復興」。〔註119〕但是，「安史之亂後唐王朝由盛轉衰的現實」，的確使一部份士大夫再次樹起儒學復興的旗幟。〔註120〕原因是他們認定，道德足以教化人心，儒學興則國運興，經典恢復則國家意識恢復。中唐以後，除了韓愈、柳宗元主導的古文運動以外，儒學振興在四部類典籍恢復方面也有體現。《舊唐書》（卷46）記載：「祿山之亂，兩都覆沒，乾元舊籍，亡散殆盡。肅宗、代宗崇重儒術，屢詔購募。文宗時，鄭覃侍講禁中，以經籍道喪，屢以為言。詔令秘閣搜訪遺文，日令添寫。開成初，四部書至五萬六千四百七十六卷。」故有所謂「李杜稱兵於前，韓柳主盟於後，誅邪賞正，方內響服。堯舜之道，晦而復明，周孔之教，枯而復榮」（《旴江集》卷27《上宋舍人書》）的說法。只是此後黃巢之亂又將兩都圖籍焚蕩殆盡，衰颯時代終難續脈盛唐氣象。

〔註116〕（唐）吳兢：《貞觀政要集校》卷7，謝保成集校，中華書局2003年版，第384頁。

〔註117〕曾棗莊、劉琳：《全宋文》卷47，巴蜀書社1988年版。

〔註118〕范文瀾：《中國通史》第4冊，人民出版社1994年版，第243頁。

〔註119〕章培恒、駱玉明：《中國文學史》中冊，復旦大學出版社1996年版，第8頁。

〔註120〕同上，第186頁。

　　曾鞏《新序目錄序》說：「古之治天下，一道德，同風俗。蓋九州之廣，萬民之眾，千歲之遠，其教已明，其習已成之後，所守者一道，所傳者一說而已。故《詩》、《書》之文，歷世數十，作者非一，而其言未嘗不相為終始，化之如此其至也」（《曾鞏集》卷 11）。那麼，治世者靠什麼手段才能做到「一道德，同風俗」呢？即廣傳《詩》、《書》這類「歷世數十，作者非一，而其言未嘗不相為始終」，囿於儒學思想範圍之內的經史子類書籍。北宋開國之初，在經濟困難的情況下，人們很疑惑宋太祖為何耗費財力物力在四川成都開雕佛藏。而這部十三萬板的《大藏經》直至宋太祖死後，仍然延續，直至太平興國八年最終刻板完成。根本原因其實就是這類典籍流布可以「一道德，同風俗」，有助於教化統治。

　　漢唐以來的歷史邏輯，反過來也說明集權確立後，國興則儒學興，儒學興則以經典恢復作為表徵。宋初「以文德致治」，為防範異端思想侵蝕知識階層，除了佛經版印以外，太祖、太宗皇帝曾大力推動儒學經籍的整理和版印，具有北宋特色的文學即是在以儒家典籍為中心的時代氛圍之下醞釀發展起來。

　　首先，由於印刷技術的有力推動，印本儒學典籍在社會上的廣泛傳播和接受，使得北宋文學相比於前代來說，典籍的影響更為顯著。

　　宋初如孫復所言，當時士人讀經並不研究經典，乃至於「能盡知舜、禹、文、武、周公、孔子之道鮮矣」。而科舉又專以辭賦取人，導致「天下之士皆奔走致力於聲病對偶之間」（《孫明復小集‧寄范天章書》）。咸平五年，河陽節度判官張知白上疏曰：「今之世，望漢之世，其章句之學彌盛，而異端之書又滋多乎數倍矣，安可不定其成制哉。況夫儒者之術，不以廣記隱奧為博學，不以善攻奇巧為能文。若使明行制令，大立程序，每至命題考試，不必使出於典籍之外，參以正史。至於諸子之書，必須輔於經、合於道者取之。過此並斥而不用。然後，先策論，後詩賦，責治道之大體，捨聲病之小疵。」（《長編》卷 53）此番言論深得真宗讚賞。《宋史》卷 156《選舉二》記載：「若諸子之學同出於聖人，諸史則該古今興亡治亂得失之變，皆不可闕者，而學者一旦豈能盡通。」真宗以後，北宋科舉「由詩賦、策論轉變為集中於儒學，立論必須依據儒家經典，諸子書不合儒學的都不許採用。……更深化了官方思想對讀書人精神生活的控制」〔註 121〕。以上記載，一則說明儒學在真宗朝以後已

〔註 121〕章培恒、駱玉明：《中國文學史》中冊，復旦大學出版社 1996 年版，第 295頁。

是官方的主流意識形態，二則說明北宋官方對於社會上流行的諸子書籍、史籍的總體要求就是「必須輔於經，合於道」。這在客觀上保證了，凡是官府出版的諸子書籍、史籍，都是符合儒學思想規範的。

其次，在儒學爲本，諸子、史籍爲輔的書籍環境下，借助印本傳播在數量和質量上的優勢，宋代文學有了前所未有的，可資參照借鑒的書籍品相。

唐代詩人孟浩然因爲長期隱居鹿門山，閱歷與閱讀有限，被蘇軾嘲笑「韻高才短，如造內法酒手而無材料」（《後山詩話》）〔註122〕，這種情況在宋代基本上較少出現了。至少科考必讀的儒家經典，以及詩賦考試需要的韻書，已然成爲士人社會的普及讀物。從另一方面證明，文學創作的確是需要實踐和書籍閱讀雙向的材料累積。至於讀經還是研經，那只是個人沉思的深度，最關鍵的是經書典籍的確在影響宋人的文學語言。

實際上，在傳統典籍崇拜的影響下，對於北宋文學產生影響的印本範圍不僅僅限於經學，而是涵蓋了經、史、子、集四部類更爲廣泛的印本書籍。當年，張知白曾經抱怨「古之學者，簡而有限，其道粹而有益。今之學者，其書無涯，其道非一，是故學彌多，性彌亂」，「且群書之中，眞僞相半，亂聖人之微言者既多，背大道之宗旨教令不黷哉！」。然而，「經史子集，其帙殆萬」〔註123〕的事實，對於宋代文學卻意味著多種間接的、可資借用的經驗，以及足以豐富文學創作的文字素材。北宋李師中有「夜如何其斗欲落，歲雲暮矣天無情」、「山如二者壽，風似聖之清」詩句，引用竄入的是《古詩十九首》、《論語》等典籍文句。黃庭堅年少時閱讀蘇洵《木假山記》，「以爲文章氣旨似莊周、韓非，恨不得趨拜其履爲間，請問作文關紐」（《跋子瞻木山詩》）。顯然，熟讀莊子、韓非子著作的黃庭堅，從蘇洵行文中看到了莊子、韓非文章的氣旨、精髓，才有崇拜討教之意。足證宋人對於先秦諸子文章的閱讀、學習，確實期待將之貫注於文學創作之中。

與儒家典籍的單純有限比較，龐雜的子部書籍更能豐富並支撐起文學的世界。除《山海經》這類常見子書，農書、曆書也有借鑒的情況。如蘇軾《赤壁賦》云：「月出於東山之上，徘徊於斗牛之間」，所謂「斗」和「牛」分別是斗宿（人馬座南斗六星）和牛宿（摩羯座東）的兩個星宿。這些知識更多是從天

〔註122〕　（宋）張戒《歲寒堂詩話》（卷上）載：「子瞻云：『浩然詩如內庫法酒，卻是上尊之規模，但欠酒才爾。』此論盡之。」
〔註123〕　（宋）李燾：《續資治通鑒長編》第 2 冊，中華書局 2004 年版，第 1168 頁。

文、曆法那樣的子書中獲得。因此，以宋代子部書籍為例，我們即可明鑒這樣的影響存在。

　　通常，社會普遍需求才是書籍得以廣泛版印的基礎。相比於經史，子部書籍刊刻在北宋同樣佔有較為重要的地位，其中尤以醫書的刊刻最為顯著。醫書刊刻也是北宋官家對尋求社會穩定的「善」的重視。葉德輝說：「宋時官刻書有國子監本。歷朝刻經、史、子部見於諸家書目者，不可悉舉。而醫書尤其所重。」〔註124〕因為醫書關係國民身體素質，直接與國家的政治、經濟和軍事相關。所謂「醫者仁心」，假若國民沒有好的身體，有病不能得到很好的醫治，最終損害的還是國家政權的穩固。出於此種目的，北宋自建國以來就下大力氣雕印頒行了許多醫書藥典。據《長編》（卷14）記載，開寶六年夏四月，宋太祖就為知制誥王祜等所上的二十卷《重定神農本草》製序，並詔令摹印以頒天下。淳化五年五月，宋太宗「命醫官集《太平聖惠方》一百卷。己亥，以印本頒天下。每州擇明醫術者一人補博士，令掌之。師吏民傳寫。」除此官方重視，民間對於醫書印製也頗為關注。北宋名醫龐安常「善醫方，為人治病，處其生死，多驗，名傾江淮諸醫……其所論著《傷寒論》，多得古人不言之意」（《龐安常傷寒論後序》）。黃庭堅擬為之作序，準備「序成，先送成都開大字板也，後信可寄矣」（《報雲夫七弟書》）。

　　學者宿白認為，「北宋肇建，最急切的是刊印安定社會秩序的法律文書和恢復人民健康的醫藥書籍。……太宗時代大力擴展官府雕印事業，……（太宗）即位之初，創立三館書院，聚天下圖書，……隨後又多次彙刊了醫方」〔註125〕。其實，北宋對醫書的重視程度還不僅如此。太平興國六年冬十月，太宗皇帝曾命駕部員外郎、知制誥賈黃中與諸醫工雜取歷代醫方，同加研校，每一科畢，即以進御，仍令中黃門一人專掌其事（《長編》卷22）。緊接著，就在同年十二月，太宗皇帝再頒詔書曰：「諸州士庶，家有藏醫書者，許送官。願詣闕者，令乘傳，縣次續食。第其卷數，優賜錢帛，及二百卷已上者與出身，已仕官者增其秩。」沒過多久，徐州民張成象就因獻醫書，得以補官為翰林醫學（《長編》卷22）。

　　綜合以上證據，北宋子部書籍刊刻給人印象深刻的。除了佛道藏經刊刻之外，更為顯著的就是與國民生活關係密切的農書、醫書的刊刻成績。至於

〔註124〕葉德輝：《書林清話》卷3，中華書局1957年版，第60頁。
〔註125〕宿白：《唐宋時期的雕版印刷》，文物出版社1999年版，第12、14頁。

葛洪《抱朴子》以及北宋官修《武經總要》等子類書籍，雖然都有火藥製作的記錄，在未來具有大用途，但是當時的經濟地理、社會與大眾民生對此並無迫切需求，其版印傳播的機會就不得不等而遇之，假以時日。這就如同「你家旁邊有煤田，這點在兩千年前毫無意義，兩百年前就意義重大了」〔註126〕。同樣是羅盤、火藥，中國人僅用它們宣示王朝威武，慶祝節日吉祥。步入新時代的西方人卻用它們開闢了新大陸，打敗了舊貴族，無法饜足地將世界串連起來牟利。因此，子類中的術算、建築、製造等那些偏離主流的，與現代科技相關的旁左書籍，之所以未能通過版印出現在大眾視野，其原因只是當時的地理和社會並不急需。以下子部書籍印本表格，略可說明北宋社會需求的大概面貌。

北宋子部刊本表　　　　　　　　　　　　　　　　　　　　表 5

版本年代	北宋子部印本名稱、卷冊	版本來源與出處
天聖國子監刊本	北魏賈思勰《齊民要術》10 卷	〔4〕中〔9〕三上〔13〕四〔23〕上〔12〕十〔43〕七
北宋國子監刊本	《慶曆善救方》1 卷	〔4〕中 43
北宋國子監刊本	唐王冰《靈樞經》12 卷	〔4〕中 33
北宋國子監刊本	唐孫思邈《千金要方》30 卷	〔4〕中 42
北宋刊本	唐孫思邈《千金要方》30 卷	〔17〕七 9
北宋國子監刊本	唐孫思邈《千金翼方》30 卷	〔4〕中 42
日本仿北宋刊本	唐咎殷《經效產寶》3 卷《續》1	〔15〕六 52
北宋國子監刊本	隋巢元方《巢氏病源論》50 卷	〔4〕中 42
北宋刊本	唐王燾《外臺秘要方》40 卷	〔7〕四十四〔13〕補 48〔17〕七 7〔23〕下 42〔40〕18
北宋國子監刊本	唐王燾《外臺秘要方》40 卷	〔4〕中 42
宋熙寧二年刊本	唐王燾《外臺秘要方》40 卷	〔44〕子醫家類 474
影北宋本	唐王燾《外臺秘要方》40 卷	〔43〕十 162
北宋國子監刊本	《皇祐簡要濟眾方》5 卷	〔4〕中 43
北宋國子監刊本	晉王叔和《傷寒論》10 卷	〔4〕中 35〔44〕子醫家類 360
影北宋本	晉王叔和《傷寒論》10 卷	〔43〕九 150
北宋國子監刊本	《神醫普救方》	〔4〕中 44

〔註126〕〔英〕伊安・摩里士：《西方憑什麼》，臺北雅言文化出版有限公司 2015 年版，第 446 頁。

北宋國子監刊本	王懷隱《太平聖惠方》100 卷	〔4〕中 43
北宋國子監刊本	周秦越人《難經》2 卷	〔4〕中 33
北宋國子監刊本	《黃帝三部針灸甲乙經》8 卷	〔4〕中 33
北宋國子監刊本	《黃帝三部針灸甲乙經》12 卷	〔4〕中 34　注：晉皇甫謐集。
北宋國子監刊本	隋楊上善《黃帝內經太素》30 卷	〔4〕中 33
北宋國子監刊本	唐王冰《黃帝內經素問》24 卷	〔4〕中 32
宋嘉祐刊本	唐王冰《黃帝內經素問》24 卷	〔44〕子醫家類 320
北宋刊本	《黃帝明堂灸經》1 卷	〔13〕補遺 20〔23〕下 40
北宋國子監刊本	唐慎微《本草》20 卷	〔4〕中 44
北宋國子監刊本	唐慎微《本草》21 卷	〔4〕中 44、45
北宋刊本	西方子《明堂灸經》8 卷	〔44〕子醫家類 419
北宋國子監刊本	晉王叔和《脈經》10 卷	〔4〕中 39
北宋國子監刊本	漢張機《金匱要略方論》3 卷	〔4〕中 35
北宋國子監刊本	王惟一《銅人腧穴針灸圖經》3 卷	〔4〕中 44
北宋國子監刊本	《銅人針灸圖經》7 卷	〔4〕中 44
北宋刊本	史諟《史載之方》2 卷	〔7〕四十五 13〔44〕子醫家類 488
北宋國子監刊本	唐長孫無忌《唐律疏義》30 卷	〔4〕中 27
北宋刊本（監本）	陳彭年《廣韻》5 卷	〔4〕〔7〕〔11〕〔18〕〔23〕〔39〕〔40〕〔41〕〔43〕〔47〕
北宋刊本	遼釋行均《龍龕手鑒》4 卷	〔11〕一 10
宋景祐刊本	釋惟淨《景祐天竺字源》7 卷	〔23〕上 7〔12〕十二 11
北宋刊本	《說文正字》1 卷	〔13〕二 37 疑：撰者為清王瑜。
北宋國子監刊本	王安石《字說》20 卷	〔4〕中 15
北宋國子監刊本	漢許慎《說文解字》15 卷	〔4〕中〔17〕續四〔23〕上〔40〕6〔41〕圖版 12
北宋國子監刊本	梁顧野王《玉篇》30 卷	〔4〕中 14
北宋刊本	梁顧野王《玉篇》30 卷	〔43〕三 34
北宋國子監刊本	丁度《集韻》10 卷	〔4〕中 15
北宋刊本	漢劉向《新序》10 卷	〔29〕四 2〔36〕三 2
北宋刊本	漢劉向《說苑》20 卷	〔23〕下 8〔29〕四 5〔36〕三 10
北宋刊本	漢劉安《淮南鴻烈解》21 卷	〔36〕三 39〔46〕三 18
明仿北宋刊本	揚雄《太玄經》10《說玄》1	〔17〕續九 19，附《釋文》1 卷
北宋刊本	揚雄《揚子法言》13 卷	〔46〕三 4

北宋刊本	揚雄《揚子法言》13 卷	〔23〕上 41〔36〕三 18，附《音義》1 卷
北宋國子監刊本	揚雄《別國方言》13 卷	〔4〕中 13
北宋國子監刊本	晉郭象《莊子注》10 卷	〔4〕中 31
北宋國子監刊本	王洙《地理新書》32 卷	〔4〕中 53
北宋刊本	邵思《姓解》3 卷	〔13〕五 8〔23〕上〔12〕八〔43〕十一〔47〕一集六
日本覆北宋刊本	邵思《姓解》3 卷	〔42〕四十五 15
北宋刊本	唐釋神清《北山錄》7 卷	〔20〕26
北宋刊本	釋德珪《北山錄注解隨函》2 卷	〔20〕12
北宋大字刊本	魏王肅《孔子家語》10 卷	〔23〕上 19
影抄北宋刊本	魏王肅《孔子家語》10 卷	〔3〕一上 32
北宋刊本	漢孔鮒《孔叢子》7 卷	〔19〕一 4
北宋國子監刊本	李耳《老子》2 卷	〔4〕中 31
北宋國子監刊本	荀況《荀子》20 卷	〔4〕中 28
宋熙寧刊本	荀況《荀子》20 卷	〔23〕上 11〔34〕子 1
北宋刊本	列禦寇《列子》8 卷	〔23〕下 52〔54〕82
北宋國子監刊本	列禦寇《列子》8 卷	〔4〕中 31
明翻北宋本	《王子年拾遺記》10 卷	〔43〕八 125
唐成都府卞家刊本	《陀羅尼經》	〔38〕圖版 1、目錄 7
五代刊本	鳩摩羅什《妙法蓮華經》8 卷	〔26〕子 89
北宋刊本	鳩摩羅什《金剛經》1 卷	〔38〕圖版 64、目錄 17
北宋刊本	鳩摩羅什《妙法蓮華經》7 卷	〔11〕三 40
摹刊北宋小字本	鳩摩羅什《妙法蓮華經》7 卷	〔13〕五 16
北宋開寶六年刊本	晉竺法護《佛說阿惟越致遮經》	〔38〕圖版 220、目錄 43
北宋開寶八年本	錢俶《寶篋印陀羅尼經》	〔38〕圖版 3、目錄 7
宋淳化杭州龍興寺刊本	《華嚴經》80 卷《普賢行願品》	〔37〕第五冊 1 唐實叉難陀《大方廣佛華嚴經》
北宋咸平六年印本	《金光明經》	《東坡志林》卷 2《記夢》
北宋元祐五年本	後秦釋竺佛念譯《瓔珞經》	〔38〕圖版 156、目錄 34
宋元符二年東禪覺院本	《阿毗達磨發智論第十二卷》	〔11〕三 40
北宋崇寧元年石處道本	《觀世音菩薩大陀羅尼經》3 卷	〔38〕圖版 118、目錄 28
北宋刊本	唐實叉難陀《大方廣佛華嚴經》	〔11〕三 39

注：文獻出處代碼，請查附錄 2：《北宋刊本查考書目編號表》。

由於北宋自建國以來大量刊印民生亟需的醫藥書籍，「圖經、《本草》，人家最不可缺」〔註127〕。醫書普及也在整體影響了宋人的觀念世界，人們對於十二經脈、奇經八脈，對於心肺、肝膽、脾腎、胃腸等基本中醫原理都有相當的瞭解。宋仁宗時期，醫官王惟一不僅繪製了《銅人腧穴針灸圖經》，更是鑄造標有十二經循行路線及穴位的銅人，三維立體地幫助醫家直觀了人體經脈的認識。而這些醫學知識和經驗，反過來也影響了信眾的表象世界。北宋陳亞「性滑稽，嘗爲藥名詩百首。其美者有『風雨前湖夜，軒窗半夏涼』，不失詩家之體」（《溫公續詩話》）。文瑩《湘山野錄》（卷上）關於陳亞「藥名詩」的記載稍有出入，其詩曰：「碁爲臘寒呵子下，衫因春瘦縮紗裁」、「風月前湖近，軒窗半夏涼」。此人以藥名作爲詩語，仍不失詩歌風雅之態。又，張師正五十歲時，牙齒已經搖動，咀嚼艱難，因天聖年間得華山斷碑中的古方得以療病固齒，碑中另有「治口齒烏髭藥歌」一首。歌曰：

> 豬牙皂角及生薑，西國升麻蜀地黃。
> 木律旱蓮槐角子，細辛荷葉要相當。
> 青鹽等分同燒煆，研殺將來使最良。
> 揩齒牢牙髭鬢黑，誰知世上有仙方。〔註128〕

這首詩歌若想像成一幅幅圖畫，必然需要讀者對相關中藥有所見識，知道中藥植株或藥材本身的模樣，否則很難構成完整形象。惟有後兩句，才寄託出人們返老還童的良好願望，多少會令讀者神往。若宋代普通讀者沒有見識「槐角」、「細辛」、「半夏」等中藥，沒有基本的經脈及針灸穴位，以這類藥名、穴位名稱寫成的詩歌，其意指就無法得到最基本的確認，「漂浮（能指）」的情況就難以改善、克服。故這類詩歌造成的閱讀效果，大致有二：

首先，對於熟悉醫藥的讀者而言，意指很快就能得到確認，各種中藥的形象也會在更多的藥草比較中得到確認，讀者可以進入到眾多藥草構成的象徵世界。從常規上說，我們比較能把握的就是詩歌中語詞、句子形成的那部份意義。至於讀者聯想的那部份意義，我們則很難把握，因爲那些聯想是因人而異、因時而異的。讀者總會在語詞的基礎上展開豐富的聯想。

〔註127〕 （宋）張世南：《遊宦紀聞》卷1，張茂鵬點校，中華書局1981年版，第3頁。
〔註128〕 （宋）文瑩：《玉壺清話》卷5，鄭世剛、楊立揚點校，中華書局1984年版，第54頁。

　　其次，對於不熟悉醫藥知識的讀者來說，詩中眾多的草藥名稱構成了諸多象徵的迷茫。這些無法確定的「能指」則會形成一些網絡，無法連綴的曲解往往令讀者迷失其中，索然寡味。至少，缺乏中醫藥知識的我們，今天讀起來確實有這樣的感覺。由此可見，藥詩湯歌的出現從側面也反映了那個時代醫學知識的普及程度。

　　在上述表格中，北宋的子部得以大量印刷的書籍，除了醫藥類圖書以外，再就是佛經典籍。我個人認爲，佛家圖籍得以印刷廣傳，全在「信仰」二字。這裡，我所謂之「信仰」，非宗教篤信之意也。其涵義組成：一則是信，二則乃是崇其高而仰視。因爲其神乎其跡，令凡人驚懼，故才信之仰之。更準確的說法，或許應稱爲「奴信」。宋人信佛，以建國初期的經濟窘迫，除了刻印十三萬板《開寶藏》之外，京城還建有開寶佛塔，令人驚異。《玉壺清話》（卷2）記載：「塔成，欲撰記。太宗謂近臣曰：『儒人多薄佛典，……朕立蘇易簡撰文賜之，中有鄙佛爲夷人之語，朕甚不喜，詞臣中獨不見朱昂有譏佛之跡。』因詔公撰之。」李昉深諳諸皇帝好尙，當著宋太宗的面口誦御詩七十餘篇。自稱退休之後，「每晨起盥櫛，坐於道室，焚香誦詩，每一詩日誦一遍，閒或卻誦道佛書。」太宗大喜稱賞，贊其「善人君子，事朕兩入中書，未嘗有傷人害物之事」（《玉壺清話》卷3）。由此可知，北宋官家看重佛經圖籍，是因爲其勸人向善，教人心態平和地接受現實，而把願望實現放諸來世。所以，如此助益教化統治的佛經圖籍，官家當然要借板印大量複製，廣爲傳播。《玉壺清話》（卷5）記載，北宋長沙北禪經室懸有觀音印象一軸。據說此像乃郡倅，會稽人關杞（字蔚宗）鏤板所印，上有王安石之子王雱記敘都官鞏彥輔夢入陰曹地府之事，恐怖驚懼之際，全賴口呼「觀音」得救。故此觀音像鏤板，目的是「以廣其傳，庶乎世之聞見者，有所警焉」。足見當時不止一幅，必是數量較多。其實，圖籍「印或不印」，全在「廣傳」二字。欲廣泛傳播，擴大影響，必然會印刷複製。若無此必要，則以抄寫口傳了事。

　　除了佛經之外，韻書、藥典等子部書籍因爲與社會生活聯繫緊密，需要民眾廣傳備用，自然也成爲北宋官私印刷無法捨棄，甚至是無法迴避的選擇。（宋）文瑩《湘山野錄》（卷中）記載，北宋天禧年間有熱衷儒學的僧人介然，平日喜歡閱讀《唐韻》。當時的儒生僅閱讀與科舉有關的經書，覺得介然這種不合時宜的閱讀十分可笑。一日，介然給諸生出題《楓爲虎賦》。「其韻曰『脂入於地，千歲成虎』。諸生皆不諭，固請之，不說。凡月餘，

檢經、史殆百家會最小說，俱無見者」。無奈之下，諸生只好再次請教介然。介然才說：「聞諸君笑老僧酷嗜《唐韻》，茲事止在『東』字韻第二版，請詳閱。」諸生檢之，果見「楓」字注中云：「黃帝殺蚩尤，棄其桎梏，變為楓木〔註129〕，脂入地千年，化為虎魄。」此後，諸生才開始注重此書。文章的故事因為《唐韻》的注釋而構建起來，即蚩尤為黃帝所殺，其「桎梏變為楓木」，脂入地千年，化為虎魄。這裡所謂「虎魄」，其實就是我們今天說的「琥珀」。諸生之所以查不到出處，是因為他們平日並不閱讀與科舉無關的子部書籍。所以說，相比有限的儒家經典，龐雜的子書更能構造豐富多彩的觀念世界。

　　與影響創作的情況並存，子書對文學閱讀的影響同樣存在。晚唐李商隱《錦琴》一詩分別用到了《莊子》「莊周夢蝶」、《華陽國志》「望帝杜鵑」、《博物志》「鮫人有淚」等子書典故，而李賀《浩歌》、《帝子歌》、《馬詩》等作品也多用《山海經》的故事。故南宋黃徹評價：「李商隱好積故實，如《喜雪》云：『班扇慵裁素，曹衣詎比麻。鵝歸逸少宅，鶴滿令威家。』又『洛水妃虛妒，姑山客謾誇』；『聯辭雖許謝，和曲本慚巴』。一篇用事者十七八」（《碧溪詩話》卷10）。自李商隱以來，宋初晚唐體詩人、西崑詩人都願意從子書典籍中尋找詩歌的意象素材和典故。往昔宋人讀杜甫詩「長鑱長鑱白木柄，我生託子以為命。黃獨無苗山雪盛，短衣數挽不掩脛」。唯獨不解「黃獨」，以為杜甫誤將「黃精」寫成了「黃獨」。待黃庭堅讀了《本草》「芋魁」注：「黃獨肉白皮黃，巴漢人蒸食之。江東謂之土芋。」方知，「黃獨」就是「土芋」，就是江西土語所說的「土卵」（《雜書》）。又，杜甫有百舌「過時如發口」、「君側有讒人」之詩句。黃庭堅讀《周書·月令》，云：「反舌有聲，佞人在側」〔註130〕，乃解其意為影射「如果百舌鳥發聲，君王身邊必有佞讒之人」。如此可知，若沒有子書的閱讀，要想讀懂某些文學作品也是不可能的。子書流行對於文學創作與接受的影響可見一斑。

〔註129〕　《山海經·大荒南經》：「有宋山者，有赤蛇，名曰育蛇。有木生山上，名曰楓木。楓木，蚩尤所棄其桎梏，是為楓木。」
〔註130〕　《周書》並無「月令」。實乃《禮記》中的「月令」。《月令》：「小暑至，螳螂生，鵙始鳴，反舌無聲。」譯：小暑節氣到了，螳螂生長，伯勞開始鳴叫，百舌鳥反而不發聲了。因為百舌鳥能夠變反其舌，模仿百鳥變化其聲。故「百舌鳥」有「巧言令色」之意，用「百舌鳥發聲」影射「巧言令色的小人在旁邊」。楊天宇：《禮記譯注》，上海古籍出版社1997年版，第257頁。又見《後山詩話》。

在這些子書印本中，對於文學能夠產生直接影響的，第一類是爲詩賦創作提供幫助的字書、韻書；第二類就是那些「輔於經，合於道」的諸子書籍，尤以《老子》、《莊子》、《列子》、《荀子》、《淮南子》、《孔子家語》、《孔叢子》、《揚子法言》等爲主流。若論子部書籍與文學的互動關係，最好的方法就是從現存文學作品中窺看子書投射來的影響。以「輔經合道」考量子書，則以眞、善、美權衡，又以「忠信」爲根基。早期幾本相信是宋代的話本小說，《京本通俗小說》、《大宋宣和遺事》等故事，裏面談到王安石、蔡京、童貫誤國，熙寧七年汴京大旱〔註131〕等等，諸如此類。無怪乎都與宋人筆記的見識、論調相符，且都是以忠信勸誡口吻寫就。如此一來，子部書籍對於宋代文學的影響主要表現在以下方面：

首先，非意識形態的字書、韻書、醫藥類圖書，以及符合主流意識形態的諸子書籍與其他經史書籍一樣，共同構建起宋代文人意識中的表象世界，其所帶來的知識性內容或典故事例，時常帶給文學創作許多原創性的靈感。如我們熟知的《太平廣記》、《列子》、《莊子》、《山海經》的內容以及眾多佛經故事、神話故事，又多成爲宋代文學作品的故事源頭。

北宋張伯端自幼「涉獵三教經書，以至刑法、書筭、醫卜、戰陣、天文、地理、吉凶、死生之術」。成年以後，隨陸詵入成都，得遇異人劉海蟾傳授丹法，遂「罄所得成律詩九九八十一首，號曰《悟眞篇》。內七言四韻一十六首，以表二八之數。絕句六十四首，按《周易》諸卦。五言一首，以象太乙。續添《西江月》一十二首，以周歲律。其如鼎器尊卑、藥物斤兩、火候進退、主客後先、存亡有無、吉凶悔吝，悉備其中矣。於本源眞覺之性，有所未盡，又作爲歌頌樂府，及雜言等附之卷末，庶幾達本明性之道，盡於此矣」（《修眞十書》卷26《悟眞篇序》）。張伯端將自己對於神仙道術的諸多認識體會，「有所未盡」寫入詩歌，只因詩歌其言雖簡，卻可以「語一悟百」，達於明性之道。無獨有偶，北宋李思聰也以《玉清詠》、《洞天詠》、

〔註131〕《大宋宣和遺事》載曰：「熙寧七年大旱，帝謂群臣曰：『天久不雨，朕夙夜焦愁，無可奈何！』韓維奏曰：『陛下信安石酷法，散青苗錢於民。今之官府，督取甚急，往往鞭撻人民取足，至有伐葉爲薪以易錢貨，旱災之際，重罹此苦，願陛下蠲除租稅，寬裕逋負，以救愁苦之良民。』帝感悟，乃詔韓維放商稅而免青苗。後是日雨，遂貶安石於金陵府。安石弟安國，每憎他兄所爲誤國。」詳見王雲五編《大宋宣和遺事》一冊，臺灣商務印書館 1968 年 9 月版，第 9 頁。

《海山詠》應三才，「列八十一章者，應九九之數也」，謙稱自己「非敢臆說，退慚膚淺，妄扣淵數。只期傳修眞羽服之流，豈敢示英辭學林之士」（《洞淵集》卷 1）。《艇齋詩話》記載，北宋政和年間，董逌、王賓「和荊公又字韻詩至一百篇。詩語雖未必盡入律，然叉字尋至百韻，佛書道書，往往披盡，非博者不能也」。由此可見，子書對於宋人創作的影響，它們也構成宋詩學問化最夯實的根基。

臺灣學者朱介國在論證史傳文學與傳奇小說關係時，曾列出數條：一是沿用史書「傳」、「記」的名稱；二是模仿史家「徵實」的態度；三是承襲史傳的論贊文體；四是部份小說作家身兼撰史之職。〔註 132〕雖然談的是唐代傳奇，然而這種繼承、沿襲在宋代也同樣存在。

《後山詩話》記載：「范文正公爲《岳陽樓記》，用對語說時景，世以爲奇。尹師魯讀之曰：『傳奇餘爾。』《傳奇》，唐裴鉶所著小說也。」〔註 133〕北宋明道年間，市井有《梁公九諫》話本一卷，講述武后欲傳位於武三思，狄仁傑諫阻之事。卷首就有范仲淹《唐相梁公碑文》。碑文寫於寶元元年（1038），同樣談到了狄公諫止之事，所謂「立廬陵王，則陛下萬歲後享唐之血食，立三思則宗廟無祔姑之禮。臣不敢愛死以奉制」〔註 134〕。如此一來，前代的種種史實故事，通過口耳相傳、抄印書本的閱讀，很自然地成爲宋人主體意識中的重要組成。這些意識構成，只需要某人，某個特定契機，就有可能轉化成《五代史評話》、《梁公九諫》等這樣的文學創作。因爲聯想起以往的書籍閱讀，宋代趙彥衛甚至認爲「柳子厚遊山諸記，法《穆天子傳》；歐陽文忠公《醉翁亭記》，體《公羊穀梁傳》解《春秋》；張忠定《諫用兵疏》，效韓退之《佛骨表》；黃魯直《跋奚文》，學漢王子淵《便了券》；唐人《大槐國傳》，依《列子・湯問》；此所謂奪脫換骨法。」（《雲麓漫鈔》卷3）

不管趙彥衛所說有無道理，從人生踐行的角度看，時間對於我們每個人的賜予大致一樣。人生都在修行，只不過有些人行走在路上覺悟，而更多的人卻寧願守在家裏執著。但是，不斷感受新奇變化總比長久固定凝視、生活

〔註 132〕朱介國：《唐傳奇與古文運動和行卷的關係》，2008 年 4 月《中國文化大學中文學報》第十六期，第 72、73 頁。

〔註 133〕（清）何文煥：《歷代詩話》，中華書局 1981 年版，第 310 頁。

〔註 134〕（宋）范仲淹：《范仲淹全集》上冊，李勇先、王蓉貴校點，四川大學出版社2007 年版，第 286 頁。按：《唐相梁公碑文》載「某貶守鄱陽，移丹徒郡，道過彭澤，謁公之祠而述焉。」范仲淹正是寶元元年移官丹徒。

重複不變，更有激發創作的可能。在版圖小於唐朝的土地上，騎馬駕驢的交通工具沒有變化的情況下，宋人生平步履所及顯然不太可能超過唐人，其感受生活新奇的優裕度也顯然要小於唐人。與唐人比較，宋人顯然不太可能看到天山戈壁、大漠荒原，更不用說路過西域古道的懸泉驛。由於北國先後為契丹、西夏佔據，中原汴京與江淮的景物差別並無想像中那般巨大，所謂「才始送春歸，又送君歸去。若到江南趕上春，千萬和春住。」嶺南以外，江南與東京，同樣是「柳陰直，煙裏絲絲弄碧」（周邦彥《蘭陵王》），同樣有「楊柳岸曉風殘月」（柳永《雨霖鈴》），只是江南的春天比北方的時間略長一些罷了。宋人見聞既無大驚奇，唐詩的格局氣象更能襯出宋人的「士習拘謹」〔註135〕。柳開對塞上風景的描寫，僅是缺乏感受地吟詠「鳴骹直上一千尺，天靜無風聲更乾。碧眼胡兒三百騎，盡提金勒向雲看」。由於並不瞭解北方胡人，一句「碧眼」，遂將胡人都類型化了，彷彿胡人都是一個模子倒出來的。因為胡人說話，漢人聽不懂，疏於交流的情形，極易造成漢人對於胡人的理解趨於模塊化、類型化，而不注意區分胡兒之間的細微差別。與審美對象的距離有多種原因造成，一是人種、地域；二是文化民俗的區別；三是審美對象的懸置，通過剔除、過濾、重構等手段，將之放在一個不食人間煙火的位置，僅用異樣的眼光去端詳。

與「行人刁斗風沙暗，公主琵琶幽怨多」（李頎《古從軍行》），「黃沙幕南起，白日隱西隅」（陳子昂《感遇》其三），「走馬川行雪海邊，平沙莽莽黃入天」（岑參《走馬川行奉送出師西征》）等等唐人真實閱歷的邊塞比較，即如錢鍾書所言，的確有一部份宋代文人是「在那裡舊貨翻新，把巧妙的裁改拆補來代替艱苦的創造，都沒有向『自然形態的東西』裏去發掘原料」〔註136〕。然而，印本時代宋人可資閱讀、借鑑的書籍種類與數量遠超唐人卻是不爭的事實。因此，儘管少了直接獲取的「感悟」及知覺回憶，抄、印本構建的間接的文字世界還是大大拓展了宋代文人知識和想像的空間。更何況，像邊塞戰爭這樣的人生閱歷，在沒有影視觀賞的時代，以圖片文字的方式間接獲得還是好些。近代德國名相俾斯麥曾有一句名言：「沒有什麼比坐在書齋汲取他人用鮮血換來的教訓更有價值的事了」。當年，美國詩人威廉斯痛惜艾略特、龐德等人鑽進史書中去，改寫甚至「剽竊」古董詩。威廉斯說：「《日晷》（The Dial）推出了

〔註135〕魯迅：《魯迅全集》第9冊，人民文學出版社2005年版，第109頁。
〔註136〕錢鍾書：《宋詩選注・序》，生活・讀書・新知三聯書店2007年版，第16頁。

《荒原》，我們的歡笑全都結束了。猶如一顆原子彈掉落下來，它毀滅了我們的世界，……我立刻覺得它使我倒退了二十年……艾略特掉頭不顧復興我的世界的可能性」。一方面，雖然他對艾略特的「學問詩」口誅筆伐長達四十多年。但是，另一方面，他又不得不承認，艾略特「身爲有成就的匠人，在某些方面技巧嫻熟，令我望塵莫及，我只好眼睜睜看著他，那傻瓜，把我的世界帶走，給敵人」〔註137〕。

其次，除了營建宋人的意識世界，子部書籍對於文學創作也有直接的影響和滲入。這樣的影響表現爲，宋代文人在自己的文字作品中，經常引用子書中的故事來抒情表意。蘇軾《管仲論》直接談論的就是春秋齊國管仲的故事，所謂「嘗讀《周官》、《司馬法》，得軍旅什伍之數。其後讀管夷吾書，又得《管子》所以變周之制」〔註138〕。而《荀卿論》自言：「嘗讀《孔子世家》，觀其言語文章，循循莫不有規矩，不敢放言高論，言必稱先王，然後知聖人憂天下之深也。」〔註139〕按管庭芬《讀書敏求記校證》、江建霞《宋元本書目行格表》以及夏其峰《宋版古籍佚存書錄》的相關記載，天聖三年已有國子監刻本《司馬法》3 卷，又有汴京舊印本和蜀大字本《孔字家語》10 卷。蘇軾所閱書籍，當包括這些印本在內。

黃庭堅作詩推崇杜甫、韓愈所謂的「無一字無來處」，其來處多本於經子之書。因爲杜甫《前出塞》詩曰：「射人先射馬」，《兵車行》有「新鬼煩冤舊鬼哭」詩句，黃庭堅便聯想到《左傳》。《左傳·宣公十二年》記載：「樂伯左射馬而右射人，角不能進。」《左傳·文公二年》記載：「夏父弗忌爲宗伯，尊僖公，且明見曰：『吾見新鬼大，故鬼小。先大後小，順也』」。又，杜甫《秋雨歎》有「禾頭

圖 12

〔註137〕 傅浩：《威廉斯與龐德、艾略特的詩學恩怨》，《外國文學》2014 年第 4 期，第 18 頁。
〔註138〕 （宋）蘇軾：《蘇軾文集》第 1 冊，孔凡禮點校，中華書局 1986 年版，第 87 頁。
〔註139〕 同上，第 100 頁。

生耳黍穗黑」，黃庭堅認為此詩源出《齊民要術》：「秋雨甲子，禾頭生耳」的記載（《山谷別集》卷4《杜詩箋》）。其餘杜詩的文獻出處，如《齊諧記》、《華陽國志》、《維摩經》等，黃庭堅在《杜詩箋》中還列出很多。可見，除了《六經》之外，種類繁多的子書也是文學創作中重要的借鑒材料，所謂「吾欲忘言觀道妙，六經俱是不完書。」（《讀書呈幾復二首》治平三年作）

緣此，黃庭堅認為除了六經之外，子類書籍在自己的詩文創作也是值得借鑒。其創作的四首詩有「從師學道魚千里」（《林夫人欸乃歌與王稚川》）、「小池已築魚千里」（《追和東坡題李亮功歸來圖》）、「爭名朝市魚千里」（《去賢齋》）、「心遊魏闕魚千里」（《十月十五早飯清都觀》）之句。關於「魚千里」的出處，有兩種解釋：一曰《齊民要術》載《陶朱公養魚經》，有所謂「以六畝地為池，池中有九洲六穀，魚在其中周遶，自謂江湖」。二曰「山谷用魚千里事，蓋出《關尹子》：『以池為沼，以石為塢，魚環遊之，不知其幾千萬里也』」（龔頤正《芥隱筆記》）。考證熙寧四年，黃庭堅從葉縣返家作《還家呈伯氏》，有「安得短船萬里隨江風，養魚去作陶朱公」詩句，證明「魚千里」典故，應源於《齊民要術》所載《陶朱公養魚》。

又，黃庭堅《演雅》詩云：「春蛙夏蜩更嘈雜」、「絡緯何嘗省機織，布穀未應勤種播」。《困學紀聞》（卷18）謂「春蛙夏蜩」一句出楊泉《物理論》：「虛無之談，無異春蛙秋蟬，聒耳而已。」錢鍾書認為山谷《題淡山岩》第一首「春蛙秋蠅不到耳」，也是脫胎於此。而「布穀未應勤種播」兩句詩，則本於《詩・大東》「維南有箕，不可以簸揚。維北有斗，不可以挹酒漿」，又脫胎換骨於《抱朴子》外篇《博喻》「鋸齒不能咀嚼，箕舌不能別味」〔註140〕。此外，《黃庭堅全集》有《次韻答趙彥成》詩一首，其中就有「已作齊民尋《要術》，安能痛飲讀《離騷》。看君自是青田質，清唳猶堪徹九皋」詩句。由此可知，賈思勰《齊民要術》、屈原《離騷》在宋代已很常見，故黃庭堅得以引入詩歌創作。

考察《長編》（卷95）、《宋會要輯稿》（冊75）等書記載，自天禧四年，李防提請雕印《四時纂要》、《齊民要術》「付諸道勸農司，以助民務」開始，直至天聖三年（1025）准予國子監雕印《文選》、《六帖》、《初學記》、《韻對》、《四時纂要》、《齊民要術》等書出賣。北宋國子監一直就有《齊民要術》十卷印本流通。天禧二年，朝廷頒《齊民要術》於天下。前有葛祐之序稱：「此書乃

〔註140〕錢鍾書：《談藝錄》，中華書局1984年9月版，第5、6頁。

天聖中崇文院本，非朝廷要人不可得。」〔註141〕熙寧五年（1072）至元豐三年（1080），黃庭堅在大名府做過八年的國子監教授，應是看過國子監刊本《齊民要術》。

凡此數例，即可知曉，若沒有經史子籍、農書雜著的大量印刷傳播，類似北魏賈思勰《齊民要術》這樣的書籍便不可能在天聖年間由國子監刊版印出，黃庭堅亦難尋到那些出處荒僻的詩歌典故，因為《齊民要術》這類書籍也不太可能手抄傳播。若不能「收百世之闕文，採千載之遺韻」，如何能做到「謝朝華於已披，啓夕秀於未振，觀古今於須臾，撫四海於一瞬」（《文賦》）。若沒有印本普及的優勢，江西派詩人又如何能做到「點鐵成金」、「奪胎換骨」。

第三方面，子部書籍對於文學的直接影響還表現為字書、韻書等書籍對科舉的重要程度。這類書籍與科舉關係密切，客觀上也是宋人寫詩撰文的基礎。

《宋史》記載，宋初科舉「凡進士，試詩、賦、論各一首，策五道，帖《論語》十帖，對《春秋》或《禮記》墨義十條。」科舉既以詩賦取士，就需要以字書、韻書作為備考工具。《長編》（卷60）載，眞宗景德二年秋七月「丙子，龍圖閣待制戚綸與禮部貢院上言：『今歲諸道進士僅三千人，諸科萬餘人，其中文理紕繆，經義十否、九否者甚眾，苟非特行約束，必恐益長因循。又慮官吏坐此殿罰，因而避事，全不薦人。……近年進士多務澆浮，不敦實學，惟鈔略古今文賦，懷挾入試，昨者廷試以正經命題，多懵所出。舊敕止許以篇韻入試，今請除官《韻略》外，不得懷挾書策，令監門巡鋪官潛加覺察，犯者實時扶出，仍殿一舉。咸平三年詔旨，進士就試，不許繼燭，每歲貢院雖預牓示，然有達曙未出者。今請除書案外，不將茶廚、蠟燭等入，如西後未就者，駁放之，仍請戒勵專習經史。……』」《宋史·選舉一》（卷155）亦載曰：「凡就試，唯詞賦者許持《切韻》、《玉篇》，其挾書為奸，及口相受授者，發覺即黜之。」從這些記載，我們清楚地知道北宋科舉考試允許考生挾帶《韻略》、《切韻》、《玉篇》等韻書入考場，原因當然是它們對於詩賦用韻至關重要的緣故。

雖然詩賦在北宋科舉考試中的重要性逐漸減退，熙寧四年王安石變法曾一度「罷詩賦及明經諸科，以經義、論、策試進士」（《宋史·神宗本紀》）。元祐年間又行恢復，此後至北宋末年，又有反覆。雖有停罷恢復，然而在相當長

〔註141〕夏其峰：《宋版古籍佚存書錄》，三晉出版社2010年版，第65頁。

的歷史時期，宋代科舉仍以詩賦取士。一旦有詩賦創作，就需考慮字韻選擇的問題。儘管北宋確有像德洪那樣不受官韻約束的詩僧〔註142〕，但是考生應舉，詩賦寫作卻必須遵循官方用韻規範，否則難以中第。當年歐陽修在隨州取解時，就曾以詩賦「落官韻而不收」（《東軒筆錄》卷12）。李子君撰文說：「《禮部韻略》（簡稱《禮韻》）北宋景祐四年（1007年）丁度等奉敕編纂。作為考官、士子共同遵守的審音定韻標準的韻書，《禮韻》一直是宋代場屋必備的權威工具書。……《禮韻》只數9564字，異讀字、通假字、異體字也比《集韻》少許多。但作為官方修定的用韻標準，具有絕對的法定性、權威性，應試舉子必須嚴格遵守。詩賦脫官韻、詩賦落韻，都屬『犯不考』，即取消入選資格。」〔註143〕由此，類似《禮部韻略》、《切韻》、《玉篇》等這類考試工具書得以在北宋大量印刷發行。如今，電視臺舉辦「漢字聽寫大會」，局外的我們定會驚訝怎麼有那麼多生僻的漢字和詞語。然而，你或許更驚訝的還是——只要有幾個鑽研古籍的變態學者活著，只需有《康熙字典》這類字典文獻留存，並且有人偶而翻閱。即便是某些漢字已百年不用，我們依然可以隨時讓其暫時「復活」。可見，字書和韻書除了識字應舉的效用，還有文明傳承的功勞。

　　以上三個方面，主要是子書印本對於北宋文學的影響。至於構建影響的渠道或方式，總結起來，一則是通過文本閱讀，構成作者對於所處世界的某些「成見」，譬如陰陽五行、奇經八脈、天地運行、四季節令等等。這些就成為作者世界觀及意識形態的一部份，成為他們社會生活的基本座標；二則通過諸子書籍傳播的思想，影響了宋人對於時事政治的判斷，不至於狹隘成明清兩代的八股專經之士。蘇軾當年受《論語》、《老子》、《莊子》、《韓非子》等書籍影響，撰有《禮義信足以成德論》、《韓非論》等文章，判定道家只是「小農意識」的形而上呈現。他們只求自己的清高，卻放棄了對於社會民生的道義和責任。此後，韓非、商鞅又將老莊的學說學偏了。最終導致教化不足，而法有餘，使天下被毒害。以上這些，間接都是由老莊學說引起的。然而，儘管策論如此批判道家，蘇軾仍然喜歡佛道以及老莊之書，其詩文從《莊子》之類的子書中也獲益甚多。朱自清因此評價說：「歐文主自然。他所作紆徐曲折，而能條達疏暢，無艱難勞苦之態；最以言情見長，評者說是從《史

〔註142〕杜愛英：《北宋詩僧德洪用韻考》，《山東師大學報》1998年第1期，第85～89頁。

〔註143〕李子君：《〈禮部韻略〉在宋代語言學史上的功用》，《辭書研究》2006年第4期，第168頁。

記》脫化而出。……三蘇長於議論，得力於《戰國策》、《孟子》；而蘇軾才氣縱橫，並得力於《莊子》。」〔註144〕宋人對於文章的推崇，唐代為韓、柳，當代則是歐、蘇。（宋）陳鵠《西塘集耆舊續聞》（卷2）載曰：「學文須熟看韓、柳、歐、蘇，先見文字體式，然後更考古人用意下句處。」殊不料，歐、蘇、黃等宋代文人的詩文，也是源於對經史子集等相關書籍的模仿和學習——恰如陸機所謂「傾群言之瀝液，漱六藝之芳潤」（《文賦》）。

談到經子書籍對於文學創作的借鑒，「用字必有來歷，押韻必有出處」（《滄浪詩話·詩辨》）是宋人的拘泥刻板之處，而「古人作詩引用故實，或不原其美惡，但以一時中的而已」（《龍學文集》卷14《西齋話記》）〔註145〕。所謂「以意為主」，強調借助故實言辭，又是某些宋人超越常人的智慧之處。因為「不原其美惡」的原因，除了懵懂憨直之外，更有可能是忽略了道德教化。當年蘇軾曾教諸子如何作文，或辭多而意寡，或虛字多，實字少，皆批諭之。又有問作文之法，坡云：「譬如城市間種種物有之，欲致而為我用。有一物焉，曰錢；得錢，則物皆為我用。作文先有意，則經史皆為我用。」蘇軾所教導的作文方法，其主旨就是「文以意為主」。「文章先有意，則經史子集、典言故事皆為我用矣」〔註146〕。此種方法，蘇軾亦曾用於讀書，其《與王郎書》云：「書之富，如入海，百貨皆有，人之精力不能兼收盡取，但得其所欲求者爾。故願學者每次作一意求之，如欲求古今與興亡治亂聖賢作用，且只作此意求之，勿生餘念」。東坡所謂以意引導讀書，「犁然當人心，善為學者不可不知也」（《艇齋詩話》）。由此可知，除經史以外，宋代文人從子部書籍的印行傳播中同樣受益甚黟。

小結

最後，如果我們將經子文獻對於作者的影響也考慮在內，便可憑此將古代與現代文學的作者劃分成兩個截然不同的思想群體。因為閱讀書籍不同，所受教育不同，時代文化的不同，他們筆下的文學作品呈現出大不相同的思想面貌。

當年，王安石曾以自己的閱讀經歷，勸誡曾鞏要多讀儒家經書以外的書籍，所謂「世之不見全經久矣，讀經而已，則不足以知經。故某自百家諸子

〔註144〕 朱自清：《經典常談》，上海古籍出版社2004年版，第115頁。

〔註145〕 吳文治：《宋詩話全編》第1冊，鳳凰出版社1998年，第107頁。

〔註146〕 （宋）周輝：《清波雜志校注》卷7，劉永翔校注，中華書局1994年版，第299頁。

之書，至《難經》、《素問》、《本草》諸小說，無所不讀；農夫女工，無所不問；然後於經爲能知其大體而無疑。蓋後世學者， 與先王之時異也。不如是，不足以盡聖人故也」(《答曾子固書》)。

　　一九三四年，胡適談到民國以來的變化是「中國進步最速的時代；無論在智識上、道德上、國民精神上、國民人格上、社會風俗上、政治組織上、民族自信力上，這二十年的進步都可以說是超過以前的任何時代」，而這些進步變化都沒有藉重孔子的力量 (《寫在孔子誕辰紀念之後》)。畢竟，「時代變的太快了，新的事物太多了，新的知識太複雜了，新的思想太廣博了，那種簡單的古文體，無論怎樣變化，終不能應付這個新時代的要求」(《〈中國新文學大系・建設理論集〉導言》)。

　　近代以來，魯迅與胡適等人的讀書、創作經歷也證明了，不拘一格地讀經史以外的書籍，會擁有比專門讀經更大的思維創見和想像空間。反之，「自我狹隘」無助於人的成長與蛻變。無論五四時期的復古讀經，還是今天的國學熱炒，我們都要清醒地認識到那些曾經的經典只能成爲我們選擇閱讀的一部份，而不該讓它們再次成爲全部。現在的書籍閱讀不應再限於經史子集這些國學的範圍，我們沒有理由排斥那些開闊視野，啓發民智的書籍。

　　正因爲閱讀儒學以外的書籍，尤其是西方的書籍，胡適以爲「中國的『文學』，大病在於缺少材料，那些古文家，除了墓誌、壽序、家傳之外，幾乎沒有一毫材料。因此，他們不得不做那些極無聊的『漢高帝斬丁公論』，『漢文帝唐太宗優劣論』」；又說「西洋的文學方法，比我們的文學，實在完備得多，高明得多」，而「中國文學的方法實在不完備，不夠做我們的模範」(《建設的文學革命論》)。胡適具體引用了「悲劇的觀念，文學的經濟」這兩條最淺近的例子，「用來證明研究西洋戲劇文學可以得到的益處」。由於「現在的中國文學已到了暮氣攻心，奄奄斷氣的時候」，所以我們才要「趕緊灌下西方的『少年血性湯』」(《文學進化觀念與戲劇改良》)〔註147〕。正是因爲喝過外國的文學「血性湯」，胡適、周氏兄弟才有了「白話文學」、「國語文學」、「人的文學」的新思想和新主張，而這些思想對於構建不同於傳統的新文學來說，都是至關重要的。

〔註147〕胡適：《胡適學術代表作》上卷，嚴雲受編，安徽教育出版社 2007 年版，第
　　　　45 頁。

四、「鏡子意識」與北宋史籍刊刻

宋代是個奇特的王朝，它內外有別，既弱又強，既尊且卑。面對南唐、吳越，趙氏兄弟以尊主自居，強勢盡顯，然對於北方強敵，北宋群臣卻屢弱畢現，幾願稱臣。關於這個朝代，除了恥笑皇帝的昏庸，總有諸如「歷史上少數積弱的朝代之一」；「中國最懦弱的朝代；與唐代比，如果說唐代是太陽，那宋代就是一彎永遠無法圓滿的月亮」等這類說法。（宋）孟元老經歷北宋靖康之難後，自述「避地江左，情緒牢落，漸入桑榆。暗想當年，節物風流，人情和美，但成悵恨。……古人有夢遊華胥之國，其樂無涯者，僕今追念，回首悵然，豈非華胥之夢覺哉！」（《東京夢華錄・序》）。《水滸傳》如同宋代的野史，文字附帶繡像、評書閒話的民間流傳，更加劇了人們擁有這樣的意識。總之，談起宋代，總讓自豪的國人唏噓感歎。

對於宋朝，美國漢學家伊沛霞說：「宋朝在中國人心目中的地位不太高。很多人更青睞它以前的唐朝（618～907），唐朝有威武的皇帝，軍事擴張的成就，激昂的詩人和文化上的自信。」伊沛霞還有句話說得好，即我們「不能用喜歡還是不喜歡來概括宋朝」〔註148〕。我尤其認為宋朝也有屬於自己的好傳統、好品質。除了對於文人前所未有的尊重，這種好傳統還體現在宋人對於學術理性的探索。除此以外，宋朝區別於其他朝代的特異品質，尤其在於宋人有強烈的史鑒意識。說得更形象些，即宋人擁有超乎前人的「鏡子」意識。唐太宗曾說：「以史為鑒，可以明古今」，這樣的認識到了宋代才達到了自覺的極至。

我們知道，北宋從立國之初，便開始籌劃並著手編撰刊刻前代的史書。到真宗、仁宗時，基本上將前代的所有史書都刊刻出齊。儘管如此，宋人還不滿足，由司馬光牽頭又編撰了一部《資治通鑑》。據司馬光自己說，編撰這部巨帙是因為在此之前，自《史記》至《五代史》，已有十七史先後問世。眾多史籍，使得「諸生歷年不能盡其篇第，畢世不暇舉其大略」。司馬光在《進通鑑表》中說，此舉是要「監前世之興衰，考當今之得失」，「躋無前之至治」，清楚地表明司馬光編撰此書的根本目的，是要發揮以史為鑒的社會功能，通過總結歷史為時下的政治服務，最終實現天下大治。故此書進奏後，深得宋英宗的賞識。宋神宗即位後，更因其「鑒於往事，有資於治道」，正式賜名為《資治通鑑》。《玉海》（卷47）載：

〔註148〕〔美〕伊沛霞：《內闈——宋代的婚姻和婦女生活・導言》，江蘇人民出版社2004年版，第2頁。

　　治平四年己酉十月，初御邇英。甲寅二十三日，初進讀，賜名《資治通鑑》。神宗親製《序》面賜光。《序》略曰：「此亦古人述作造端立意之所繇也。其所載明君、良臣，切磨治道，議論之精語，德刑之善制，天人相與之際，休咎庶徵之原，威福盛衰之本，規模利害之效，良將之方略，循吏之條教，斷以邪正，要於治忽，辭令淵厚之體，箴諫深切之義，良謂備焉。」

　　至於所謂「資治通鑑」，王夫之說：「曰『資治』者，非知治知亂而已也，所以爲力行求治之資也」。「『鑑』者，能別人之妍媸，而整衣冠、尊瞻視者，可就正焉。」「『通』者，何也？君道在焉，國是在焉，民情在焉，邊防在焉，臣誼在焉，臣節在焉，士之行己以無辱者在焉，學之守正而不陂者在焉。雖扼窮獨處，而可以自淑，可以誨人，可以知道而樂，故曰『通』也。」王夫之所說的歸納起來就是「鑑之者明，通之也廣，資之也深，人自取之，而治身治世、肆應而不窮。」意思是說《資治通鑑》編著的目的，是用更廣泛、更深邃的鏡子，爲人們提供治身治世的資料例證。〔註149〕而我認爲司馬光編著「資治通鑑」，更爲了明澈古今政事得失，以利於當下國家治理。「通鑑」二字，蘊含意思有兩層：一是此書編撰有統括諸朝政事得失之意；二是希望由此成就一個放之四海皆有用的大瓠瓜，磨成一面足以照澈古今的大鏡子。有此一鏡子，旁鏡皆可不用矣。

　　不僅如此，史鑑意識在宋代朝野流布，遂成爲文臣通行的思維。當年范仲淹以文臣知邊帥時，曾上表說：「臣聞自古將帥與士旅同其安樂，則可共其憂患，而爲國家之用。故士未飲而不敢言渴，士未食而不敢言饑。今邊兵請給粗供樵爨醯鹽之費，食必麤糲，經逾歲年，不沾肉味。至有軍行之時，羸不勝甲，棄而埋之；負罪以逋，未能遠去，皆捕而斬之。臣雖痛而不忍，豈敢慢法！或有危逼，欲使此等之心同其憂患，爲國家之用，不亦難哉！」〔註150〕表中，范仲淹以史事向皇上說明將帥愛護邊兵的重要性。顯然，范仲淹所言的歷史，源於《史記》。《史記》卷一百九《李將軍列傳》記載：「（李）廣之將兵，乏絕之處，見水，士卒不盡飲，廣不近水，士卒不盡食，廣不嘗食。寬緩不苛，士以此愛樂爲用。」

〔註149〕　（清）王夫之：《讀通鑑論》下冊，中華書局 1975 年 7 月第 1 版，第 955、956 頁。

〔註150〕　（宋）范仲淹：《范仲淹全集》卷第 17《讓觀察使第一表》，四川大學出版社2007 年版，第 402 頁。

　　若干年前，季羨林有《序》云：「有一個事實，本來是彰明昭著的，卻幾乎為所有的中外人士所忽略（黑格爾似乎談到過），這就是：上下五千年，縱橫十萬里，在世界上所有的民族中，最愛歷史，歷史典籍的時間最久，最完整，最有系統的民族，就是中華民族。……史籍多而全，有什麼好處呢？……用處是很多的，意義是很大的。我們常說『前車之覆，後車之鑒』，又說『鑒古知今，鑒往知來』。類似的說法還多得很。」〔註151〕宋代司馬光給皇帝進言曰：「臣聞史者，今之所以知古，後之所知先，故人主不可以不觀史。善者可以為法，不善者可以為戒」（《乞令「校定〈資治通鑒〉所」寫〈稽古錄〉箚子》）。為此，他特地寫了一部名為《資治通鑒》的通史，所謂「資治」就是「有助於統治或治理」，用意昭然。

　　宋代正是這樣一個「史鑒意識」濃厚的朝代。自建國以來，北宋統治者一直希望從前朝史實中，找到長治久安的良方。從五代故實，宋太祖深感到削奪藩鎮兵權的重要，並驚喜地認為「文人主政」是預防前朝兵亂的好辦法。然則在具體實施過程中，卻出現了「冗官尾大」的毛病，客觀上造成了軍事上的孱弱局面。由是，宋人難權其衡，極力在選擇強兵和削奪兵權的兩難局面中尋找平衡點。實際上在整個宋代，從慶曆新政到王安石改革，這樣的平衡點不僅沒有找到，而且搞不好的結果，還往往是把秤桿給翹翻了。史籍給宋人帶來的不是得失明晰，而是「權衡」的兩難。朝代興替的秘密之一，其實在於社會人心的凝聚力，以及由此帶來的社會動員能力。音樂與詩歌顯然更具有這樣凝聚力量。所謂「得民心者，得天下」，核心要義是說政府需要那種不靠瞞騙得來的心悅誠服。朝廷治下的社會群體既要不溺於慵懶，又不宜貌合神離，需要的是能夠付諸行動的「萬眾一心」。只有這樣的社會才有能力奮發圖強，共同抵禦來自外族的侵略以及克服內部的變亂。而北宋王朝覆滅的原因，恰恰有太平日久的人心慵懶，國家在國防備戰以及社會動員力上出現了問題。

　　歷史本就是綿延不斷的生成，而非是靜止不動的河流。因為人不能兩次踏進同一條河流，歷史也並非單一模式的重複。它有其相似的一面，又有其變異不同的另一面。其法則的掌握，不是抓住具體的歷史教訓，而是要握歷史脈動的規律，從中抽象出一些原則性的東西，來指導當今的現實。無論是

〔註151〕季羨林：《中國古代城市生活長卷叢書·總序》，湖南出版社 1993 年 3 月版，第 1 頁。

司馬光主張以禮治世，君主鑒史名分以安邦，還是歐陽修所謂「盛衰之理，雖曰天命，豈非人事哉！」(《新五代史‧伶官傳序》)。或多或少都體現了宋人對於歷史盛衰的基本看法。現在來看，宋人並不明白就裏的玄機，其思維亦不能辨析深入。他們只是秉持儒家「扣其兩端用其中」的中庸觀，在這樣的「兩難」中艱難地努力尋找一個平衡點。如果找不到，他們就大概地截取兩端，取其當間──即爲「平衡」。

基於強烈的「鏡子」意識，北宋的史籍刊刻，從建國之初就得到了上層的高度重視。趙氏兄弟欲從唐末藩鎮、五代諸國的興衰，得到穩定國家根基的教訓和經驗。《宋朝事實類苑》(卷31)載：「淳化五年七月，詔選官分校史記、前漢、後漢書，既畢，遣內侍齎本就杭州鏤板。咸平中，眞宗謂宰相曰：『太宗崇尙文史，而三史版本如聞當時校勘官未能精詳，尙有謬誤，當再加刊正。』乃命直使館陳堯佐等覆校史記，景德元年校畢，並錄差誤文字五卷同進。……又命直秘閣刁衎等覆校前後漢書，凡修改三百四十九簽正卷。」同書(卷31)又載，天聖二年六月，詔校勘南北史、隋書，以直史館張觀、集賢校理王質、晁宗愨、李淑，秘閣校理陳詁，館閣校勘彭乘，國子監直講公孫覺校正。命知制誥宋綬、龍圖待制劉曄提舉。

嘉祐四年，仁宗謂輔臣曰：「宋、齊、梁、陳、後魏、後周、北齊書，世罕有善本，未行之學官，可委編校官精加校勘。」八月，命編校書籍孟恂、丁寶臣、鄭穆、趙彥若、錢藻、孫覺、曾鞏校宋、齊、梁、陳、後魏、北齊、後周七史。恂等言：「梁陳等書缺，獨館閣所藏，恐不足以定著，願詔京師及州縣藏書之家，使悉上之。」仁宗皇帝爲下其事，至七年冬，稍稍始集，然後校正訛謬，遂爲完書，模本行之(《宋朝事實類苑》卷31)。

其他編撰事實，又有薛居正、歐陽修、司馬光等人修撰的《新舊五代史》、《新唐書》、《資治通鑑》等。與文臣著作出版審愼不同，這些史籍中的大部份最終都在北宋得以刊刻印行。根據張金吾《愛日精廬藏書志》、傅增湘《雙鑑樓善本書目》，以及王國維《五代兩宋監本考》等相關書籍記載，北宋先後刊印了《史記》、《漢書》、《後漢書》、《三國志》前四史，兩晉南北朝史書以及《資治通鑑》等史籍三十七部，基本上刊印出齊了自先秦至北宋的重要史家典籍。綜合諸種文獻典籍，北宋史部書籍的刊刻情狀大略如下：

北宋史部刊本表 表6

版本年代	北宋史部印本名稱、卷冊	版本來源與出處
北宋國子監刊本	漢司馬遷《史記》130卷	〔4〕中18
北宋刊本	〔劉宋〕裴駰《史記集解》130卷	〔10〕八1
北宋淳化刊本	〔劉宋〕裴駰《史記集解》130卷	〔11〕二1
北宋刊本	漢班固《漢書》100卷	〔34〕史7
宋景祐二年刊本	漢班固《漢書》100卷	〔22〕一12〔23〕上35〔24〕39〔28〕6〔34〕史9
北宋國子監刊本	漢班固《漢書》120卷	〔4〕中18
北宋刊本	漢班固《漢書》120卷	〔23〕上33
宋景祐刊本	漢班固《漢書》120卷	〔53〕上2
北宋刊遞修本	漢班固《漢書》120卷	〔38〕圖版4、目錄8
宋景祐配元正統本	漢班固《漢書》120卷	〔26〕史4
北宋國子監刊本	晉陳壽《三國志》65卷	〔4〕中22
北宋刊本	晉陳壽《三國志》65卷	〔10〕八5
北宋國子監刊本	晉司馬彪《後漢志》30卷	〔4〕中19
北宋刊本	南朝范曄《後漢書》120卷	〔10〕八3
北宋國子監刊本	南朝范曄《後漢書》120卷	〔4〕中19
北宋景祐二年刊本	南朝范曄《後漢書》120卷	〔6〕11
北宋國子監刊本	北齊魏收《魏書》114卷	〔4〕中24
北宋國子監刊本	唐房玄齡《晉書》130卷	〔4〕中22
北宋國子監刊本	梁沈約《宋書》100卷	〔4〕中24
北宋國子監刊本	梁蕭子顯《南齊書》59卷	〔4〕中24
北宋國子監刊本	唐姚思廉《梁書》56卷	〔4〕中24
北宋國子監刊本	唐姚思廉《陳書》36卷	〔4〕中24
北宋國子監刊本	唐李百藥《北齊書》50卷	〔4〕中24
北宋國子監刊本	唐李延壽《北史》100卷	〔4〕中25
北宋國子監刊本	唐李延壽《南史》80卷	〔4〕中25
北宋國子監刊本	唐令狐德棻《周書》50卷	〔4〕中24
北宋國子監刊本	唐魏徵《隋書》85卷	〔4〕中25
北宋刊小字本	唐魏徵《隋書》85卷	〔8〕2〔11〕二5

北宋刊本	唐杜佑《通典》200 卷	〔2〕12〔11〕二 20〔13〕三 29〔23〕上下〔39〕三 14
宋仁宗朝官刊本	唐杜佑《通典》200 卷	〔48〕29
北宋嘉祐杭州本	歐陽修《唐書》255 卷	〔7〕〔17〕〔22〕〔23〕〔31〕〔34〕〔40〕〔41〕〔49〕〔4〕中
北宋國子監刊本	歐陽修《五代史》75 卷	〔4〕中 25
北宋刊本	歐陽修《五代史》75 卷	〔11〕二 6〔30〕一 36
北宋國子監刊本	司馬光《資治通鑒》294 卷	〔4〕中 25
北宋刊本	司馬光《資治通鑒》294 卷	〔40〕11
北宋刊大字本	司馬光《資治通鑒》294 卷	〔7〕二十 4
北宋蜀廣都費氏刊本	司馬光《資治通鑒》294 卷	〔17〕三 4〔23〕下 5〔34〕史 33〔37〕第五冊 23

注：《漢書》以北宋景德中（1004～1007）雕本爲第一。當時，僅位登中書省、樞密院兩府的要員大臣方能得到御賜。文獻出處代碼，請查附錄 2：《北宋刊本查考書目編號表》。

　　根據相關記載，北宋人不僅關注繼承或修撰前人的史實，對於本朝的史實也詳加採錄。自北宋建國以來，《太祖實錄》（《長編》卷 19）、《太宗實錄》（《長編》卷 43）、《眞宗實錄》、《仁宗實錄》、《神宗實錄》（《宋史》卷 18、卷 28）等，每朝的實錄都勤錄不闕。

　　據《東坡志林》卷二《記告訐事》，言熙寧、元豐間，皆重賞鼓勵告訐者。東坡云，此「皆當時小人所爲，非先帝本意。」又云當時著名史學家范祖禹在坐，並以史學家的敏感，稱這樣的事情「當書之《實錄》。」蘇軾記載此事，即是認可范祖禹所說，一則表彰先帝仁德，讓後世臣子緬懷；二則著於史籍，又有警示亂臣賊子，端正世風之意。而秉筆直書，看重實錄，也成了宋代史家普遍的共識。如《清波雜志》（卷 10）所載：

　　　　唐中和四年，時薄獻黃巢及家人首並姬妾，僖宗御大元樓受之。
　　宣問姬妾：「汝曹皆勳貴子女，世受國恩，何爲從賊？」其居首者對
　　曰：「狂賊凶逆，國家以百萬之眾，失守宗祧，播遷巴蜀，今陛下以
　　不能拒賊責一女子，置公卿將帥於何地乎？」僖宗不復問，皆戮於
　　市。人爭與之酒，其餘俱悲慟昏醉，居首者獨不飲不泣，至於就刑，
　　神色肅然。劉更生傳《列女》八篇，俱著姓氏，唐史《列女傳》亦
　　然，而獨遺此。若非司馬溫公特書於《通鑒》中，則視死如歸、應
　　對不屈之節，卒泯而不傳。惜不得其姓氏。

翻閱宋人編著的眾多史書，可以看到宋人在史學意識上，突出表現有以下兩點：

第一，要在史學觀念上突出封建倫理綱常的重要性

作為官修的正史，意識形態對於上層建築的維護是必然的。所以，照以往舊史例，官修的每一篇史傳後都有論贊。錢穆說：「而歐陽修《新五代史》則論贊不苟作。每篇後有論贊，都是很重要的一篇大議論，不是隨便循例而寫。最有趣的一點，在歐史寫的傳贊裏，每以『嗚呼』二字開頭。先歎了一口氣，再往下講。」〔註152〕這也成歐陽修《新五代史》中最大的特色，以致神宗皇帝曾就此事驚問於王安石。據載，熙寧八年閏四月，王安石評價歐陽修《新五代史》，曰：「臣方讀數冊，其文辭多不合義理。」上曰：「責以義則修止於如此，每卷後論說皆稱『嗚呼』，是事事皆可嗟歎也？」（《長編》卷263）歐陽修就此辨曰：「此衰世之書也」，「我用《春秋》是用其法，師其意，而不學其文。」

事實上，歐陽修《新五代史》是把恢復倫常作為指導思想。其文曰：「史者，國家之典法也。」〔註153〕而他重修《五代史》的原因是仿《春秋》「正名以定分，求情而責實，別是非，明善惡」〔註154〕。事實證明，歐陽修的史學觀念，最後得到了宋人的普遍認可，其所修《新五代史》得以雕板流行，而薛居正《舊五代史》反而逐漸湮沒無聞了。由此，《鐵圍山叢談》（卷3）載曰：「國朝實錄、諸史，凡書事皆備《春秋》之義，隱而顯。若至貴者以不善終，則多曰『無疾而崩』，大臣親王則曰『暴卒』，或云『暴疾卒』。」（清）趙翼亦云：「不閱薛史，不知歐史之簡嚴。歐史不惟文筆潔淨直追《史記》，而以《春秋》書法寓褒貶於紀傳之中，則雖《史記》亦不及也。」〔註155〕

宋人提倡要恢復禮制，認為以此就可以防止喪亂。殊不知，中原以外的異族是沒有禮的，也是不講禮的。唐代「安史之亂」的史實，充分證明講禮的中原人最終要敗在只重實效，沒有禮制的北方少數民族的鐵蹄之下。與前朝不同，與北宋同時代的蕃邦異族在政權穩定之後，也開始接受了中原的先

〔註152〕 錢穆：《中國史學名著》，三聯書店2000年版，第167頁。
〔註153〕 （宋）歐陽修：《歐陽文粹》卷10《論史館日曆》，《文淵閣四庫全書》上海古籍出版社2003年影印本，集部，第1103冊，第724頁。
〔註154〕 （宋）歐陽修：《文忠集》卷18《春秋論中》，《文淵閣四庫全書》上海古籍出版社2003年影印本，集部，第1102冊，第148頁。
〔註155〕 （清）趙翼：《廿二史札記校證》卷21，王樹民校證，中華書局1984年版，第460頁。

進文化的影響，這當然就是交流頻繁的功勞。同時，宋人也有意識地通過各種方式影響異族外邦，努力使之遵循自己的遊戲規則。「漢化」便是這種強勢文化產生的效果。於是，我們看到在宋代，一些有關經學、史學等教化方面的書籍被允許大量地輸出到境外。有關的例證，參見表10：《北宋與境外印本書籍傳播史實表》。

第二，對「上天感應論」、民間信仰，秉持看似矛盾的批判態度

自古以來，沒有邏輯端由的普遍聯繫（讖）以及「趨利避害、惜命乞福」成為迷信植入人們心理的根源。董仲舒的「天人感應」，即是此類迷信心理的體系化構建。這樣的觀念構建，從一開始就要在一定程度上迎合民間迷信，又要符合官方維護社會穩定的需要。宋承唐制，對於民間所謂「妖書妖言」，尤其是威脅政權的「妖言惑眾」懲治甚嚴，以致於《宋刑統》將《唐律疏義》中的「造妖書妖言」條，直接抄錄承襲。

太平興國二年十月，太宗特別頒下《禁天文相術六壬遁甲三命及陰陽書詔》。詔書曰：「兩京及諸道州府陰陽卜筮人等，向令諸州傳送至闕，詢其所習，皆不通其業，無所取其所由。蓋持禍福之言，於閭里間誑耀愚民，以資取給耳。自今後除二宅及《易》筮外，其天文、相術、六壬、遁甲、三命及他陰陽書，民間並不得私習。先有蓄者，限詔到一月悉以送官，限外不送及違詔私習者，悉斬。有能告者，賞錢十萬。州縣吏匿不以聞者，亦重置其罪。」〔註156〕

《長編》（卷262）記載，熙寧八年夏四月有大臣李逢、世居等因「挾圖讖祆妄書以相惑」而被收監。當時，權御史中丞鄧綰言：「伏詳編敕，讖書之禁，雖坐流三千里，然非因事冒罣，無由發覺。所以法令徒設，人不知畏，士庶之家亦或收藏傳說，不以為怪。乞下諸路，曉告收傳圖讖文書者立燒毀，或首納入官，官為焚棄，過兩月許人告，重賞之，犯人處死。」詔編敕所立法以聞。其後立法：私有圖讖及私傳習者，聽人告，賞錢百千。

另，據《資治通鑑》（卷211）記載，唐玄宗開元二年，太史誤報庚寅日有日蝕發生，宰相姚崇因此上表祝賀，主張把這件事寫入史冊上。此時，太子賓客解謙光給朝廷獻上武后時代的鼎一枚，只因鼎上銘文曰：「上玄降鑒，方建隆基」。姚崇上表祝賀，讖言附會此乃玄宗李隆基的受命之符。因為姚崇上

〔註156〕詳見《宋大詔令集》卷198，參見《長編》卷18。

表的兩件事，唐玄宗居然都恩准了，「且請宣示史官，煩告中外」。司馬光因
此評價說：「日食不驗，太史之過也，而君臣相賀，是誣乏也。採偶然之文以
爲符命，小臣之諂也。而宰相因而實之，是侮其君也。上誣於天，下侮其君，
以明皇之明，姚崇之賢，猶不能免於是，豈不惜哉！」。

　　一般說來，宋代官方對於破壞社會秩序穩定，危及皇權，妄言人命，妄
論國運的罪行通常是嚴懲不貸的，但是對於天人陰陽感應之說，宋室朝廷卻
表現得頗爲矛盾和困惑。一方面，他們的確公開反對官方、民間私習、迷信
此類書籍。《宋史·王拱辰傳》（卷318）記載，帝於邇英閣置《太玄經》、蓍草，
顧曰：「朕每閱此。卿亦知其說乎？」拱辰具以對，且曰：「願陛下垂意《六
經》，旁採史策，此不足學也。」另一方面，皇帝自己往往也沉迷其中，宋眞
宗、宋徽宗迷信道教等已是公開的事實了。又有《長編》中記錄了王安石「下
野」的直接原因，竟然不是因爲神宗皇帝的不信任，而是天人感應的迷信附
會。王安石改革期間，恰逢汴京地區大旱連年。反對派遂聯絡了後宮皇后，
以天旱災異現象，暗示王安石變法觸怒了上天，導致天下遭此大旱，以「天
意」相壓服。在這樣的情況下，神宗才不得不停止了變法。熙寧七年四月丙
戌，王安石以吏部尚書、觀文殿大學士的職稱被派往南京做地方官，由呂惠
卿代其官職（《宋大詔令集》卷69），變法從此走入了「黨爭」的歧途。其情形正
如韋伯所言，「從長遠的角度，士大夫總是一再獲勝。每遇旱、澇、軍事失利
或危險事件，他們都立刻把大權抓到手裏，因爲這些災異事件都被認爲是離
經叛道的結果，而以御使和翰林院爲代表的儒士則是傳統和經典生活方式的
衛道士」〔註157〕。《長編》的作者李燾以這樣的記載，描述當年那段變法的史
實，不知是否也有春秋褒貶之義呢？

　　總地說來，北宋官方對於「上天感應」表面看似矛盾的現象，其根本的
衡量標準要看這些宗教迷信對於社會統治穩定的影響程度。美國漢學家孔飛
力曾描述，1768 年清代社會曾經盛行一種名叫「叫魂」的妖術。由於這種妖
術的施法者，通過「做法於受害者的名字、毛髮或衣物，便可使他發病，甚
至死去，並偷取他的靈魂精氣，使之爲己服務」〔註158〕。因此，儘管《大清
律例》並沒有具體條款懲治「叫魂」的罪過，然而「妖術問題同剪人髮辮糾

〔註157〕〔德〕馬克思·韋伯：《儒教與道教》，商務印書館 2003 年版，第 190 頁。
〔註158〕〔美〕孔飛力：《叫魂：1768 年中國妖術大恐慌》，陳兼、劉昶譯，上海三聯
　　　　書店 2014 年版，第 1 頁。

纏到了一起」，康熙帝依然「決定對剪人髮辮的行爲發起掃蕩」。鑒於這一措施極易讓人聯想起清初入關頒了的「削髮令」，爲了避免造成不必要的恐慌，就要求「國家採取行爲」，同時又要求「國家謹愼行事」。此種矛盾心理，導致「弘曆在有關通信中甚至根本沒有提及這個問題」。矛盾糾結的結果是，「在清剿妖術的頭六個星期裏，皇帝在詔諭中對於削髮問題隻字未提」，但是考慮妖術所造成恐慌對於大清帝國權力結構的潛在危險，「對於叫魂妖黨的追蹤也在極端謹愼中進行」〔註 159〕。由此可見，對於天人感應、妖術讖言，歷代朝廷儘管有諸多顧慮，但是對於國家社會、權力體系「潛在危險」的警惕卻始終如一。

　　經驗過多，可資借鑒的文獻材料愈多，反而令後人猶豫難決，無法做出正確的選擇。此時，那種源自現實的、直接的判斷，那種理論與現實結合的判斷，反而更加有效。原因在於，某些歷史或經驗雖然有近似，但是時代變了，所有形成歷史經驗的條件和環境都發生了變化。若再一成不變地套用過去的歷史經驗，除了老天特別的厚待，否則失敗的結局將無法避免。當原先的制度不能有效地控制當下發展起來的社會時，所謂「法先王」的歷史觀其實是愚蠢至極。趙匡胤陳橋兵變，部下以黃袍加身。嗣後，擔心有部下傚仿復叛。乃召石守信等將領飲酒，言說卿等固然不會叛我。「設麾下有欲富貴者，一旦以黃袍加汝身，汝雖欲不爲，其可得乎？」守信等頓首涕泣曰：「臣等愚，不及此，惟陛下哀矜，指示可生之途。」於是宋太祖匡胤遂以富貴賞賚甚厚，釋部下兵權（《續資治通鑒》卷 2）。後世宋帝恪守「抑武崇文」的祖訓，亦使女眞人和蒙古人敏銳窺見了宋朝在軍事組織和動員機制上的弊端。英國史學家摩里士說：「邊陲君主比水利核心的君主更仰賴武力，也較少稱神。」〔註 160〕「秦與羅馬的成功秘訣很簡單：兵、糧、甲械的數量。……二者在募兵、輸糧、調度、裝備的能力，都超出對手一大截。」最終，不識儒家仁義禮儀的秦國、野狼般的羅馬都讓那些嘲笑其野蠻的哲學家變爲亡國奴。〔註 161〕歷史曾經給了女眞人覆滅宋朝的機會，然而由於他們自身內部的諸多問題，缺乏持續有效的策略以及更爲出色的進攻能力，從而導致女眞人將書寫歷史的機

〔註 159〕同上，第 117～120 頁。

〔註 160〕〔英〕伊安・摩里士：《西方憑什麼》，臺北雅言文化有限公司 2015 年版，第159 頁。

〔註 161〕同上，第 217 頁。

會拱手讓給了蒙古人。因此，所謂「究天人之際，通古今之變」，其核心是要清楚理解時變、勢變，結果也會改變。當原有制度已不適應社會的發展時，就要及時調整應對。所謂「通古今之變」，是以把握具體時代和環境的變化作為前提條件的。

歷史過去了千年，如今我們轉頭回顧，不禁感歎，北宋社會良好的歷史文化傳統和眾多刊刻成冊的歷史典籍，竟然沒能拯救王朝的命運，更沒有挽救後來南宋的亡國。南宋人是親眼目睹北宋滅亡的「鏡子」，結果又能怎樣呢？「暖風薰得遊人醉，直把杭州作汴州」（林升《題臨安邸》），這種感覺並非一定要徜徉杭州西湖，望湖樓中「持蟹望月」方能有的。「鏡子」的意識在留給我們豐厚歷史典籍的同時，也把辛酸和屈辱留給了我們這個民族。習慣了「瞞和騙」的民族極易放大自己對於漢唐輝煌的記憶，而將那些屈辱（不光彩）的歷史刻意遺忘。然而，歷史如果僅僅是典籍的千年流傳，後人卻沒有從中獲得前進的動力和經驗，沒有窺見王朝興替，以暴制暴的循環癥結所在，那麼這樣的典籍刊刻與流傳對於容易滿足的國人來說，又有何種益處呢？「興，亡，百姓皆苦」（張養浩《山坡羊・潼關懷古》）。歷史的真實誠然也是兼聽則明的，並不由官史說了算。即如榮格所言：「歸根到底，偉大民族的命運只不過是個人心理變化的總合。」

實際上，歷史本不該成為負累，而應是開啟文明前行的契機。只可惜，在單一思想體系內，實踐儒學與歷史的諸多經驗並沒有對歷代王朝的治國理政催生根本性的變革。對於「集權」和「大一統」高階統治的瘋狂迷戀，導致「普遍分享」的權力從未惠及每個王朝的歷史瞬間。而「揣摸上意」往往成為千年吏治的隱患。在這塊土地上，思想的革命（更新）如此沉重緩慢，暴力卻一再推動著「人命革除」的世代輪迴。封閉的體制內，人們為了個人名利的安好，纂改歷史，崇尚用「禮教」的矯飾來束縛人心的活躍與創造。

關於中國的歷史典籍，美國學者衛三畏認為，雖然這些官方歷史典籍和經典一樣，都是士人認真研讀的對象，但是「學習結業時對一般學問的大多數分支學識不足，對本國歷史的普通事件一無所知，西方世界的小小學童都感到可恥」〔註162〕。所以，引用季羨林不忍道出的黑格爾的原話，就可以明

〔註162〕 〔美〕衛三畏：《中國總論》，上海古籍出版社2014年版，第521頁。

瞭我們和宋人跨越千年而共同懷有的隱憂。黑格爾說：「而尤其使人驚歎的，便是他們歷史著作的精細正確。因為在中國，歷史家的位置是被列入最高級的公卿之中的。大臣二名常常追隨在天子的左右，他們的職務便是記錄天子的一言一動，歷史家便研究了這些記錄而加以運用。這種歷史的詳細節目，我們用不著深入考究，因為這種歷史本身既然沒表現出有任何進展，只會阻礙我們歷史的進步。」〔註163〕儘管黑格爾偏執地認為中國的歷史對於西方人沒有任何積極的影響，但是可以確認歷史曾經對於北宋的社會生活有著深刻的影響。

　　談到刊印史籍對於宋代文學的影響，要明白的是書籍類別只是為收集整理的需要。在古代中國，尤其是先秦以前，書籍類別的區分本就不甚鮮明。因為從嚴格意義上說，不僅是「六經皆史」，而且作為其他文學作品，「從一問世起就是歷史的，從內容與形式的本質去看是歷史的……它在自己的傳達特性和自己的效果方面也同樣是歷史的」〔註164〕。如果中國文學所遵奉的是對先人典籍的模仿和學習，自然地古代典籍本就屬於歷史的文本。而事實上，北宋史學的確也奉行典籍中心的理念。《長編》(卷315)載，元豐四年八月庚申，史館修撰曾鞏兼同判太常寺。詔鞏專典史事，更不預《兩朝史》。上曰：「修史最為難事，如《魯史》亦止錄《國史》，待孔子然後筆削。司馬遷材足以開物，猶止記君臣善惡之跡，為實錄而已。」王珪曰：「近修《唐書》，褒貶亦甚無法。」上曰：「唐太宗治僭亂以一天下，如房、魏之徒，宋祁、歐陽修輩尚不能窺其淺深，及所以成就功業之實。為史官者，材不足以過其一代之人，不若實錄事蹟，以待賢人去取褒貶爾。」

　　從上述記載，可以看出神宗皇帝與某些大臣對歐陽修等人所修《唐書》並不滿意，於是他們認為現在匆忙修史不如修實錄，以備今後有卓越「史才」出現再以實錄為基礎修史。聯繫神宗皇帝嘲笑歐陽修《五代史》論贊中「嗚呼亂叫」之言，從所謂「房、魏之徒，宋祁、歐陽修輩尚不能窺其淺深，及所以成就功業之實」的判斷，我們可以看出宋人對古人，尤其是盛世唐人的東西，認為是不可超越的。這是中國人「唯聖崇古」的心理在作怪。他們認為古人自有神奧之處，非當世人能揣測。然而事實往往卻是，一代有一代的學問，一代有一代之文學，古人未必比今人強。

〔註163〕〔德〕黑格爾：《歷史哲學》，上海書店出版社2001年版，第119頁。
〔註164〕劉小楓：《接受美學譯文集》，三聯書店出版社1989年版，第107頁。

　　既然宋人所遵奉的典籍是古代的文本，那麼我們終究也難以準確地區分《尚書》、《詩經》、《春秋》、《左傳》、《戰國策》等古代書籍中哪些文字是純文學的，而又有哪些文字是經學或史學的。唐代史家劉知幾認爲史書重在記事眞實，故其文辭應該「辯而不華，質而不俚」，斷不可雕飾藻彩。北宋史家宋祁也認爲反對「對偶之文入史策」，以爲那樣簡直就是「粉黛飾壯士，笙匏佐鼙鼓，非所施之」（《宋景文公筆記》卷上）。歷史文字多爲常規性文字，主要目的是爲了敘述曾經的史實，傳達事實。雖然歷史中不乏司馬遷《鴻門宴》那樣的文學表達，但是其目的終究還是爲了敘述史實。文學是富含「肌質」〔註165〕的陌生化語言，其目的多是爲了表達審美情感。我認爲，仔細比較詩歌與散文的不同，再想想散文與駢文，與散文詩的不同，「肌質」其實就是文學中呈現出審美性或文學性的部份。雖然文學也有所謂的現實主義、寫實主義、自然主義的作品，但是這類作品也是作者期望以自己的視角，呈現出自己對於現實的態度。文學話語對於歷史雖不至於扭曲，但是由文學語言所帶來的誇張、修飾、描寫、虛擬和揣測，的確有可能影響到歷史的眞實，所謂「史筆善記事，長於炫其文。文勝則實喪，徒憎口云云」（《伊川擊壤集》卷 18《詩史吟》）。對於歷史而言，因爲敘述的事實要確定無誤，至少客觀上有此要求，那麼文學語言所導致的「含蓄、多義，甚至歧義」，顯然就不適合於歷史的描述。所以，關於史籍文本對文學的影響，自然從本質上就已經囊括在印本傳播和接受過程當中了。關於這樣的影響，茲取以下數例略加說明。

　　我們知道，對歐陽修修撰的《五代史》、《新唐書》，後人評價皆曰文字簡嚴，而歐、宋等人的文章格調筆法本於史是沒有疑問的，然對於文學則該另當別論。譬如，後人評價《新五代史》，說它「褒貶祖春秋，故義理謹嚴，敘述祖史記，故文章高簡」〔註166〕。而《宋稗類鈔》（卷5）亦載：

　　　　往歲士人，多尚對偶爲文。穆修、張景輩始爲平文，當時謂之
　　　古文。穆、張嘗同造朝，待旦於東華門外。方論文次，適見有奔馬

〔註165〕蘭色姆認爲，詩的構成分爲「構架」和「肌質」兩部份。「構架」是「詩的邏輯核心，或者說詩的可以意解而換爲另一種說法的部份」，即可以用散文轉述的主題意義和思想內容成分。而「肌質」則是作品中不能用散文轉述的部份。引自趙毅衡：《「新批評」文集》，百花文藝出版社 2001 年版，第 104 頁。

〔註166〕錢穆：《中國史學名著》，三聯書店 2000 年版，第 165 頁。

踐死一犬，二人各記其事，以較工拙。穆修曰：「馬逸，有黃犬遇蹄
而斃。」張景曰：「有犬死奔馬之下。」時文體新變，二人語皆拙澀，
當時已謂之工。〔註167〕如坡公嶺外詩，敘虎飲水潭上，有蛟尾而食
之，以十字說盡云：「潛鱗有饑蛟，掉尾取渴虎。」只著「渴」字，
便見飲水意，且屬對親切。（一作「有犬臥於通衢，逸馬蹄而殺之。」歐陽
文忠公曰：「使子修史，萬卷未已也。」改爲「逸馬殺犬於道」。）

這段記載顯示，穆修、張景這輩人對於古文的要求僅僅是簡潔即可，對於工
拙與否，考慮不是太多。但是到了歐陽修、蘇軾等人，對於古文的要求明顯
提高了——即好的古文在文字表達上除了簡潔外，還要表達準確、生動形象，
這實際上已包括了「文學性」（「陌生化——可感覺」）的要求。歐陽修所說，透露
出他對好文章的標準和要求，基於修史「言簡意賅」的考慮較多。同樣，《宋
稗類鈔》（卷5）還有一則記載：

　　錢思公鎮洛，所辟僚屬，皆一時俊彥。時河南以陪都之要，驛
舍常缺，公大創一館，榜曰臨轅。既成，命謝希深、尹師魯、歐陽
公三人各撰一記，期以三日後宴集賞之。三子相掎角以成。文就，
出之相較，希深之文僅五百字，歐陽公之文五百餘字，獨師魯止三
百八十餘字，而語簡事備，復典重有法。歐、謝二公縮袖曰：「止以
師魯之作納，吾二人者當匿之。」丞相果召，獨師魯獻文。思公曰：
「何見忽之深？已礱三石奉候。」不得已，俱納之。然歐公終未服
在師魯之下，獨載酒往，通夕講摩。師魯曰：「大抵文字所忌者，格
弱字冗。諸君文誠高，然少未至者，格弱字冗爾。」永叔奮然持此
說別作一記，更減師魯文二十字而成之，尤完粹有法。師魯謂人曰：
「歐九眞一日千里也！」思公兼將相之位帥洛上，以賓友遇三子，
創道服、笻杖各三，每府園文會，丞相則壽巾紫裼，三人者羽氅攜
笻而從之。〔註168〕

歐陽修與尹洙對於古文的簡潔要求達到了苛刻的程度。對於此種簡潔，范仲
淹評價說：「師魯深於《春秋》，故其文謹嚴，辭約而理清，章奏疏議，大見
風采，士林方聳慕焉。遽得歐陽永叔，從而大振之，由是天下之文一變而古，

〔註167〕 以上文字又見於沈括《夢溪筆談》卷14。
〔註168〕 《湘山野錄》卷中，也有類似記載，而此類記載以潘永因《宋稗類鈔》所記
　　　　 爲詳。

其深有功於道歟！」〔註169〕兩人追求優秀散文的標準是「語簡事備」、「典重有法」。尹洙批評歐、謝兩人所作文，主要是說他們的文章「格弱字冗」。在《與尹師魯第二書》，歐陽修說道：

> 某頓首：自荊州得吾兄書後，尋便西上，十月二十六日到縣。……夷陵雖小縣，然諍訟甚多，而田契不明。僻遠之地，縣吏樸鯁，官書無簿籍，吏曹不識文字，凡百制度，非如官府一一自新齊整，無不躬親。又朱公以故人日相勞慰，時時頗有宴集。加以乍到，閨門內事，亦須自營。開正以來，始似無事，治舊史。前歲所作《十國志》，蓋是進本，務要卷多。今若便爲正史，盡宜刪削，存其大要，至如細小之事，雖有可紀，非干大體，自可存之小説，不足以累正史。數日檢舊本，因盡刪去矣，十亦去其三四。師魯所撰，在京師時不曾細看，路中昨來細讀，乃大好。師魯素以史筆自負，果然。河東一傳大妙，修本所取法此傳，爲此外亦有繁簡未中，願師魯亦刪之，則盡妙也。（《歐陽文忠公集》卷67）

事實上，歐陽修、尹洙等人對於古文文字簡潔的追求，乃是源於他們史家筆法的簡嚴，這些後來也就成了北宋古文創作所遵循的主要標準之一。

我們看到，隨著史籍印本的大量傳播與接受，宋人知曉了更多的史實故事。相比於唐人，宋人更多地借助歷史教訓來指導當下的社會生活，形成了自己特殊的思想觀念。

開寶七年十一月，扈蒙《上太祖乞委宰執抄錄言動送付史館》敘述：

> 臣嘗讀《唐書》，見文宗每開延英，召大臣論事，必命起居郎、起居舍人執筆於殿階螭頭之側，以紀時政，故文宗一朝，《實錄》稍爲詳備。……伏望今後凡有裁制之事，優恤之恩，發自宸衷，合書簡冊者，並委宰相及參知政事每月輪次抄錄，送付史館，送付史館，以憑修撰《日曆》。所貴睿德神功，歷千年而不朽；嘉謨聖政，垂萬世以爲光。（《國朝諸臣奏議》卷60；《宋會要輯稿》職官6之30）

〔註169〕（宋）范仲淹：《范仲淹全集》，李勇先、王蓉貴校點，四川大學出版社2007版，第183頁。

咸平三年，田錫《上眞宗進經史子集要語》，同樣談道：

　　……又憲宗聽政之暇，探《史》、《漢》、《三國》而來經綸要事，撰書十四篇，號曰《前代君臣事蹟》，寫於六扇屏風，置於御坐之右，出入觀省之。臣每覽經史子集，因取其要語，總一十卷，輒用進獻，可題於屏，置之御坐，出入觀省。所貴日夕觀省，冀聖德日新，與堯、舜、禹、湯、文、武比隆也。（《咸平集》。又見《諸臣奏議》卷6，《歷代名臣奏議》卷1；《隆平集》卷13；《東都事略》卷39；《群書考索》前集卷17，《宋史》卷293《田錫傳》）

對於宋人而言，「史鑒」的影響恐尙不止此。司馬光死的那天，朝廷明堂上正舉行祭祀大典，同時要降敕大赦天下。司馬光病故的消息傳來，宣仁皇太后失聲痛哭，滿朝文武震驚失色，隨即便要結束祭祀變爲祭奠。時任崇政殿說書的程頤表示反對，原因是孔子曾說過，自己在這一天哭過，就不再唱歌。緣此，程頤說：「豈可賀赦才了，卻往弔喪？」坐客有難之曰：「孔子言哭則不歌，不言歌則不哭。」蘇軾聽聞，笑道：「此乃枉死市叔孫通所制禮也！」（《長編》卷393）嘲笑程頤表面上遵從史事，實則如漢初制定禮儀的叔孫通，骨子裏是個迂腐呆滯，沒有氣節的典型。

　　同一種話語氛圍裏，可以教出不同的人。在濃厚的史鑒氛圍影響之下，宋人自然也分成了兩大類。一類拘泥於歷史，而不知變通，如司馬光、程頤之類；另一類則以歐陽修、蘇軾、王安石爲代表，他們明白歷史生成不可複製，不可一概而論。當漢民族的先進文化和制度從中原擴散到邊陲之後，「邊陲會加入新意，造成後發優勢」。當邊陲的那些游牧民族「培育出體型較大的馬，馬具亦經過改良，還要發明適合騎射的強力小型弓」〔註170〕，其軍事優勢才充分展現出來了。契丹、西夏、女眞，作爲與北宋同時存在的少數民族政權，已用歷史多次證明了他們對於漢文化擇優吸收的後發優勢。是故，歐陽修在總結歷史教訓時，曾說：「自古夷狄之於中國，有道未必來，無道未必不服，蓋自因其盛衰而已。」（《新五代史》卷72《四夷附錄》）。這種「實力決定人心」的論斷，與儒家傳統「內聖外王」的思想，以及北宋建國以來「修文德以來遠人」的朝野共識大相徑庭。畢竟，北方少數民族與中原漢族擁有不同

〔註170〕〔英〕伊安・摩里士：《西方憑什麼》，臺北雅言文化有限公司2015年版，第198、227頁。

的文化習俗。當對方的文化和價值觀與你一致時，與之談「禮儀廉恥」是有效的。假若對手是蠻族，或價值觀與我們完全不同，若講禮儀謙讓，那是自尋死路。因爲即便可以教化，讓他們學會與我們相同的禮儀文化，大量的時間和心力成本也使得這極不現實。所以，國族之間的爭鬥，不能一味謙遜忍讓。歐陽修等人深諳漢魏以來的歷史，認爲「內聖外王」的前提是——自己的實力必須大大超過對手。

歷史上，人群中總有少數一些人，他們厭倦了重複慣性的思維和行爲方式，渴求異樣另類的生活方式。因而，他們開始懂得自省，甚或反思。德國學者洪堡特認爲，「反思」需要區分思維者和思維內容，這其實就是人類擺脫本能束縛，在連續不斷的精神活動中做一短暫的停頓〔註 171〕——思考自己和對象的關係。換一種說法，就是將靈魂從軀殼裏鑽出，站在肉身旁邊思考自己與對象的關係。學會反思，是人類思維脫離動物的表現，因爲惟有此類反思的思維才能回到過去，檢討現在，展望未來。此種對於歷史辯證自覺的意識，乃是歐公窺見了歷史的本質性規律的原由。然而時代限制，他們的思維並不能更進一步，從歷史辯證中尋出經世致用的「法門」。社會制度既然無法創新，王朝由盛轉衰，最後轉入下一次周而復始的輪迴就是必然的結果。

景祐三年、慶曆四年，當宰執大臣呂夷簡、夏竦攻擊范仲淹、歐陽修等人結黨之時。雖然，儒家先聖早就認定「朋黨比周，以環主圖私爲務，是纂臣者也」（《荀子·臣道》），然而范仲淹卻逆反其道，力論朋黨須分君子、小人。時，仁宗皇帝謂輔臣曰：「自昔小人多爲朋黨，亦有君子之黨乎？」范仲淹對曰：「臣在邊時，見好戰者自爲黨，而怯戰者亦自爲黨。

圖 13

其在朝廷，邪正之黨亦然，唯聖心所察爾。苟朋而爲善，於國家何害也？」（《長編》卷 148）爲此，歐陽修更是以《朋黨論》辨誣。《朋黨論》起首，歐公便說：

〔註 171〕《洪堡特語言哲學文集》，商務印書館 2011 年版，第 1 頁。

「臣聞朋黨之說，自古有之，惟幸人君辨其君子小人而已。大凡君子與君子，以同道爲朋；小人與小人，以同利爲朋。此自然之理也。」

在這篇文章中，歐陽修圍繞「君子不黨」的傳統觀念做翻案文章，結合《論語》所謂「君子喻於義，小人喻於利」（《里仁》）、「君子周而不比，小人比而不周」（《爲政》）的觀點進行闡述。論說小人朋黨，當其同利之時；君子有朋，不爲私利，只爲事君利國，以此證明君子朋黨可用。最後，歐陽修總結所言，認爲人君「當退小人之僞朋，用君子之眞朋，則天下治矣。」（《朋黨論》）此種透過君子小人的表象形式，窺見「朋黨」實質的見諦。與「實力決定論」的思維結論一樣，同樣出自對待歷史「辯證反思」的頭腦。與程頤相比，以歐陽修、蘇軾爲代表的宋代文人，與傳統文人最大的區別就是那種不拘於古史的「自覺與反思」。

對於「史鑒」，少數擁有自覺意識的宋代文人從儒佛道精神出發，掌握了相對靈活的「直覺」方法。面對時刻生成的世界，法國學者柏格森曾把「直覺」定義爲一種方法，這種方法強調人的認識是「從發展過程中理解所有存在的東西」〔註172〕。從這個意義上說，直覺是發展中的認識，否則難以把握永恆流變的生命。既然歷史是不斷生成的過程，世界便是歷史的綿延生成。文學作爲個人生命的一部份，自然也屬於正在生成的歷史和世界。文學面對的綿延流變的世界以及它佔有個人生命的時間，雙重因素就決定了文學本身應是一次富於創造的、有機的生成。既是如此，站在歷史的角度，就是借鑒歷史而不拘泥於歷史，更能理解歷史是時間永不停息的生成與綿延，它不會因爲我們的好惡總結而停止下來，任由我們截取評判；站在文學的角度，就是既學習典籍的內容和文法，又基於個人的生命體驗並有所創新。因爲時代日新，人們隨時而變，記錄時代與個人的文字及其章法也要維新改變。

關於歷史對於宋人的影響，趙益評價說：「本朝從來就不乏所謂憂慮深沉者，這不知是否與他們讀了太多史書、聽了太多的教訓有關，然而憂患不引產奮發反而催生苦惱，那就眞是連杞人憂天都不如。」〔註173〕博古鑒今，深諳問題的本質的確已屬不易。然而，「發現問題」與「解決問題」畢竟是兩種截然不同的能力。譬如，我們明確知道人在江湖就是——「名利」割捨

〔註172〕張汝倫：《現代西方哲學十五講》，北京大學出版社 2003 年版，第 70 頁。
〔註173〕趙益：《月沉西子湖——大宋帝國》，江蘇人民出版社 1995 年版，第 72、73頁。

不下，但是誰又能給這個問題提出解決方案呢？除非人間還有比「名利」更有誘惑的東西，譬如說「成仙」。然而，成仙也已不屬於江湖（人間）的事了。歷史對於庸才無疑是沉重的負擔，然而它對於智者的影響，卻如同樂師學會從按譜撫琴逐漸轉向即興演奏的過程。即如杜威實驗哲學認為的那樣，「凡試驗不出什麼效果來的觀念，不能算是真知識。……思想的作用不是死的，是活的；是要根據過去的經驗對付現在，根據過去與現在對付未來」〔註174〕。有鑑於此，王安石從北宋建國的歷史經驗，看到了法度變革創新的必要。社會時代變了，先王的法度理應改變。所謂「舉先王之政，以興利除弊，不為生事」（《答司馬諫議書》），又謂「以今之世，去先王之世遠，所遭之變，所遇之勢不一，而欲一二修先王之政，雖甚愚者，猶知其難也。然臣以謂今之失，患在不法先王之政者，以謂當法其意而已」（《上仁宗皇帝言事書》），故法先王者，乃是法其意，即根據先王理政的精神實質，結合北宋社會具體情況變法革新，而非生搬硬套。

同樣道理，歐陽修、蘇軾在宋代文學傳承上也具備這樣借鑑歷史，「法其意」的革新品質。所謂「法其意」，就是酌取古人革新的主旨立意，甚至改革的決心態度等等，依據所處時代的具體現狀所進行的改革。蘇軾是宋朝具有歷史直覺意識和辯證視角的文人，他繼承父親蘇洵的文學觀念，逐漸形成了「以意為主」〔註175〕、「風行水上」（《嘉祐集》卷14《仲兄字文甫說》）、「語出天然」的古文師法觀念。蘇軾主張「文理自然」、「不專主一格」、「不尚同」，以及「以意為主」、「風行水上」的古文觀念，暗含歷史賦予宋人的「直覺」意識——即認同文學創作應如音樂即興演奏一般。其過程呈現如下特點：

（1）創作者內心事先需要有「意」，且需有「言簡意賅」、「形象生動」、「陌生新奇」的原則性認識——即如「潛鱗有饞蛟，掉尾取渴虎」這類敘述，「只著『渴』字，便見飲水意，且屬對親切」（《宋稗類鈔》卷5），足證文言表達不僅言簡意賅，含蘊豐富，而且形象生動。北宋唐庚認為，「言『渴』則知虎以飲水而召災，言『饞』則蛟食其肉矣」（《唐子西文錄》）〔註176〕。當然，這也

〔註174〕 胡適：《胡適學術代表作》上卷，嚴雲受主編，安徽教育出版社2007版，第41頁。
〔註175〕 （宋）周煇：《清波雜志校注》卷7，劉永翔校注，中華書局1994年版，第299頁。
〔註176〕 （清）何文煥：《歷代詩話》，中華書局1981年版，第444頁。

十分符合近現代文學理論對於「文學性」的要求。類似這樣的文句還有「輿四虎而歸」（洪邁《夷堅甲志》卷 14）〔註 177〕、「書不用求多，但要涓涓不廢」（黃庭堅《與斌老書二》）。當年，范成大描寫桂林伏波岩「有懸石如柱，去地一線不合。俗名馬伏波試劍石。前浸江濱，波浪洶湧，日夜漱齧之。」「漱齧」一詞像極了江水沖刷伏波山試劍石（齧齒）的情狀，令人拍案。〔註 178〕

（2）創作者雖有「意旨」主導，但是創作走向及過程卻是作者無法事先控制的，它取決於作者當下創作意識的瞬間呈現，是作者以生成的觀念理解存在，對歷史生活「直覺」把握的結果。蘇軾所謂「以意爲主」、「自然」、「不尚同」的文學創作原則，充分說明蘇軾並不贊同靜態地認識創作過程，而是主張動態地生成作品，順其自然、隨物賦形地進行創作。即如蘇軾對自己文章的評價：「吾文如萬斛泉湧，不擇地而出，在平地滔滔汩汩，雖一日千里無難；及其與山石曲折，隨物賦形而不可知也。所可知者，常行於所當行，常止於不可不止。」（《文說》）其父蘇洵也說：「『風行水上渙。』此亦天下之至文也」（《嘉祐集箋注》卷 15《仲兄字文甫說》）。渙，渙散，寫作時的天馬行空，極像風吹水面，水散開的狀態。蘇洵認爲文章是「無意乎相求，不期而相遭」，「故天下之無營而文生」（《嘉祐集箋注》卷 15《仲兄字文甫說》），才是最好的創作狀態。

關於歷史與文學的關係，如錢鍾書所說，嚴謹的「歷史考據只扣住表面的迹象」，「而文學創作可以深挖事物的隱藏的本質，曲傳人物的未吐露的心理，否則它就沒有盡它的藝術的責任，拋棄了它的創造的職權」〔註 179〕。今天，我們理解蘇軾的古文師法創作理念，若轉換成當今的文學理論，其哲學主導類同叔本華、尼采、柏格森等人對於生命和存在的「生成」認識，其具體把握則類似於現代文學理論中「意識」與「無意識」的關係闡釋。

我們知道，在「意識」與「無意識」兩者關係中，它們既有主從之分，又是相互補充的。所謂「主從之分」，是指意識對無意識起著某種控制、壓抑或引導、解禁作用；所謂「相互補充」，是指意識所提出的某些任務、目標等，往往要靠主體調動無意識的功能，並促使其積極活動、碰撞、組合來完成。

〔註 177〕魯迅：《魯迅全集》第 3 冊《馬上支日記》，人民文學出版社 2005 年版，第340 頁。

〔註 178〕用白齒碾磨食物，上下前排牙的合攏稱爲「咬」；上下後排齒的合攏稱爲「齧」。詳見《范成大筆記六種・桂海虞衡志》，中華書局 2002 年版，第 84 頁。

〔註 179〕錢鍾書：《宋詩選注・序》，生活・讀書・新知三聯書店 2007 年版，第 3、4頁。

其次，因爲無意識中材料的安排和組合方向也靠意識指引，所以在構思時，無意識總是主動與意識配合來完成某一任務的。意識對於無意識的制約作用，主要體現在以下兩方面：（1）無意識在組合材料時所遵循的主導線索是意識提供的。（2）無意識活動的方向要靠意識指引。這是指無意識思維需要材料，需要某種暗示。心理學研究發現，無意識的活動方向是由意識引導的。〔註180〕最後，無意識語言對欲望加以組織，它經由語言而被發現的，並且通過語言才能呈現。

總結而言，我認爲文學創作中的意識，即如蘇軾所說的「意旨」，兼及「言簡意賅」、「形象生動」、「新奇陌生」等原則性意識先導。意識是內心早就了然的東西，作者只需按照其事先想好的去做即可。無意識則是創作過程中「突發的靈感」的源頭，它在很大程度上決定了「文字的具體走向」。因爲有了無意識，有了隨時可能的「生成」，文章才有了更多的難以預料的「驚喜」。北宋文人從歷史典籍內容中感受到的東西，雖不至於如此愼密、深刻，但是歷史賦予的直覺意識，卻使他們的詩詞文章有了更多的「新變」。

五、北宋集部書籍刊刻與傳播

北宋李覯說：「文之化於人也深矣……文見於外，必動乎內，百變而百從矣。」（《盱江集》卷27《上宋舍人書》）。文化作爲人類「眞善美」追求過程中的歷史選擇和精神凝聚，其「見於外」之文（美）是以眞善和智慧爲根基的。它是某一人類族群將自己的智慧、精神凝固在某一物質（或文學藝術、技藝）後的歷史傳承。「一切文化的工具都是利用天然的質與力，加以理智的解析，然後創造成功，以滿足人的欲望，美感，好奇心等」（《東西文化之比較》）〔註181〕。若沒有文化的參差多彩，生命只等同於獲取能量及碳分子的動物獵食，可以想像人類的生活將是怎樣的索然寡味、暗淡無光。

文化與政治的直接干預相比，文化對人們精神上的影響是間接的、持續的、倍增的，而且是巨大的。〔註182〕儘管文化屬於人類的精神領域，「沒有任

〔註180〕童慶炳：《文學理論教程》，高等教育出版社2004年3月版，第140、141頁。
〔註181〕胡適：《胡適學術代表作》上卷，嚴雲受主編，安徽教育出版社2007版，第156頁。
〔註182〕人類學學者泰勒（Edward Burnett Tylor）給文化定義：「文化或者文明就是由作爲社會成員的人所獲得的、包括知識、信念、藝術、道德法則、法律、風俗以及其他能力和習慣的複雜整體。就對其可以作一般原理的研究的意義上

何文化純粹是物質」(《東西文化之比較》)，但是，它總須落實到禮儀、飲食、服飾、建築、器皿、典籍印本、版印工具等具體事物。金步搖、玉簪花的製作，筆墨紙硯的傳統工藝都是歷代人思想智慧的物質呈現。若沒有物質、審美的載體，沒有人的傳承，這個文化便成為歷史瞬間熄滅的燈火，沒有將來。另一方面，文化一旦落實到文字上，就成為知識的一部份，而這些知識若要「復活」，則非需要聯繫實際，以「活法」學以致用。中華民族能夠稱之為偉大，其實本應是文化豐富傳承的功效，因為無論是「物質雕龍」或是「思想文心」的留存，其實都是這一民族憑藉智慧追求「真善美」的物質外化和思想結晶。

　　人類的天性總是樂於聽到讚美的，但是不同的族群或個人對於獲取讚譽卻表現出不同的方式。有人努力表現出自己最好的一面，有的人卻假癡不癲，信偽成真。世界上不同的種族，呈現真善美的方式各有不同。這樣的文化愈是參差多態、智慧巧妙，享受它的人們就愈有幸福的感覺。於是，當我們以文化的視角來比較北宋前後的王朝，就不難發現宋代不僅有繁榮的文學，活躍的學術，科學、理學同樣都取得了較大的成就。陳寅恪曾說：「華夏民族之文化，歷數千載之演進，造極於趙宋之世。」〔註183〕比較北宋以前的王朝，人們不難發現宋代有繁榮的文學創作，還有活躍的學術研究，其散文、詩歌、詞以及科學、理學等都取得了較大的成就。華夏文化發展到宋代，開始有了「集大成」的特質。其表現在大量的著作、典籍得以廣泛傳播，人們由此所獲得的知識也數倍於前人。

　　按常理，唐代國力強盛，本來更有理由成為文化集成的主角，然而考察發現不僅唐以前的著作典籍多靠宋人傳承，唐人自己的著作也多虧了宋人才得以保存。我們如今所看到的唐代文學，實際上是經由宋人編寫轉述而成的。造成此種情形最重要的原因就是，宋代是印刷術成熟和印本普及的時期，前人的典籍都有賴於這項技術的普及得以廣泛地傳播。由於印刷術的功勞，宋人集成了前人的成果，造就了自己的輝煌。宋人博學廣聞，其繁榮的文學創作和學術研究也多得益於此。書籍的刊刻由此與宋人的文學活動有著密不可分的相互促進關係。

說，在不同社會中的文化條件是一個適於對人類思想和活動法則進行研究的主題。」引自馬文‧哈里斯：《文化‧人‧自然——普通人類學導引》，顧建光、高雲霞譯，浙江人民出版社1992年版，第136頁。

〔註183〕陳寅恪：《鄧廣銘宋史職官志考證序》，《金明館叢稿二編》，三聯書店出版社2001年版，第277頁。

（一）集部刊刻：傳統與現實的理性傳播選擇

若要探究北宋官方對於文學印本的態度，眞宗皇帝頒發的《誡約屬辭浮豔令欲雕印文集轉運使選文士看詳詔》尤能窺其端倪。據《長編》（卷71）記載，大中祥符二年，御史中丞王嗣宗言楊憶、錢惟演、劉筠唱和《宣曲詩》，涉及前代宮掖之事，言詞浮靡。眞宗曰：「詞臣，學者宗師也，安可不戒其流宕！」乃下詔諷勵學者。〔註184〕詔書曰：

> 國家道莅天下。化成域中。敦百行於人倫。闡六經於教本。冀斯文之復古。期末俗之還淳。而近代已來。屬辭之弊。侈靡滋甚。浮豔相高。忘祖述之大猷。競雕刻之小技。爰從物議。俾正源流。諮爾服儒之文。示乃爲學之道。夫博聞強識。豈可讀非聖之書。修辭立誠。安得乖作者之製。必思教化爲主。典訓是師。無尚空言。當遵體要。仍聞別集眾弊。鏤板已多。倘許攻乎異端。則亦誤於後學。式資誨誘。宜有甄明。今後屬文之士。有辭涉浮華。玷於名教者。必加朝典。庶復素風。其古今文集。可以垂範。欲雕印者。委本路轉運使選部內文士看詳。可者即印本以聞。

北宋石介將此事詳細記錄在文集裏，認爲眞宗皇帝禁浮華文風，神主英明，而楊憶等人學識贍博，非後學可以模仿學習。故「竊懼聖君賢相之事異日泯落，因私記之」（《徂徠石先生文集》卷19）。聯繫北宋文學創作與刊印，該詔書主要傳達兩層意思：第一，文學創作宗旨應該「修辭立誠」，「必思教化爲主」，實際創作應以「典訓爲師，無尚空言」；第二，異端偏激的文字若鏤板傳播，必然貽誤後學，故選印集部作品的內容不得「玷於名教」，文辭不得涉嫌侈靡浮華。

元祐五年，官方進一步重申、細化了這樣的刊印底線。《長編》（卷445）記載，元祐五年秋七月，禮部進言：

> 凡議時政得失、邊事軍機文字，不得寫錄傳布；本朝《會要》、《國史》、《實錄》，不得雕印。違者徒二年，許人告，賞錢一百貫。內《國史》、《實錄》仍不得傳寫，即其他書籍欲雕印者，納所屬申轉運使、開封府，牒國子監選官詳定，有益於學者方許鏤板。候印

〔註184〕《長編》（卷71）有注：「江休復云：『上在南衙，嘗召散樂伶丁香畫承恩倖，楊、劉在禁林作《宣曲詩》。王欽若密奏以爲寓諷，遂著令戒僻文字。』今但從《國史》。」

訖，以所印書一本，具詳定官姓名，申送祕書省。如詳定不當，取
勘施行。諸戲褻之文，不得雕印，違者杖一百。凡不當雕印者，委
州縣、監司、國子監覺察。」從之。

由此可知，在集部刊書策略上，官方仍然不自覺地沿用經由經子書籍刊刻確
定下來的原則——即「儒家獨尊，諸子輔衛」，以及「國計民生（實用）優先」。
至於這一原則的沿用，可以從北宋君臣相關言論中得到確認。

首先，官方認爲傳統經子史籍對於政權穩定、道德教化的作用勿庸質疑，
所以作爲集部作品若要得到官方重視，乃至於選擇刊刻，必不能違背這樣的
準則——即所謂「立言創意深微婉約，不戾經傳之旨」（《蘇魏公文集》卷 66《上
呂舍人文集序》）。然而，「由唐季涉五代，氣格摧弱，淪於鄙俚」（《蘇魏公文集》卷
66《小畜外集序》），直至天聖年以前「學者務以言語聲偶摘裂」，「以相誇尙」的
現實，事實上已影響了官方對於集部作品的重視程度，直至「天子患時文之
弊，下詔書諷勉學者以近古」（歐陽修《蘇氏文集序》），情況才稍有改變。

慶曆四年三月，仁宗皇帝召范仲淹等近臣討論舉教勸學。詔曰：「儒者通
天地人之理，明古今治亂之源，可謂博矣。然學者不得騁其說，而有司務先
聲病章句以拘牽之，則夫英俊奇偉之士，何以奮焉？」因爲詩賦令博學之士
「臨文拘忌，俯就規檢，美文善意，鬱而不伸」，故採納范仲淹等人的建議，
將策論考試立爲科考首要，而將詩賦考試降至其次（《長編》卷 147）。這樣的政
策改變，一方面調低了社會對於詩賦創作的重視程度。另一方面官方也以詔
書、政令的方式迫使文學創作做出了更偏向於「眞善」的調整，而對言辭形
式的「美雅」進行了程度和次序上的改變。換句話說，就是要求學者更加注
重社會秩序建設及道德教化的內容，而簡淡了言辭「聲病章句」的拘束，這
也成爲宋詩追求「質而實綺，臞而實腴」（蘇軾《與蘇轍書》），形成「平淡」詩風
的原因之一。

談到宋詩追求的平淡，若簡單地認爲是白居易式的文字淺俗、通俗易懂，
則有失偏頗。其實，官方認可的理想詩文，應是眞、善、美三者和諧統一的
作品。（宋）劉攽說：「詩以意爲主，文詞次之，或意深義高，雖文詞平易，
自是奇作。世效古人平易句，而不得其意義，翻成鄙野可笑」（《中山詩話》）。所
謂「以意爲主」，講究的是以「眞善」結合的內容爲主，所謂「文詞次之」，
其實是修辭的推敲講究（美）次之。又如王若虛所言，「吾舅嘗論詩云：『文章
以意爲之主，字語爲之役。主強而役弱，則無使不從。世人往往驕其所役，

至跋扈難制，甚者反役其主。』……又云：『以巧爲巧，其巧不足，巧拙相濟，則使人不厭。……雕琢太甚，則傷其全。經營過深，則失其本。』」（《潏南詩話》卷1）。而事實上這種「意深義高」的平易也需要較高鑒賞水平才能品味的。故劉攽認爲評古人之詩，「知心賞音之難如是」（《中山詩話》）。又如李復所言，「昔之君子，欲明其道、喻其理，以垂訓於天下後世，亦有言焉，以爲言之不文，不可以傳，故修辭而達之，此言之爲文也，非謂事其無用之辭也」（《潏水集》卷5《答人論文書》）。

在尊崇儒學的社會裏，語言文字作爲人和人之間「禮」的呈現方式之一，文學的言辭表達既要有利於社會民生，也要有利於當時人與人關係的和諧構建，才有可能得到官方的刻印選擇。歸根結底，這樣的原則也是儒家學說在社會生活中建立的根基。《長編》（卷103）載：「天聖三年二月癸酉，詔國子監，見刊印《初學記》、《六帖》、《韻對》等書，皆鈔集小說，無益學者，罷之。」同書所載，天聖七年五月禮部貢舉。詔曰：「朕試天下之士，以言觀其趣向。而比來流風之敝，至於會萃小說，碎裂前言，競爲浮靡曼之文，無益治道，非所以望於諸生也。禮部其申飭學者，務明先聖之道，以稱朕意焉。」因此，從宏觀方面說，宋人對集部詩文普遍都認可蘇舜欽所謂「作之文必經實，不放於世」（《石曼卿詩集序》）的原則。唐代杜牧與溫庭筠皆有《過華清宮》詩，然以當時風氣，張戒認爲「人才氣格，自有高下，雖欲強學不能，如庭筠豈識《風》、《雅》之旨也？」，「庭筠語皆新巧，初似可喜，而其意無禮，其格至卑，其筋骨淺露，與牧之詩不可同年而語也」（《歲寒堂詩話》卷上）。由此可見，在思想內容上，官方雖然不反對詩文吟詠性情，但是這樣的內容必不能違背道德政教的時代風氣。

實際上，作爲單篇詩文，出於效益成本考慮，若非需要普及，宋人並不特別打算雕版印刷，一般僅是以口耳相傳或閱讀抄寫傳播。所謂「京城盛傳其詩篇」，「一夕之間，長安爲之傳誦」的說法，應爲「口誦手抄」之謂，且這樣的詩歌篇幅必然不長，且便於記誦。〔註185〕而且，既是口誦手抄，就已將詩歌傳播限定在文人縉紳範圍之內。

〔註185〕《北夢瑣言》（卷9）記載：「唐咸通中，前進士李昌符有詩名，久不登第，常歲卷軸，忽於裝修。因出一奇，乃作婢僕詩五十首，於公卿間行之，有詩云：『春娘愛上酒家樓，不怕歸遲總不留。推道那家娘子臥，且留教住待梳頭。』……諸篇皆中婢僕之諱。浹旬，京城盛傳其詩篇，……」。按：這些詩歌多爲短篇，且富有情趣，故便於吟唱、記誦傳播。

歐陽修貶謫滁州時，即席有送同年曲歌曰：「記得金鑾同唱第，春風上國繁華。……孤城寒日等閒斜，離愁無盡，紅樹遠連霞。」文瑩謂「予皇祐中，都下已聞此闋歌於人口二十年矣」（《湘山野錄》卷上）。據此而言，若單篇或短幅文字、書畫作品需要印刷者，通常都是迫切需要大範圍傳播者。《長編》（卷387）記載，司馬光死後，汴京市面上印賣溫公畫像，京師之民「家置一本，飲食必祝焉。四方皆遣人求之京師」。按黃庭堅所說，蘇軾為此撰《溫公神道碑》，「文極雄壯」，而且「《溫公神道碑》市中有板，數十文可置，適令買」（《與潘邠老》），證明這一碑文當時市面就有印賣。相反，對於自己手抄的十許篇詩，黃庭堅卻說：「不足觀，因人傳借，有漫字矣，漫送一觀。」（《與潘邠老帖五》）由此看來，在雕版發達的宋代，詩歌若未能成集，即便是十數篇，多數情況也只是通過抄寫、吟誦，在親友間傳播。例如《六一詩話》記載，歐陽修謫夷陵時，曾與許州法曹謝伯初有詩賦往來。謝伯初因仕宦不順，窮困而死，其詩也未能傳於世。歐陽修三十五年後猶能背誦這些詩，因感「其人不幸既可哀，其詩淪棄亦可惜」，遂將謝伯初所寄的詩錄入《六一詩話》。而詩歌一旦成集，結果或者就是「因來乞《韋蘇州集》，得差厚紙印之，幸甚」（黃庭堅《與邢和叔書二》）。顯然，相比於官方的態度，民間與個人更有文學刊刻的積極性。

　　眾所周知，唐人作品通常多由宋人抄寫、版印流傳，然而「唐之中葉，文章特盛，其姓名湮沒不傳於世者甚眾」（《溫公續詩話》）。〔註186〕王之渙在唐代算不上是大詩人，以詩歌紙本傳播的選擇，《登鸛雀樓》一詩能夠傳於後世，顯然不是因為印本。其傳播一則因為朗朗上口，極易記住；二則更有可能是「鸛雀樓五層，前瞻中條，下瞰大河。……（此詩）能狀其景」（《墨客揮犀》卷1）。換句話說，此詩已有審美境界，登臨目見之景已和心中情感和諧一處。既如黃庭堅所云「詩句不鑿空強作，對景而生便自佳」（《歲寒堂詩話》卷下），又如王國維所說「有境界則自成高格」（《人間詞話》）。詩人名聲及詩歌流傳不是以數量衡量的，而是以境界取勝的。故司馬光評價王之渙「當時賢士所不數，如後人擅詩名者，豈能及之哉！」（《溫公續詩話》）

　　從現存史料看，北宋集部刊刻（尤其是詩文類）最初並不受官方重視。究其原因，與經子典籍相比，除了杜甫、韓愈的集本，大多數詩集、文集與明道、教化、科舉、民生等功用並無直接關聯，小範圍傳播即可，並沒有廣泛傳播

〔註186〕吳文治：《宋詩話全編》第1冊，鳳凰出版社1998年版，第371頁。

的必要。前代故事通常多爲後人的經驗教訓。從李復之言似乎可以看到北宋朝野對待集部作品的態度。《答人論文書》載曰：

> 自漢之司馬相如、揚雄而下，至於唐世，稱能文者多矣，皆端其精思，作爲辭語，雖其辭浩博閎肆，溫麗雄健，清新靖深，變態百出，率多務相漁獵，自謂闊步一時，皆何所補哉？亦小技而已，豈君子之文歟！苟能發道之奧，明理之隱，古人之所未言，前經之所不載，著之爲書，推之當世而可行，傳之後世而有取，雖片言之善，無不貴之矣。夫文猶器也，必欲濟於用。苟可適於用，加以刻鏤之藻，繪之以致美焉，無所不可；不濟於用，雖以金玉飾之，何所取焉。

所謂「小技而已，豈君子之文歟」，實則因爲那些「變態百出」的詩文不能明道至善，無補於當世，只能稱其爲小技。儘管「片言之善」貴而可取，「加以刻鏤之藻，繪之以致美」，「器之用」往往容易判斷，然而集部作品「明理至善」的教化作用卻在短時間內難以判明，需要較長時間的傳播考驗。若集本傳播後，民眾回饋正面，即合乎國家「道統」要求，便初步符合選印的標準。所以，北宋集部作品的選擇刻印必然滯後於其他更具實用價值的書籍文本。

其次，從技術層面考慮，雕版印刷並不簡單。「其整個印書工序是由寫工、刻工、印工、裝褙工等集體協作完成，所需人數多，技術精、成本高、週期長，和抄書相比，難度較大。雕版印刷作爲新生事物，其普及和推廣，仍然需要時間。」曹之根據蘇軾《李氏山房藏書記》的寫作時間推算，「在宋代建國 100 週年的時候，雕板印刷還不甚發達，連《史記》、《漢書》印本都不易買到。學者爲了學習，皆手自書」〔註187〕。

此外，作爲新技術運用，雕版印刷也需要時間消化技術並降低成本。因爲漢字複雜象形，「漢字是形聲文字，字符成千上萬，檢字極其不便。而西歐是拼音文字，26 個字母的大小寫，加上字體變化與標點符號，其符號數有限故便於檢索」〔註188〕。與西方字母文字比較，漢字的讀音和字義蘊含更爲豐富，閱讀門檻更高。原因是「字母拼音法比之前所有書寫系統都好學好用，之前最簡單的書寫系統也要幾百個符號，各代表一種發音。埃及與中國

〔註187〕 曹之：《宋代抄書考略》，《黑龍江圖書館》1989 年第 5 期，第 60 頁。按：《李氏山房藏書記》確切寫於熙寧九年（1076），蘇軾當時知任密州。此時距離北宋建國，已近百年。

〔註188〕 李葆嘉：《中國語言文化史》，江蘇教育出版社 2003 年版，第 4 頁。

尤其複雜，書寫系統都多達數千符號，各代表一種音義結合」〔註189〕。基於漢字複雜筆劃、字義和讀音，普通人識字要達到閱讀水平，需要相當長時間的累積學習。印本作為新型媒介出現，只是提高了書寫與傳播的效率。對閱讀而言，漢字的高門檻始終存在。由此，印刷對於所需選字、校勘人員都有較高的文化要求。這些都說明，與西文書籍比較，漢字書籍印刷的文化和技術成本更高，工序更複雜。印書所需的寫手、刻工、印工需要更多時間培養訓練。與民間相比，官方能集中雕印人才和資源，這對於大部帙的書籍至關重要。所以，「雕版印刷術的發展，大量地印製經書，都需要國家的支持」〔註190〕。五代時期馮道、毋昭裔等人主持印刷《九經》的事例，證明民間早期印刷在資金、技術與人才的調動能力，還無法達到高質量、大批量印書的要求。因為技術儲備、刻印成本，以及實際傳播需求等多重因素，我們看到北宋前期的印刷，官方優先刊刻了事關國計民生的書籍，而對集部書籍的重視程度遠遜民間。

實際上，民間印刷集部書籍可以上溯至五代。天祐元年，陳詠在成都刻印自己的詩文；龍德元年，閩國商人雕印徐夤所作詩賦〔註191〕；前蜀乾德五年，唐代貫休《禪月集》因曇域得到刻印；後晉天福年間，和凝刊刻自己的詩集百卷〔註192〕；後蜀毋昭裔自己出資刻印《文選》、《初學記》、《白氏六帖》等書。在這些早期的印刷史實中，我們看到集部書籍刻印都是未經過官方選擇的民間刊刻。毋昭裔在刻印《文選》、《初學記》、《白氏六帖》之時，已位列宰相，而且幾乎與此同時，毋昭裔還主持了官方蜀版《九經》的刊刻。然而他公私分明，集部書籍刊刻完全是自己出錢刻印。這樣公私分明，經史與私人詩文集刊印嚴格區分的傳統一直影響到了北宋。

〔註189〕〔英〕伊安・摩里士：《西方憑什麼》，臺北雅言文化有限公司2015年版，第197頁。

〔註190〕〔加〕哈羅德・伊尼斯：《傳播的偏向》，中國人民大學出版社2003年版，第14頁。

〔註191〕《洛陽縉紳舊聞記》卷1《梁太祖優待文士》載，「福建人徐夤下第獻《過梁郊賦》，梁祖覽而器重之，……。」按：後梁太祖朱溫在位時間從公元907至912年，而龍德元年係公元921年。可見，福建商人雕印徐夤詩賦就在公元907年至921年之間，前後不過十多年而已。

〔註192〕袁枚：《隨園詩話補遺》（卷10）云：「古無自刻文集者，惟五代和凝以其文鏤板行世，人多譏之。」

　　至於北宋早期的集本，官私皆有編撰，然得以雕印的卻是少數。太平興國五年，田錫呈上《樂府新解》十卷，《昇平詩》三十篇；雍熙三年，宋白呈上《文苑英華》一千卷；咸平元年，樂史編纂《李翰林別集》十卷；咸平三年，王禹偁編撰《小畜集》三十卷；大中祥符四年，姚鉉編《唐文粹》一百卷。此外，還有《徐公文集》三十卷。在上述集本中，《文苑英華》到景德四年才摹印頒行，《徐公文集》至天禧元年才有私家印本，其餘《小畜集》、《李翰林別集》都沒有得到官方雕印傳播。

　　在私家著述方面，淳化三年七月，著作郎羅處約死後，蘇易簡收拾其遺草，集其平生所著文 10 卷，號《東觀集》，宋太宗僅是詔藏於史館。同年，王禹偁給《馮氏家集》撰序，認為「存其詩，人可知矣，察其人，國可知矣」，然而作品藏家終是不好，應當傳播於世，以便知音鑒賞，「豈徒錄遺文、彰餘慶而已哉！」（《小畜集》卷 20）。淳化四年，李昉發篋笥，「除蠹朽殘缺外」，存有與李至的唱和詩一百二十三首，「目為《二李唱和集》」，也僅是希望異日為人傳寫（《二李唱和集序》）。

　　總體而言，北宋能夠詔藏史館、秘閣的集部作品，基本上是《東觀集》、《名臣事蹟》（《長編》卷 4）那樣符合儒家詩教原則，符合教化的作品。即便是這樣，在北宋早期出於成本或傳播迫切程度等因素考慮，也未能得到刊刻。若要結集也多有晚年「蓋棺定論」的意思，日常詩文通常總是以單篇抄寫傳播了事。咸平六年，張詠雖有刊刻薛能《許昌詩集》的事實，但是此舉並非官方行為，而是個人委託民間鬻書者雕印（《許昌詩集序》）。北宋初期對於集本雕印並不積極，其中原因頗為複雜，既有宋初印刷技術不太成熟，成本昂貴的因素，也有五代以來習慣以佛籍、經史作為印刷對象的傳統思維影響。更重要的還是，宋代朝野習慣性地認為這些文學集本局限私人內容，且某些集本中還有奏議、書策等涉及朝廷機要的內容，根本沒有廣泛傳播的必要。總之，北宋的集部刊刻，其實是一種基於傳統與現實理性的傳播選擇。

　　北宋初期，詩文集本僅是民間或某些個人出於愛好和利益偶有刊刻。而且這類刊刻追求，同樣也受到「以儒學為本，經子書籍輔衛」的隱性影響。其中最典型的就是穆修刊刻韓柳文集在相國寺出售。朱弁《曲洧舊聞》（卷4）載：

　　　　穆修伯長在本朝為初好學古文者。始得韓、柳善本，大喜，自
　　　序云：「天既靨予以韓，而又飫我以柳，謂天不予饗，過矣。」欲

二家文集行於世，乃自鏤板鬻于相國寺。性伉直，不容物，有士人來，酬價不相當，輒語之曰：「但讀得成句，便以一部相贈。」或怪之，即正色曰：「誠如此，修豈相欺者。」士人知其伯長也，皆引去。

按照穆修「與庸人少合」〔註193〕的個性，這段記載應該比較可信。從這段記載，可以看到即便是粗糙的民間手藝，穆修將韓、柳集鏤板，其花費也是不少。因爲「丐於所親，得金」的緣故，穆修當年刻印的韓、柳文集數量僅數百本〔註194〕而已。按歐陽修的說法，天聖年間流行「言語聲偶摘裂」的時文，蘇舜欽兄弟與穆修「作爲古歌詩雜文，時人頗共非笑之」（《文忠集》卷 41《蘇氏文集序》）。由此可知，在宋初集體冷落散文的時代，做出此等費力不討好的事情，主要是穆修個人對韓愈、柳宗元作品的喜愛，並且私自認爲韓柳文集明道至善，需要廣泛傳播。相反，歷經太祖、太宗、眞宗三個朝代，儘管有景煥《野人閒話》5 卷（乾德三年）、何晦《唐摭言》15 卷（開寶六年），唐末五代樂府的《家晏集》5 卷（雍熙三年），書籍卷帙也不多。只是它們不符合印刷慣例，不適合大範圍傳播，官方終究無暇刊印。即如學者宿白所言：「……北宋肇建，最急切的是刊印安定社會秩序的法律文書和恢復人民健康的醫藥書籍。」〔註195〕此種實用優先的刊書策略，直至宋眞宗時才有實質改變。

景德四年，眞宗命直館校理校勘《文苑英華》及《文選》，摹印頒行（《玉海》卷 54）。這是自太平興國六年《太平廣記》鏤板以來，官方給了集部作品鏤板印行的機會。追溯太平興國二年三月，宋太宗曾命李昉等人搜集野史小說，集爲五百卷，號曰《太平廣記》。對於《太平廣記》，《玉海》（卷 54）記載太平興國六年，本已詔令鏤板頒天下，然言者以爲《廣記》非學者所急，宋太宗遂決定將墨板貯藏在太清樓。《太平廣記》是漢代至宋初的野史小說及釋藏、道經、小說家的雜著。其名義上雖屬類書，實則增廣異聞，與科舉教化無關。按李昉的說法，當初奉旨編纂《太平廣記》，皇帝陛下本希望「博綜群言，不

〔註193〕　（宋）祖無擇《河南穆公集序》云：「越三年，就銓調補泰州司理參軍，居職以直自任，無與合者，人皆憚忌」。又，《穆參軍遺事》載：「哀穆先生文，與庸人小合（小應作少）」。可證，穆修爲人正直自任，與庸人少合。

〔註194〕　《五朝名臣言行錄》記載：「穆參軍家有唐本《韓柳集》。乃丐於所親，得金，用工鏤板印數百帙，攜入京師相國寺，設肆鬻之。有儒生數輩至肆，輒取閱。公奪取，怒謂曰：『先輩能讀一篇，不失一句，當以一部相送。』遂終年不售。」

〔註195〕　宿白：《唐宋時期的雕版印刷》，文物出版社 1999 年版，第 12 頁。

遺眾善」，並且認可這些野史雜著「皆得聖人之道，以盡萬物之情」，故「以屬通儒」，委此重事。然而《太平廣記》的命運也說明，因爲雕印稀缺昂貴，凡無助國計民生的書籍，如稗類小說之類的作品，即使雕成了印板，也有可能藏而不用。可以設想，五百卷的《太平廣記》刻成板，若印成書，必不止印刷數百或數千本了事，其龐大的印本數量令官家不免擔心是否眞爲大眾所需，是否有助教化。

　　至於《文苑英華》的刊刻傳播，它和《太平廣記》、《冊府元龜》一樣，都是作爲儒學恢復的文化工程而存在。即如《郡齋讀書志》(卷5下) 所言「文苑英華」是因爲前代諸家文集「榛蕪相間」，宋白等人奉敕「精加銓擇，以類編次」。因此，當代學者認爲《文苑英華》編撰刊刻則有「興學重儒的文化生成」〔註196〕的意圖，最低限度這類集部作品刊刻至少也要「無害禮義」(黃裳《演山集》卷21《諸家詩集序》)。

北宋集部刊本表（一）　　　　　　　　　　　　　　　　　表7

版本年代	北宋集部書籍名稱、卷冊	版本來源與出處
北宋刊本	晉陶潛《陶靖節集》10 卷	〔16〕106〔34〕集 7〔35〕四 3
北宋刊本	宋郭茂倩《樂府詩集》100 卷	〔11〕四 41〔32〕群書題記 1
北宋刊本	宋劉義慶《世說新語》3 卷	〔13〕五 14
北宋國子監刊本	梁蕭統《文選》60 卷	〔4〕中 56
北宋天聖明道刊本	梁蕭統《文選》60 卷	〔1〕五 22〔8〕33
北宋刊本	梁蕭統《文選》60 卷	〔10〕三十五 1
北宋刊本	隋王通《文中子中說》10 卷	〔11〕三 4〔48〕30
日本重刊北宋小字本	隋王通《文中子中說》10 卷	〔43〕七 20
北宋刊本	唐駱賓王《駱賓王文集》10 卷	〔29〕七 12
北宋蜀刊本	唐駱賓王《駱賓王文集》10 卷	〔23〕上 15〔38〕圖版 225 目錄 44
北宋國子監刊本	唐徐堅《初學記》30 卷	〔4〕中 31、55
北宋刊本	唐李白《李太白集》30 卷	〔6〕36
北宋蜀小字本	唐李白《李太白集》30 卷	〔1〕四 5〔7〕〔38〕〔39〕八下〔40〕24〔41〕圖版 48
北宋刊本	唐杜甫《杜工部詩集》20 卷	〔18〕三 1

〔註196〕姜廣振、張憲華：《〈文苑英華〉詩歌分類的文化觀照》，《綏化學院學報》2012年 2 月第 1 期，第 79 頁。

北宋刊本	唐王維《王右丞詩集》10 卷	〔23〕下 15〔36〕四 18〔46〕四 6
北宋刊本	唐孟郊《孟東野集》10 卷	〔25〕一輯〔29〕七 25〔34〕集 24〔36〕四 42
北宋刊本	唐李賀《李長吉詩集》4 卷	〔20〕2〔37〕第五冊 3
影抄北宋本	唐李商隱《李義山詩集》3 卷	〔3〕四中 6
北宋刊本	《白氏文集》71《白氏六帖》30 卷	〔7〕五十九〔13〕五〔23〕下〔40〕20〔41〕圖版 39
北宋膠泥活字印本	唐韋應物《韋蘇州集》10 卷	〔15〕七 17
北宋刊本	李昉李至《二李唱和詩集》1 卷	〔13〕六 39〔23〕下 30
北宋刊本	范仲淹《范文正公集》20 卷	〔11〕四 14〔30〕五 36
北宋刊殘本	王安石《百家詩選》9 卷	〔33〕316
北宋刊刊本	祝泌《康節先生擊壤集》15 卷	〔36〕五 16
北宋國子監刊本	李昉《太平廣記》500 卷	〔4〕中 55
北宋國子監刊本	李昉《太平御覽》1000 卷	〔4〕中 55
北宋刊本	李昉《太平御覽》1000 卷	〔7〕五十九 9
北宋國子監刊本	王欽若《冊府元龜》1000 卷	〔4〕中 55〔50〕十七 3〔51〕三 5
北宋刊本	王欽若《冊府元龜》1000 卷	〔7〕五十九〔10〕二十六〔11〕三〔20〕15〔23〕〔40〕
北宋蜀刊本	王欽若《冊府元龜》1000 卷	〔1〕三〔8〕26〔21〕子 33〔38〕圖版 224 目錄 44

注：文獻出處代碼，查附錄 2：《北宋刊本查考書目編號表》。

　　從上述表格中，可以看出集部書籍刊刻的大致規律：一是前代與本朝著名文人的文學集本得到刊刻、留存的可能性較大；二是大部類書以及多家文人的作品合集得到刊刻、留存的可能性較大。相比內容足以指導社會民生的經子史籍，農醫法律之書，由於詩文集本多數是個人作品，理性判斷不適合社會的需求，故官方認定不適合廣泛傳播，而更願意去雕印《畫龍祈雨法》（《長編》卷 63）《農田敕》（《長編》卷 108）這樣的實用文本。

　　當然，官方不重視集部刊刻，還有兩個更切要的原因。第一個原因，就是與經書子籍種類確定、版本固定不同，集部書刊因為歷朝歷代作者的不斷創作生成，其數量巨大且相對零散龐雜，編纂、整理需花費大量的人力和物力。《長編》（卷 27）記載，雍熙三年十二月，「上以諸家文集，其數實繁，雖各擅所長，亦榛蕪相間。乃命翰林學士宋白等精加銓擇，以類編次，爲《文苑英華》一千卷」。所以，即便是委託賃書者雕印《許昌詩集》，詩集僅有四百

七十篇詩歌，張詠還是請「太常博士張好古、太子中允伏矩、節度推官韋宿從常參校」(《許昌詩集序》)。

第二個原因是晚唐以來的社會動盪，經濟低迷待興，導致官府無暇、也無力完成宋以前的詩文編纂結集工作。因爲別集、總集「卷帙最夥，又艱於傳寫」(《續資治通鑑長編‧四庫提要》)。敦煌《白香山詩集》寫本實際是唐代岑參、李季蘭等多人作品的詩文叢鈔，並非嚴格意義上的集部詩集。〔註197〕故敦煌雖有《白香山詩集》，卻難見完整的唐人集本。由此導致，北宋初期科舉考試雖然以詩賦取士，但是並沒有從集部書籍中選擇考題。

關於科舉，《宋史‧選舉志》(卷155) 記載：「宋初承唐制，……凡進士，試詩、賦、論各一首，策五道，帖《論語》十帖，對《春秋》或《禮記》墨義十條。」詩賦是進士考試的重要內容，進入殿試後，皇帝仍出詩賦考題。開寶六年、八年，《長編》都載有宋太祖以詩賦考進士的史實。同書(卷155)記載：「太平興國二年，御殿覆試，內出賦題，賦韻平側相間，依次而用。……五年，覆試進士。有顏明遠、劉昌言、張觀、樂史四人，以見任官舉進士，特授近藩掌書記。有趙昌國者，求應百篇舉，謂一日作詩百篇。帝出雜題二十，令各賦五篇，篇八句。」查《宋會要輯稿》(卷107)，大中祥符以前，北宋皇帝分別在端拱元年、淳化三年和景德二年出了詩賦考題。由於宋代皇帝延續了唐代的科考標準，由此陳植鍔說：「眞宗一朝，雖然已把論、策列爲進士解試與禮部試的後兩個場次，但實際上決定去留的，仍只是詩賦第一場，直到眞宗末期的天禧元年猶是如此。」〔註198〕這種情況導致眞宗時，大臣馮拯抱怨說：「比來省試，但以詩賦進退，不考文論。江浙士人，專業詩賦，以取科第，望令於詩賦人內兼考策論。」(《長編》卷68)

既然科舉以詩賦取士，朝廷按理早有詩賦寫作的範本，然而直到景德四年才有詔印《文苑英華》、《文選》的記載〔註199〕，天聖七年才雕板刻成。在此之前，正史僅是記載有文集完成了編修，並無雕印記錄。《徐鉉文集》淳化四年開始編纂，然直到天禧元年十一月，才由胡克順雕印成書。正史首次記載的宋人詩賦刊刻是天禧四年秋七月，丁謂等權臣請以眞宗皇帝的文論歌詩鏤板，以傳不朽(《長編》卷96)。《玉海》(卷28) 記載天禧五年，岑守素鏤板《御

〔註197〕徐俊：《敦煌詩集殘卷輯考》，中華書局2000年版，第24頁。
〔註198〕陳植鍔：《北宋文化史述論》，中國社會科學出版社1992年版，第86頁。
〔註199〕（宋）王應麟：《玉海》卷54，廣陵書社2007年版，第1022頁。

製玉京集》六卷事畢。由此可知，北宋初期官方鮮有備考使用的詩賦印本。針對詩賦考試，官方僅提供字典、韻書印本。《宋史·選舉志》（卷155）記載，科舉考詩賦時可以持《切韻》、《玉篇》入場，若攜其他書籍則判「挾書爲奸，及口相受授者，發覺即黜之。」與之對應，《切韻》、《玉篇》等書早在太平興國二年即由陳鄂等人詳定。雍熙三年，徐鉉等人讎校《說文解字》，當年十一月即模印頒行。端拱二年，句中正、吳鉉等人因爲撰定《雍熙廣韻》一百卷，獲皇帝褒獎。景德四年，朝廷又以新定《韻略》送國子監鏤板頒行。與之相反，太平興國八年，杭州進士吳鉉獻重定《切韻》，得到皇帝賞識，中第授大理評事。然而這部《切韻》多吳音，又增俗字數千，鄙陋尤甚。禮部考試，考生爲這部韻書所誤。由是，皇帝下詔盡索而焚之（《長編》卷24）。從上述事例，足見朝廷對此類書籍的重視。

至於詩賦備考書籍的來源，我們可從景德二年科舉考試看出端倪。《容齋隨筆》記載，那年皇帝御試的題目是《天道猶張弓賦》。〔註200〕結果，考生都懵了，原因是多數人既不懂題意，亦不知曉題目出處。對此，禮部貢院解釋道：「近進士惟抄略古今文賦，懷挾入試，昨者御試以正經命題，多懵所出。」此後，殿試進士辭賦，就要摹印「題解」，以便考生事先有所準備。《容齋隨筆》又載：「大中祥符元年，試禮部進士，內出《清明象天賦》〔註201〕等題，仍錄題解，摹印以示之。至景祐元年，始詔御藥院，『御試日，進士題目，具經史所出，摹印結之，更不許上請。』」〔註202〕根據上述記載，有兩點值得注意：

第一，景德二年開始，科舉多從經子典籍「斷章取義」地選出題目，譬如「天道猶張弓賦」、「清明象天賦」分別取自《道德經》和《樂記》。

（宋）劉攽《中山詩話》記載，有福建考生不解「清明象天賦」題意。破題說：「天道如何，仰之彌高」，這與《樂記》「歌聲清明像天，鐘鼓聲宏似地」的原意相去甚遠。因考官與之同鄉，福建（客家）方言將「高」當成「歌」，

〔註200〕 此題目出自《道德經》第77章。文曰：「天之道，其猶張弓與？高者抑之，下者舉之；有餘者損之，不足者補之。天之道，損有餘而補不足；人之道，則不然，損不足以奉有餘。孰能有餘以奉天下？唯有道者。」
〔註201〕 此題目出自《禮記·樂記》。文曰：「是故清明象天，廣大象地，終始象四時，周還象風雨，五色成文而不亂，八風從律而不奸，百度得數而有常。小大相成，終始相生，倡和清濁，迭相爲經。故樂行而倫清，耳目聰明，血氣和平，移風易俗，天下皆寧。」
〔註202〕 （清）徐松：《宋會要輯稿》，中華書局1957年版，第4232頁。

「何」又和「歌」相近，「天道如何」即等於「天道如歌」。押韻破題就成了與原文「清明象天，廣大象地」及「樂行而倫清，耳目聰明」相近的「天道如歌，仰之彌高」〔註203〕。福建考生因此中選。只是我依然懷疑這個記載的眞實性。因爲讀音可以將「何」聽成「歌」，但是寫出來的白紙黑字卻無論如何不可能看錯，除非這是一場口試或題目以口誦方式告知考生。

第二，考生抄略古今文賦備考，考題卻從經書子籍中摘句，導致考生「多懵所出」。

北宋初年進士考試，詩賦出題既無定式且多從典籍出題。考生常有抄略古今文賦，懷挾入試的現象。由此，雕印詩賦範本，對於應考幫助並不大，反而是官方出版的經子書、字書、韻書印本更符合考試需求。《石林燕語》（卷8）所云：「熙寧以前，以詩賦取士，學者無不先遍讀《五經》。」充分證明，當時考生雖然考試詩賦，但是平日學習卻以經史爲主。咸平五年十一月，河陽節度判官張知白上疏，希望以後考試命題，應在經史典籍中擇取，部份「合於道」的子書也可列入命題範圍（《長編》卷53）。慶曆四年，宋祁詳定貢舉條制，規定：「詩、賦、論於《九經》、諸子、史內出題，其策題即通問歷代書史及時務，並不得於偏僻小處文字中。」正式通過立法，將經書子籍的出題範圍限定在經過國子監嚴格選擇的印本書籍之中。〔註204〕元祐八年五月癸卯，「禮部尙書蘇軾言：『臣伏見元祐貢舉敕：諸詩賦論題於子史書出，如於經書出而不犯見試舉人所治之經者，聽。臣今相度，欲乞詩賦題許於《九經》、《孝經》、《論語》、子史並《九經》、《論語》注中雜出，更不避見試舉人所治之經。但須於所給印紙題目下，備錄上下全文並注疏，不得漏落。則本經與非本經舉人所記均一，更無可避。兼足以示朝廷待士之意，本只以工拙爲去取，不以不全之文掩其所不知以爲進退，於忠厚之風，不爲無補。』詔依奏」（《長編》卷484）。這也證明科舉考試的取題範圍限於經史子書，只是到了元祐八年以後才由經史子書擴大至注疏兼可取用。

既然詩賦考試從經史子書擬定題目，官方便無必要將集部列入印書的範圍。此外，由於官方早有經書子籍印本售賣，民間顯然無法與之爭利，僅是需要提高詩賦技巧時，民間坊刻的詩賦印本可以提供考生「抄略、懷挾」。

〔註203〕 （清）何文煥：《歷代詩話》上冊，中華書局1982年版，第291頁。
〔註204〕 祝尙書：《論宋體律賦》，《社會科學研究》2006年第5期，第162頁。

（二）民間集部刊刻：崇名趨利的誘惑

通常，當經濟拮据、物質條件局限之時，「迫切程度」才是某一本書或某一類書是否刊刻的首要因素。因此，北宋在建國之初，繼承了五代的印刷傳統，將有限資源用於儒家、史籍的刊刻上，而對於集本的刊印傳播不太重視。然而，隨著技術的成熟及成本的降低，民間需求趨於多樣，滿足社會多方需要的集部刊刻才逐漸多了起來。

根據邵懿辰、邵章《增訂四庫簡明目錄標注》、祝尚書《宋人別集敘錄》、《宋人總集敘錄》、王嵐《宋人文集編刻流傳叢考》等書，可以看到自《徐鉉文集》、《文苑英華》刊印後，宋代集部印本的種類和數量有了明顯增加，只是這樣的印本多出現在市井坊間。《宋史》（卷 7）載，大中祥符二年春正月，庚午，有詔曰：「讀非聖之書及屬辭浮靡者，皆嚴譴之。已鏤板文集，令轉運司擇官看詳，可者錄奏。」景祐二年二月，臣僚告發駙馬都尉柴宗慶私家刊刻《登庸集》，落下「詞語僭越」的罪名，最終導致「悉收眾本，不得流傳」，印板被毀的結局（《宋會要輯稿》刑法 2 之 21）。由於官方對於文臣作品雕印管控較嚴，禁忌較多，所以集部刊本主要以民間私刻、坊刻居多。除了穆修、張詠、胡克順私自雕印的集本以外，大中祥符五年，張景刊刻柳開《河東先生集》；天聖年間還雕印有唐代孫樵《孫可之集》10 卷。宋代私刻、坊刻進入興盛期，大致出現在慶曆、熙寧以後。這一時期，曹植、李白、韋應物、陸龜蒙等前代文人的詩文集陸續得到鏤板印刷。大中祥符二年，杭州明教寺刻《韓昌黎集》40 卷。寺院刻印俗書，這是很少見的事情（方崧卿《韓集舉正敘錄》）。本朝王禹偁、寇準、范仲淹、楊憶、梅堯臣、歐陽修、三蘇等人的詩文集本也因民間需求強烈，相繼得到刊印。

除了穆修私刻韓集，以及王珪《華陽集》等私人家刻尋求社會效益優先，不太考慮效益成本以外，真正的民間坊刻，若要長久成功運作，必須要追求更多的商業利潤。若干年以後，某些西方傳教士深諳此道，堅信「除了明顯的有直接實用目的以外，中國人不重視抽象科學」〔註205〕。世俗物質的需求，才是中國社會得以發展的動力。因此，現在看來北宋民間刊印集部書刊的熱情遠超官方的原因，除了官方禁忌之外，重要的是民間印書有更多商業射利因素介入。本人根據邵懿辰、邵章《增訂四庫簡明目錄標注》、祝尚書《宋人

〔註205〕〔美〕衛三畏：《中國總論》下冊，上海古籍出版社 2014 年版，第 066 頁。

別集敘錄》、《宋人總集敘錄》、王嵐《宋人文集編刻流傳叢考》等書籍製作了
一份《北宋刊刻書目表》。

北宋刊刻書目表（二）　　（集部印本）　　　　　　　　　　　**表 8**

集部	〔魏〕曹植《曹子建集》10 卷	天祿目有宋元豐五年萬玉堂刊明補本。	《標注》635 頁
別集	〔晉〕陶潛《陶淵明集》8 卷	黃丕烈有汲古閣所藏北宋刊本。	《標注》637 頁
	〔唐〕王勃《王子安集》16 卷	北宋刊唐四傑集本四卷。	《標注》642 頁
	〔唐〕李白《李太白集》30 卷	宋元豐三年臨川晏氏本，款式與繆刻本同。	《標注》645 頁
	〔唐〕杜甫《九家集注杜詩》36 卷	北宋小字本。	《標注》647 頁
	〔唐〕韓愈《昌黎先生集》百本	穆修刊刻唐本《韓柳集》數百本。	《穆參軍遺事》
	〔唐〕柳宗元《柳河東集》百本	穆修刊刻唐本《韓柳集》數百本。	《穆參軍遺事》
	〔唐〕韋應物《韋蘇州集》10 卷	宋熙寧九年葛蘩刊本。熙寧 9 年稱平江版。〔註 206〕	《標注》655 頁
	〔唐〕李商隱《李義山詩集》3 卷	孫功甫藏北宋本，分上中下三卷。	《標注》670 頁
	〔唐〕薛能《許昌詩集》10 卷*	真宗景德二年乙巳張詠授饟書者雕印	《乖崖集》卷 8
	〔唐〕孫樵《孫可之集》10 卷	天祿目有北宋天聖本。疑商賈作偽。	《標注》673 頁
	〔唐〕陸龜蒙《笠澤叢書》4 卷	《補遺》1 卷。宋元符庚辰蜀人樊開刊本。	《標注》674 頁
	〔唐〕杜荀鶴《唐風集》3 卷	北宋本。題杜荀鶴文集。	《標注》677 頁
	〔宋〕宋真宗《御製玉京集》6 卷	天禧五年岑守素鏤板《玉京集》事畢。	《玉海》卷 28
	〔宋〕徐鉉《徐騎省文集》60 卷 ①	天禧元年 11 月，胡克順雕印畢。	《徐集》卷首序文

〔註206〕 按：「葛蘩校蘇州《韋刺史集》十卷，今平江板本是也。刺史，洛陽人，姓韋
氏，名應物。貞元中，以左司郎中，出為蘇州刺史。書目、姓名，略見《唐
書藝文志》，其詳不載於正史，不可得而考也。」參見（宋）姚寬：《西溪叢
語》卷下，中華書局 1993 年版，第 116 頁。

	〔宋〕柳開《河東先生集》15 卷 ②	大中祥符五年張景所刊北宋刻本。《皕宋樓藏書志》何焯題識。	
	〔宋〕王禹偁《小畜外集》20 卷 ③	王汾編於治平熙寧間。有北宋刊本。	《儀顧堂集》卷 16
	〔宋〕寇準《寇忠愍公詩集》3 卷 ④	宣和五年王次翁刻詩集於道州郡齋。	《新開寇公詩集序》
	〔宋〕釋智圓《閒居編》51 卷 ⑤	嘉祐五年浩肱將是集付梓。釋浩肱《閒居編跋》	
	〔宋〕范仲淹《丹陽集》20 卷 ⑥	蔡煥跋云有北宋開封刻舊京本《丹陽集》	《四部叢刊初編》
	〔宋〕范仲淹《范文正公集》20 卷	今中國國家圖書館有藏本。	中國圖家圖書館藏
	〔宋〕楊億《武夷先生集》	建中靖國初，市肆有刊《武夷先生集》。	岳柯《桯史》卷 13
	〔宋〕梅堯臣《梅堯臣詩集》10 卷 ⑦	北宋元符有刻本。清梁中孚刻本中宋績臣有《梅聖俞外集序》	
	〔宋〕歐陽修《居士集》99 卷 ⑧	天祿目有北宋吉州公使庫刊本。	《標注》696 頁
	〔宋〕李覯《退居類稿》	慶曆六年坊間私自以《外集》名義刊刻。	《皇祐續稿序》
	〔宋〕蘇洵《嘉祐集》15 卷	喬松年跋認爲是北宋刻本。藏上海圖書館	喬松年《嘉祐集跋》
	〔宋〕蘇洵《蘇先生大全文集》8 卷	瞿鏞定爲北宋麻沙坊刻本。⑨《鐵琴銅劍樓藏書目錄》卷 20	
	〔宋〕《三蘇集》15 卷	卷四末有喬松年題識云蜀刻北宋本。闕疑。	上海圖書館藏
	邵雍《邵堯夫先生詩全集》15 卷	星子縣橫塘鄉宋代墓葬中出土，宋版書，黃麻紙、蝴蝶裝，高 22 釐米，廣 16 釐米，計 104 頁。目前國內邵雍著作最早版本。	
	邵雍《康節先生擊壤集》15 卷 ⑩	北宋刊本。《楹書隅錄初編》卷 5《善本書室藏書志》卷 27	
	〔宋〕北宋本邵雍集子兩種 ⑪	1975 年宋代陶桂一墓在江西出土時發現。《考古》1989 年 5 期	
	〔宋〕司馬光《司馬光集》80 卷	熙寧八年、宣和五年刻本。李豫《司馬光集版本淵源考》91 年 4 期《山西大學學報》	
	王安石《王介甫臨川集》130 卷	王嵐說《郡齋》所載即北宋刻本。見衢本《郡齋讀書志》卷 19	
	〔宋〕王珪《華陽集》60 卷 ⑫	許光凝云：「家集既奏御，且鏤板以傳世」許光凝《華陽集序》	

	〔宋〕張舜民《畫墁集》8卷 ⑬	政和末京師有坊刻張舜民集。周紫芝《書浮生休生畫墁集後》	
	蘇軾《眉山集》⑭	熙寧末《眉山集》刊本傳至遼國。蘇轍《北使還論北邊事箚子》	
	蘇軾《續添錢塘集》3卷 ⑮	元豐年間烏臺詩案時，何正臣箚子云曾有此集板行。	
	蘇軾《東坡集》⑯	有京師印本《東坡集》。邵博《邵氏聞見後錄》卷19	
	蘇軾唐庚《寓公集》⑰	宣和四年惠陽有刊本匯刻兩人詩文。	鄭康佐《後跋》
	蘇軾黃庭堅等人集子刊本不詳 ⑱	宣和五年各地禁燬蘇黃等元祐黨人集板《宋會要輯稿》刑法二	
	蘇軾《東坡七集》殘帙 ⑲	北宋末黃州刊刻南宋遞修本。見繆荃孫《藝風藏書續記》卷6	
	唐庚《唐子西集》⑳	宣和四年惠陽本傳入開封，書商又刻行。	卷首鄭總等人《序》
	〔宋〕劉弇《劉公集》25卷 ㉑	嘉泰時周必大曾說有「汴京及麻沙《劉公集》二十五卷」	
	〔宋〕秦觀《淮海集》29卷 ㉒	崇寧二年四月下詔焚毀三蘇及其門人文集印板。	
總集	〔梁〕蕭統《文選》60卷	常熟張芙川有北宋刊本。	《標注》877頁
	《六臣注文選》60卷	景樸孫藏有北宋明州本。	《標注》878頁
	〔陳〕徐陵《玉臺新詠》10卷	南唐刊本。上有建業文房之印。※	《標注》880頁
	〔唐〕高正臣《高氏三宴詩集》3卷	《香山九老詩》1卷。北宋鮑慎家刻本錄。	《標注》881頁
	〔宋〕姚鉉編《唐文粹》100卷	北宋寶元二年刊本二部。	《標注》887頁
	〔宋〕李昉《二李唱和集》殘卷 ㉓	光緒己丑貴陽陳矩影北宋刻本。	《標注》888頁
	《西崑酬唱集》2卷	北宋寶元二年刊本二部。	《標注》888頁
	《宋賢文集》卷數不詳 ㉔	北宋至和二年歐陽修言有雕布《宋賢文集》	《長編》卷179
詞類	〔蜀〕趙崇祚《花間集》10卷	北宋刊本。	《標注》955頁

附注：《北宋刊刻書目表》是根據邵懿辰、邵章《增訂四庫簡明目錄標注》、祝尚書《宋人別集敘錄》、《宋人總集敘錄》、王嵐《宋人文集編刻流傳叢考》等著作製作。此為其中集部印本部份。

胡克順《進徐鉉文集表》及宋眞宗《批答》，見四部叢刊本《徐公文集》卷首。該大中祥符九年（1016）胡克順於陳彭年處得徐鉉文集全稿而刊刻之。晏殊有跋稱胡氏「早遊騎省之門，深蒙鄉里之眷，寶茲遺集，積有歲時，鏤板流行，庶傳永久」。天禧元年十一月，是集刻印成。

陸心源《皕宋樓藏書志》（卷72）著錄舊鈔本《河東柳仲塗先生集》十五卷、附錄一卷，有何焯康熙50年辛卯（1711）春日手跋二則。其一曰：「《河東先生集》鈔本多訛謬，第十卷卷首相仍缺半葉，他本遂並失去第二篇矣。（陸）其清先生偶以此本見示，其每行字數近古，前有張景序，又止作十五卷，因留之，與餘家所傳四明黃太沖家本，又借虞山毛氏所傳汲古堂本互勘焉，改正添共二百餘字，稍可讀矣。此本『通』字皆缺末筆，乃避明肅父諱，疑亦出於北宋刻云。」

陸心源有《北宋本小畜外集跋》。跋曰：「王黃州《小畜外集》，存卷六末葉起至卷十三止，每葉二十二行，每行二十字。……蓋北宋刊本也。」此跋見《儀顧堂集》卷16。

王次翁《新開寇公詩集序》，四部叢刊三編本《忠愍公詩集》卷首。

釋浩肶《閒居編跋》云：「吳待制遵路撰法師行狀，云《閒居編》六十卷，雖目其言，終不能見其全集。今開之本，訪諸學校及遍搜求，得四十八卷，《病課集》仍在編外。……」見續藏經本《閒居編》卷末。

蓁煥《淳熙重修饒州本范文正公集跋》，四部叢刊初編本《范文正公集別集》卷4末附。

據汪伯彥《梅聖俞詩集重刊板序》，上海古籍出版社《梅堯臣集編年校注》本卷末附錄。紹興十年（1140）初，宛陵州學刊成《宛陵先生文集》，知宣州汪伯彥作《重刊板序》，稱「《梅聖俞詩集》自遭兵火，殘編斷簡，靡有全者，幸郡教官有善本」。這段話說明在北宋曾有《梅聖俞詩集》刊板。

傅增湘《藏園群書經眼錄》（卷13）云：「《居士集》五十卷，宋歐陽修撰……卷末有『熙寧五年秋七月發等編定』一行。……」傅氏又作《宋衢州本居士集跋》云南宋衢州本《居士集》「本雖槧於南渡，而探源仍出於熙寧」。《天祿琳琅書目》（卷3）著錄云：「《居士集》八函六十四冊，宋歐陽修著。……卷五十後載『吉州公使庫開到《六一居士集》計五十卷，宣和四年（1122）九月記』。……則是書之爲北宋刊本，信而有徵矣。」

北京圖書館所藏《類編增廣老蘇先生大全文集》，已殘，原有卷數不詳。瞿鏞《鐵琴銅劍樓藏書目錄》（卷20）載：「此書不見諸家書目，亦無序錄，…殷、徵、匡字闕筆，而桓字不改作『威』，亦不闕筆，疑是北宋麻沙本也。」

邵雍原有通行本《康節先生擊壤集》20卷。丁丙《善本書室藏書志》（卷27）云：「北宋建安蔡子文刊者，題《康節先生擊壤集》，作《內集》十二卷、《外集》三卷，後有蔡弼題語」。楊氏《楹書隅錄初編》（卷5）云：「此本作《內集》十二卷、

《外集》三卷，前有治平丙午中秋自序，編次與各本迥異。序後有蔡氏弼題語一則，蓋由公手訂二十卷本重編爲此本。卷一前後木記題『建安蔡子文刊於東塾之敬室』。」傅增湘認爲「楊《目》題《康節先生擊壤集》十五卷……楊氏稱爲北宋本，然據蔡氏弼題語，仍從二十卷本重編者，則其在二十卷本後可知，謂爲北宋本，未之敢信。」

⑪ 吳聖林《江西星子縣宋墓出土宋版古籍》（《考古》1989 年第 5 期）載，1975 年江西星子縣橫塘鄉和平村宋陶桂一墓出土殘本宋版古籍兩種：一種爲《邵堯夫先生詩全集》，存卷一至卷九（其中卷 3、卷 4 合刻爲一卷）；第二種爲《重刊邵堯夫擊壤集》，僅六卷，卷一題「內集」，署「敬室蔡弼重編」。兩種皆每半葉十二行，行二十字，雙邊，白口。黃麻紙印，蝴蝶裝，有少部份補板。「桓」字缺末筆，當爲北宋欽宗靖康年間所刊。此亦可證上述蔡弼重編《康節先生擊壤集》15 卷確爲北宋刊本，丁丙、楊海源等人判斷正確。

⑫ 《讀書附志》（卷下）載：「大觀二年（1108），詔故相岐國王公之家以文集來上，其子朝散大夫、管勾南京鴻慶宮、上護軍仲修等表進之，許光凝爲之序」。王珪之子王仲修有《進家集表》。許光凝《華陽集序》云：「家集既奏御，且鏤板以傳世，將使天下來世知公之受眷累朝，爲時宗工，與古之作者並駕齊驅」（《宋文紀事》卷 31）。

⑬ 周紫芝《書浮生休生畫壇集後》云：「政和七八年（1117～1118）間，余在京師，是時聞鬻書者忽印張芸叟集，售者至於填塞巷衢。事喧，復禁如初。蓋其遺風餘韻在人耳目，不可掩蓋如此也。……今臨川雕浮休全集有此詞，乃元豐間芸叟謫郴州時，舟過岳陽樓望君山所作也。」由此可知，政和末張舜民集有開封坊刻本，以黨禁緣故而禁止流布，至紹興間才有臨川刻其全集（《太倉稊米集》卷 67）。

⑭ 蘇轍《北使還論北邊事劄子》云：「臣等初至燕京，副留守邢希古相接送，令引接殿侍元辛傳語臣轍曰：『令兄內翰（謂臣兄軾）《眉山集》已到此多時，內翰何不印行文集，亦使流傳至此？』」。又有（宋）王辟之《澠水燕談錄》載：「張芸叟奉使大遼，宿幽州館中，有題子瞻《老人行》於壁者。聞范陽書肆亦刻子瞻詩數十篇，謂《大蘇小集》。」按：上述記載可證，北宋時期蘇軾集子有北宋刊刻傳入遼國的，也有遼國自己坊間刊刻的。（宋）李廌《師友談記》載：「章元弼頃娶中表陳氏，甚端麗。元弼貌寢陋，嗜學。初《眉山集》有雕本，元弼得之也，觀忘寐。陳氏有言，遂求去，元弼出之。元弼每以此說爲朋友言之，且曰：『緣吾讀《眉山集》而致也。』」曾棗莊考證《眉山集》雕印刊行最早在熙寧八年，最晚在元豐二年（1079）。詳見曾棗莊：《三蘇研究》，巴蜀書社 1999 年版，228～229 頁。

⑮ 《烏臺詩案·御史臺檢會送到冊子》云：「檢會送到冊子，題名是《元豐續添蘇子瞻錢塘集》全冊，內除目錄更不鈔寫外，其三卷並錄附中書門下。」又監察御史何正臣劄子云：「軾所爲譏諷文字傳於世者甚眾，今獨取鏤版而鬻於世者進呈。」

⑯ 邵博《邵氏聞見後錄》（卷19）載，蘇仲虎言：有以澄心紙求東坡書者。令仲虎取京師印本《東坡集》誦其中詩，即書之，至「邊城歲莫多風雪，強壓香醪與君別」，東坡閣筆怒目仲虎云：「汝便道香醪。」仲虎驚懼，久之，方覺印本誤以「春醪」爲「香醪」也。蘇仲虎即蘇符，是蘇軾長子蘇邁的次子。曾棗莊考證蘇軾「令仲虎取京師印本《東坡集》，誦其中詩」，很可能在蘇軾一家惠州相聚或共同北歸之時。由此推斷，「京師印本《東坡集》」當印行得更早一些，可能刊印在元祐末年。

⑰ 王嵐《宋人文集編刻流傳叢考》記錄，徽宗宣和四年（1122）以前，惠陽（今廣東惠州）有刊本《寓公集》，乃蘇軾和唐庚謫居當地時著述之匯刻。別外當地還有單行的唐庚別集，與《寓公集》同時流傳。

⑱ 此段記載見《宋會要輯稿》（刑法 2 之 88）。又，楊萬里《誠齋集》（卷 84）載有某貴戚以黃金一斤交換蘇軾文章十篇，以家刻的形式印行。

⑲ 祝尚書《宋人別集敘錄》云：「黃州北宋末刻南宋遞修本殘帙，計有《東坡後集》、《奏議集》、《外制集》、《和陶詩》四集殘卷，今分藏數地。《後集》殘本，原爲繆荃孫藏，《藝風藏書續記》卷六記之曰……。」此殘本今藏上海圖書館。

⑳ 王嵐《宋人文集編刻流傳叢考》記錄，宣和四年（1122），惠陽刊本流傳到京城開封，唐庚嶺南詩文在太學生中廣泛傳抄，遂有書商爲之刻行（景宋本《唐先生文集》卷首鄭總《序》、唐庚《序》、呂榮義《序》）。又，宣和四年（1122），唐庚之弟唐庚因其兄「自齠齔學爲文，出言已驚人……及入官以來所著愈多，至被謫南遷，其文益工，然隨作隨散，不復留稿，故今所存者極少」，因此特地將當時所能搜集到的唐庚詩文，附刻在前面所提及的京師無名氏刊行的唐庚嶺南諸作的後面，一併流傳，且爲之撰序，時爲「宣和四年六月」（宣和四年五月一日鄭總所作的《眉山唐先生文集敘》；鄭康佐《後跋》及宣和四年八月十五日呂榮義所撰《眉山唐先生文集序》）。

㉑ 周必大《龍雲集序》（文淵閣四庫全書本《龍雲集》卷末）云：「先是，汴京及麻沙《劉公集》二十五卷。」

㉒ 祝尚書《宋人別集敘錄》（卷 12）云：「據現有史料，作者文集，蓋身前已嘗刊行。徽宗崇寧二年（1103）四月下詔焚毀三蘇及其門人文集印板，其間有秦觀文集。時作者去世僅三年，蓋刊集在遭黨禍之前。」

㉓ 宸翰樓書本卷末有「秘書監知應天府兼留守司周起印行」。祝尚書《宋人總集敘錄》考：周起，字萬卿，淄州鄒平人。咸平元年（998）進士，歷仕諸軍州。

㉔ 《長編》（卷 179）載：「至和二年五月，翰林學士歐陽修言京師近有雕布《宋賢文集》，其間或議論時政得失，恐傳之四夷不便，乞焚毀，從之。」

　　首先，在商業利益的驅使之下，民間坊印的生產經營變得更爲靈活。儘管民間刻本存在「字未盡精，篇亦頗略」(《許昌詩集序》)〔註207〕等質量問題，私坊還是採用「崇名趨利、本小利大、見縫插針、避實就虛、靈活多變」等刊書策略，選擇刊印官方冷落而民間喜愛的小部帙集部書刊，以獲取更多的商業利益。因爲商業介入，隨之而來，以儒家典籍爲中心的印刷傳統受到了一定程度的衝擊。民間刻書追求利益，必然與市場銷售聯繫緊密。因此，只要市場歡迎，無論古今人等的作品，他們都會趨利印行。惟一有礙的，或者只是鬼神畏懼，以及心中留存著的祖傳道德。元祐年間，陳季常曾委託坊間刊印蘇軾詩集。黃庭堅因此去信，請求用厚紙印一本給他。所謂「煩爲以厚紙印一本見寄，只封在鴻父處亦可爾。庭堅上。寄惠蘇公詩集，亦自有用處。要欲得一本厚紙者，藏之名山耳。季常所寄亦是此一種紙，當料理季常爲用厚紙印耳」(《答何斯舉書四》)〔註208〕。這也足以證明，只要印板還在，隨意便可用紙刷印一本蘇軾詩集，足證當時民間印書的靈活方便與快捷。

　　關於宋代商人，姜錫東認爲他們「是完全以私人所有的資本進行經營的商人。其資本來源既可以是自己的積累，也可以是向官府或別人借貸，但經商資本所有權屬於自己。這類商人數量最多，與宋政府的矛盾也最大」〔註209〕。在宋代，無論是合法商人或是非法商人，與政府都有矛盾和衝突。而且「無論政府採取怎樣的政策，商人與政府之間都會產生這樣那樣的矛盾。究其原因，政府固有的性質和職責是根本原因；政策不當和官吏的腐敗等又進一步加劇了這些矛盾。同時，商人對利潤的無限追求，又必然造成與政府的矛盾衝突」〔註210〕。從司馬光死後，汴京私坊加緊刻印其畫像的事例(《長編》卷387)〔註211〕，直到北宋末年「元祐黨禍」期間，私坊冒險刻印蘇軾、黃庭堅、張舜民、唐庚等人的詩文集，我們都可看到市場在政府政策壓力下，對於集部印刷的有力推動。在商業推動下，民間坊刻借助文臣在文壇的名氣獲取了書籍印賣的好處。反過來，售賣傳播、商業的介入也使得北宋文臣的名氣得到進一步提升。

〔註207〕　吳文治：《宋詩話全編》第1冊，鳳凰出版社1998年版，第54頁。
〔註208〕　(宋)黃庭堅：《黃庭堅全集輯校編年》中冊，江西人民出版社2008年版，第693、694頁。
〔註209〕　姜錫東：《宋代商人和商業資本》，中華書局2002年12月版，第354頁。
〔註210〕　姜錫東：《宋代商人和商業資本》，中華書局2002年12月版，第358頁。
〔註211〕　(宋)蘇軾：《蘇軾文集》卷16《司馬溫公行狀》，中華書局1986年版，第475頁。

　　李覯沒有做過高官，在北宋名氣也遠不如蘇軾、黃庭堅等人，然而其文集卻屢被刊刻，這個現象值得關注。據《宋史》（卷 432）記載：「李覯（1009～1059），字泰伯，建昌軍南城（江西南城）人。俊辯能文，舉茂才異等不中。親老，以教授自資，學者常數十百人。皇祐初，范仲淹薦爲試太學助教。」李覯累官至權同管勾太學，以文章知名，世稱盱江先生，又稱直講先生。皇祐元年十一月二十日，范仲淹《薦李覯並錄進禮論等狀》曰：「臣伏見建昌軍草澤李覯，前應制科，首被召試。有司失之，遂退而隱，竭力養親，不復干祿，鄉曲俊異，從而師之。善講論六經，辯博明達，釋然見聖人之旨。著書立言，有孟軻、揚雄之風義，實無愧於天下之士。……臣觀李覯於經術文章，實能兼富，今草澤中未見其比……。其人以母老，不願仕宦，伏乞朝廷優賜，就除一官，許令侍養，亦可光其道業，榮於閭里，以明聖人在上，下無遺才。……」〔註212〕慶曆三年，李覯將著作編成《退居類稿》，自言：

> 李覯泰伯以舉茂材罷歸。其明年，慶曆癸未（三年）秋，因料所著文。自冠迄茲十五年，得草稿二百三十三首。將恐亡散，姑以類辯爲十二卷，寫之。間或應用而爲，未能盡無媿，閔其力之勞，輒不棄去。至於妖淫刻飾尤無用者，雖傳在人口，皆所弗取。

按序中所言，李覯的詩歌文章在當時已是廣播人口，尤其是一些「妖淫刻飾尤無用」的詩文。這些「妖淫刻飾尤無用」詩文作品的具體情形，已無由得見了。如今留存下來的《盱江集》37 卷，多爲《禮論》、《易論》、策論等文章，僅有三篇賦以及兩卷五七言近體詩歌（卷 36、37），如《四庫全書總目提要》所謂「蓋非當日之舊」〔註213〕。但是，借助現存詩文和旁證材料，我們依然可以揣摩《退居類稿》最初的模樣。慶曆編集時，李覯請祖無擇寫序。序文曰：

> 盱江李泰伯其爲孟軻氏六君子之深心焉。年少志大，常恨疾斯文衰敝，曰：「墜地已甚，誰其拯之？」於是夙夜討論文、武、周公、孔子之遺文舊制，兼明乎當世之務，悉著於篇。……泰伯退居之明年，類其文稿，第爲十有二卷，以寄南康祖無擇，且屬爲序。無擇既受之，讀之期月不休。善乎！文、武、周公、孔子之遺文舊制，與夫當世之務，言之備矣。務學君子，可不景行於斯！

〔註212〕（宋）范仲淹：《范仲淹全集》卷 20，李勇先、王蓉貴校點，四川大學出版社 2007 年版。
〔註213〕（清）永瑢：《四庫全書總目》下冊，中華書局 1965 年版，第 1316 頁。

這樣看起來，祖無擇與李覯均認爲《退居類稿》保留的是當世急務且符合周公、孔子、孟子要求的作品。范仲淹向皇帝舉荐時，稱「取到本人（李覯）所業《禮論》七篇，《明堂定製圖序》一篇，《平土書》三篇，《易論》十三篇，共二十四篇，編爲十卷，謹繕寫上進。」（《薦李覯並錄進禮論等狀》）這些策論、文章如今都保留在《四庫全書》的《盱江集》裏。那麼，其所刪除的自然是不符合聖人典範且又非當世急務的作品了。這就是說，那些廣播人口，「妖淫刻飾尤無用」的作品，其實是民間喜好的作品，它們被印賣乃是市場的選擇，與官方的教化選擇有明顯不同。今天我們已經明白，那些將道義責任賦予文學的看法，其實是不正確的。然而在當時，符合「當世之務」的道義要求早已深入社會人心。

《四庫全書總目提要》載曰：「覯在宋不以詩名。然王士禎《居易錄》嘗稱其《王方平壁月》、《梁元帝送僧還廬山》、《憶錢塘江五絕句》，以爲風致似義山。今觀諸詩，惟梁元帝一首不免傖父面目，餘皆不愧所稱，亦可謂淵明之賦《閒情》矣。」〔註214〕南北朝時，南人譏罵北人粗鄙，稱之爲「傖父」，意謂「粗俗之人、村夫」之類。陶淵明《閒情賦》因爲表達的是對美女的眷戀，曾被蕭統視爲不符儒家思想的「駁雜不純」。王士禎因此稱李覯某些詩歌既有李商隱風格，又像《閒情賦》那樣綺靡緣情，的確給人以「妖淫刻飾」的嫌疑。表面上，緣於印本廣傳的需要，李覯結集時必須剔除這些「妖淫刻飾」的作品，保留「有孟軻、揚雄之風義」的作品，但是從某些詩文中還是可以看出李覯並非道學刻板之人。對於詩歌，李覯認同「因於物，發乎情」的認識，以爲「雖不有用，幸愈乎博弈也。而俗儒必非之」（《盱江集》卷25《敍陳公孌字》），意思是詩歌超過了下棋之類的遊戲，只有淺俗的儒生才排斥它。據說，蔡襄出守福建時，李覯自建安攜文拜訪。蔡襄在望海亭宴請李覯與孝廉陳烈吃飯，席間有官妓宴樂陪侍。誰知官妓才發一唱，陳烈即越牆攀樹逃去。李覯即席賦詩一首，嘲笑沒見過世面的陳烈迂腐，所謂：「山鳥不知紅粉樂，一聲檀板便驚飛」（《湘山野錄》卷下）。

皇祐四年（1052），李覯又將積累的稿件編成《皇祐續稿》8卷，序曰：

> 覯慶曆癸未秋，錄所著文曰《退居類稿》十二卷。後三年，復出百餘首，不知阿誰盜去，刻印既甚差謬，且題《外集》，尤不韙，心常惡之，而未能正。於今又六年，所得復百餘首，暇日取之，合

〔註214〕（清）永瑢：《四庫全書總目》下冊，中華書局1965年版，第1316頁。

　　二百三十八首，以續所謂《類稿》者。噫，行年四十四年疾疹日發
　　作，其於文字間尚克有進也歟！《續稿》凡八卷，時又有《周禮致
　　太平論》十卷孤行焉。〔註215〕

李覯所謂「後三年，復出百餘首，不知阿誰盜去，刻印既甚差謬，且題《外
集》，尤不韙，心常惡之」的說法，證實了我們最初關於「民間喜好、市場選
擇」的推測。

　　類似李覯的刊刻事例，在蘇軾身上也曾發生過。據《艇齋詩話》記載，《念
奴嬌·大江東去》詞有「人道是三國周郎赤壁」。陳師道看了，認為不必道「三
國」，東坡隨即改為「人道是當日周郎赤壁」。然民間印本已出了兩種，仍沿
用的是「三國周郎赤壁」，不知道東坡已改了原作。民間逐利速度之快捷，於
此可見。由於民間對蘇軾的推崇和喜歡，其詩文在民間有較大的市場需求，
致使書商都甘願違反禁令，冒險刻印牟利。由於坊刻蘇集未經作者本人審閱，
舛誤甚多，蘇軾曾憤然表示「欲毀其板」（《與陳傳道書》）。印本這種逐利快捷的
狀態即便是北宋黨禍期間依然活躍。當然，民間私刻也有好處。好處就是印
本傳播客觀上也造成了蘇軾的文學名聲傳揚海內外。具體例證，一是蘇轍《北
使還論北邊事箚子》曾說：「臣等初至燕京，副留守邢希古相接送，令引接殿
侍元辛傳語臣轍曰：『令兄內翰（謂臣兄軾）《眉山集》已到此多時，內翰何不
印行文集，亦使流傳至此？』」另據《長編》（卷 445）記載，翰林學士蘇轍奉
使北界，見本朝民間印行文字多已流傳在彼，故請官方立法禁止。可見民間
刻印傳播的興盛，已非官方所能控制；第二，（宋）王辟之《澠水燕談錄》載：
「張芸叟奉使大遼，宿幽州館中，有題子瞻《老人行》於壁者。聞范陽書肆
亦刻子瞻詩數十篇，謂《大蘇小集》。」（宋）吳聿《觀林詩話》又載：「張芸
叟題其後云：『誰傳佳句到幽都，逢著群兒問大蘇。莫把文章動蠻貊，恐妨談
笑臥江湖。』此乃子由與坡詩。『佳句』二字，本云家集，坡亦有和篇。」根
據上述記載可知，北宋時期蘇軾文學集本有中原刻本傳入遼國的，也有遼國
坊間的刊刻。而且蘇軾兄弟的印本在遼國非常暢銷流行；第三，（宋）李廌《師
友談記》載：「章元弼頃娶中表陳氏，甚端麗。元弼貌寢陋，嗜學。初《眉山
集》有雕本，元弼得之也，觀忘寐。陳氏有言，遂求去，元弼出之。元弼每
以此說為朋友言之，且曰：『緣吾讀《眉山集》而致也。』」章元弼因貪看《眉

〔註215〕王嵐：《宋人文集編刻流傳叢考》，江蘇古籍出版社 2003 年 5 月版，第 122
　　　　頁。

山集》印本竟要休掉頗有抱怨的妻子，足見士人對於蘇軾作品的癡迷。正因如此，宋代才有「學文須熟看韓、柳、歐、蘇」，「學詩須熟看老杜、蘇、黃」〔註216〕這樣的說法。至於類似的讀書總結，宋代吳可的看法更加細緻，他認爲「學詩當以杜爲體，以蘇黃爲用，拂拭之則自然波峻，讀之鏗鏘。蓋杜之妙處藏於內，蘇黃之妙發於外，用工夫體學杜之妙處恐難到。用功而效少」（《藏海詩話》）。由此可見，蘇軾作品印本的流傳，客觀造成其詩文影響巨大。

關於蘇軾當年傳播的詩名，《曲洧舊聞》（卷8）載曰：

> 東坡詩文，落筆輒爲人傳誦，每一篇到，歐陽公爲終日喜。前輩類如此。一日，與棐（歐陽修之子）論文及坡公，歎曰：「汝記吾言，三十年後，世上人更不道著我也。」崇寧、大觀間，海外詩盛行，後生不復有言歐公者。是時朝廷雖嘗禁止，賞錢增至八十萬，禁愈嚴而傳愈多，往往以多相誇，士大夫不能誦坡詩者，便自覺氣索，而人或謂之不韻。〔註217〕

從這段記載，可以發現蘇軾名聲盛行的時間，既是北宋末年黨禍期間，也是私坊逐利冒險刻印蘇集進入高潮的時間。王明清《揮塵錄》（卷3）記載：「崇寧初，詔郡國刊元祐黨籍姓名。太守呼（李）仲寧使劃之，仲寧曰：『小人家舊貧寒，止因刊蘇內翰、黃學士（庭堅）詞翰，遂至飽暖。今日以奸人爲名，誠不忍下手。』守義之，曰：『賢哉，士大夫所不及也！』饋以酒而從其請。」因爲蘇集基本上是坊間印行，利益所在，要想完全禁止其發行是十分困難的。

早年魏野也曾遭遇過詩傳海外的情況，只是那時傳至契丹境內的僅是其《草堂集》的上帙（一說半帙），而且顯然是零散的抄本流傳。北宋薛田《東觀集原序》曰：「舊有《草堂集》行在人間，傳之海外，眞可謂一代之名流詎俾乎，逸才宏辨者知也。」〔註218〕大中祥符年間，契丹使者求其全本，宋眞宗始知魏野之名（《長編》卷75）。據《青箱雜記》（卷6）載，《草堂集》有《贈萊公詩》曰：契丹使者詣闕，詢於譯者曰：「那個是無地起樓臺的宰相？」時寇準方居散地，眞宗即召還，授以北門管鑰。《玉壺清話》（卷7）進一步指出，《贈寇萊公》「有官居鼎鼐，無地起樓臺」與《謝寇萊公見訪》「驚回一覺遊仙夢，村巷傳呼宰相來」詩句，之所以在契丹流傳甚廣，一則是因爲「易

〔註216〕（宋）陳鵠：《西塘集耆舊續聞》卷2，中華書局2002年8月版，第304頁。
〔註217〕（宋）朱弁：《曲洧舊聞》，中華書局2002年8月版，第204、205頁。
〔註218〕（宋）魏野：《東觀集》《文淵閣四庫全書》，集部，第1087冊，第351頁。

曉，故虜俗愛之」；另一則是「平樸而常不事虛語」。其實，魏野詩中最值得品味的詩句乃是表現其隱逸雅趣的「洗硯魚吞墨，烹茶鶴避煙」（《書友人屋壁》），以及傳達出同樣對應感覺的詩句「數聲塞角高還咽，一派涇河凍不流」（《登原州城呈張貢從事》）。塞角傳出「高咽」的遲滯聲音與涇河因冰凍不能暢流的遲滯，都傳達出與詩人「悲滯」情緒同樣的通感。顯然，這樣的細膩詩句，契丹人是理解不了的。反而，那些「易曉」與「平樸而常不事虛語」的詩句，更符合北方民族性格單純、直爽的特點，這也可理解為如李逿那般因言語簡單真實而顯出可愛。由此可見，《草堂集》流傳於海外，附帶傳揚了寇準、魏野在國外的名聲，反過來也抬高了兩人在國內的知名度。《四庫提要》評價魏野「與林逋同時，身後之名不及逋，裝點湖山供後人題詠，而當時則聲價出逋上」〔註219〕。由於印板與手抄在性價、效率方面的巨大差異，使得抄本時代的「鬻書自給」與「雕版印賣」在利潤獲取也有很大的不同。印板經濟所推動的社會合力，使得文學傳播變得日益容易。所謂「海外詩盛行，後生不復有言歐公者」，其實是民間坊刻印本大量售賣、傳播的客觀結果。

　　據此而言，正是官方雕印對於集部詩文的冷落，才使得民間商業有更多機會介入刊印，最終導致北宋文學印本在社會上的繁盛流行。歐陽修生前難料，三十年後蘇軾文學名聲超越自己，「朝廷雖嘗禁止，賞錢增至八十萬，禁愈嚴而傳愈多」的原因，其實是印本傳播的結果。由於文學印本的傳播，宋人開始重新審視本朝文學的價值所在，使得以往崇古的心理開始鬆動。這種悄然的變化，最終導致了宋人無論是經學還是文學都經歷了一個從「我注六經」（崇古）到「六經注我」（自我）的變化創新過程。文學上，北宋文人也由對前人的模仿學習，走向了融會貫通後的自我生發和創造。

小結

　　無論是從傳統政教和詩教的角度，還是從意識形態建設的角度，經子史籍必然是北宋官方保證社會長治久安的最重要傳播選擇。為了強化這類書籍的傳播，印刷技術首先在製作這類書籍中得以運用是符合情理的事。從儒家教化的角度考量，由於集部書籍的內容多是個人情思的凝聚，短時間內難以

〔註219〕　（宋）魏野：《東觀集》《文淵閣四庫全書》，集部，第 1087 冊，第 349 頁。

衡量這類書籍在「修身、齊家、治國、平天下」方面的效果，所以這類文學作品的社會教化價值需要歷史的選擇和沉澱，才能逐步進入朝野的刊印視野。所以，北宋文學集本朝野印刷理應經歷如下程序：首先是經過歷史沉澱的歷代優秀文學集本進入雕版印刷選擇序列；其次是本朝優秀文學集本進入雕版印刷選擇序列。最後，與民間集部印本的進程相適應，官方也會不時頒發詔令，影響民間集本刊印的寬幅尺度。

從文學的角度，官方對於文學集本的刊刻篩選主要是出於政治教化的目的。客觀上，政治教化的標準更強調文學作品中「善」（教化）的成分構成，而對於「眞」（現實或性情）、「美」（眩目迷惑）的內容予以有效控制。這一方面阻止了某些粗俗淺陋，格調低下的作品進入印刷程序，使之不能廣泛傳播。另一方面，這類「不分好壞」的阻止，也有可能使某些「眞」（反映現實或眞性情）、「美」（愉悅人心）的文學作品，以及批判性的作品不能得到刊刻，不能從正規渠道進入傳播領域。這也使得在社會傳播流傳下來的作品，無論從內容風格，或者感動程度上，單調乏力且缺乏色彩。由此，在紙本向印本過渡的宋朝，官方對於文學集本刊刻的篩選或禁止，同時也構成了意識形態對於文學的管控與壓迫。

宋代是個儒學復興的社會，從政府大力印刷經史書籍，選擇印刷子部書籍以及控制集部書籍印刷的情況，可以明白所謂「文以載道」，實則是以文（教）化人心，企圖借助印刷符合儒家，至少是不違背損害儒家及官方主流意識的書籍，達到穩定社會，教化人心的目的，對於集部書籍的選擇與控制也充分體現了這樣的儒家治世觀念。然而，因爲信息多元、印本舛誤所導致對於典籍的懷疑，以及文學對於創作、閱讀提出複雜多義的審美要求，從兩方面培養了文人敏感、覺悟、多疑、瞻前顧後的性格特點。這類文人既有別於魯迅筆下所謂「鐵屋子裏沉睡」（《吶喊·自序》）的眾人，自然也就成爲推動社會文明進步的核心力量。此後，曾肇、朱熹先後提出「君民共治」（《晦庵集》卷14）的民主思想，即是此種文明進步的顯著成效。